基于信任机制的网络平台用户参与价值共创研究

梅 蕾　王 薇◎著

VALUE CO-CREATION RESEARCH OF
NETWORK PLATFORM USER
PARTICIPATION BASED ON TRUST MECHANISM

经济管理出版社
ECONOMY & MANAGEMENT PUBLISHING HOUSE

图书在版编目（CIP）数据

基于信任机制的网络平台用户参与价值共创研究/梅蕾，王薇著 . —北京：经济管理出版社，2023.10

ISBN 978-7-5096-9428-2

Ⅰ.①基…　Ⅱ.①梅…②王…　Ⅲ.①网络营销—研究　Ⅳ.①F713.365.2

中国国家版本馆 CIP 数据核字（2023）第 213425 号

组稿编辑：丁慧敏
责任编辑：丁慧敏
责任印制：许　艳
责任校对：张晓燕

出版发行：经济管理出版社
　　　　　（北京市海淀区北蜂窝 8 号中雅大厦 A 座 11 层　100038）
网　　　址：www. E-mp. com. cn
电　　　话：（010）51915602
印　　　刷：北京晨旭印刷厂
经　　　销：新华书店
开　　　本：720mm×1000mm/16
印　　　张：13. 25
字　　　数：268 千字
版　　　次：2023 年 12 月第 1 版　　2023 年 12 月第 1 次印刷
书　　　号：ISBN 978-7-5096-9428-2
定　　　价：98. 00 元

前　言

随着信息技术的发展，企业、团体、组织以及个人通过互联网跨时空联结，彼此之间信息的交换更快速、更便捷且成本更低廉。互联网平台所具有的开放性、参与性、交互性等特征使这一新兴商业模式在过去 20 年迅猛发展。互联网平台能够为某一经济管理活动的所有参与方跨越时空进行资源整合与价值创造提供技术保障。因此，基于互联网平台经济的迅猛发展，结合服务主导逻辑，更多的平台企业积极提供价值主张，各角度、各层次的价值共创实践如雨后春笋般涌现。平台价值共创所涉及的主要活动是资源整合，根据服务主导逻辑观点，企业、客户、其他社会和经济参与者也可以充当资源整合者，其中，顾客参与是价值共创的微观基础。因此，从顾客角度出发，对参与平台经济的多方主体利用网络平台，通过相互之间的合作和资源共享创造网络效应，共同实现价值创造成为学术界研究与企业实践活动的关注热点。

在这一背景下，本书在对平台经济与平台生态系统、服务主导逻辑下的平台价值共创的发展现状、理论基础与底层逻辑进行归纳整理的基础上，从消费者角度出发，对平台内部信任机制进行建模分析；并进一步深入对网络购物类、泛知识类、泛娱乐类三类主要平台表现形式进行消费者参与平台经济价值共创的路径和影响因素研究。本书旨在从理论层面弥补平台经济目前研究的不足，为分类深入研究平台价值共创提供思路与方法，为管理学、心理学、社会学等学科交叉研究此类问题提供一定的理论和方法支持；同时为平台企业构建内部信任机制、促进平台价值共创健康持续发展提出管理启示，并为每一类平台企业未来的战略制定与营销实践提供管理决策依据；有助于产业界进一步认识平台经济发展与价值共创的发展规律，更好地制定相关产业政策、战略和相应的管理措施。

全书共分为七章：第一章为"绪论"；第二章为"平台经济与平台生态系统"；第三章为"服务主导逻辑下的平台价值共创及其信任机制"；第四章为"基于消费者视角的平台内部信任机制"；第五章为"商务交易类平台用户参与价值共创研究"；第六章为"泛知识类平台短视频用户参与价值共创研究"；第

七章为"泛娱乐类平台用户参与价值共创研究"。各章作者如下：第一章，梅蕾；第二章，王薇；第三章，梅蕾；第四章，梅蕾；第五章，王薇；第六章，梅蕾；第七章，王薇。全书框架体系由梅蕾与王薇设计，梅蕾负责汇编与统稿、核稿，王薇对书稿的文字、图表等格式进行了校对与核查，最后由梅蕾审定。

由于时间仓促及水平有限，书中不当之处，期待各位学者、专家和读者批评指正！最后，衷心感谢内蒙古科技大学经济与管理学院管理科学与工程学科对本著作的大力支持，感谢内蒙古科技大学经济与管理学院服务创新研究团队同仁给予的宝贵意见与支持，也感谢课题组成员的艰辛付出！正是在大家的共同努力下，本书才能够顺利完成。

目　录

第一章　绪论

第一节　研究背景与意义

一、研究背景

2022 年，我国全年国内生产总值 1210207 亿元，比上年增长 3.0%。其中，第一产业增加值 88345 亿元，比上年增长 4.1%；第二产业增加值 483164 亿元，比上年增长 3.8%；第三产业增加值 638698 亿元，比上年增长 2.3%。第一产业增加值占国内生产总值比重为 7.3%，第二产业增加值比重为 39.9%，第三产业增加值比重为 52.8%[1]。从三次产业的比重来看，中国经济已从"工业主导型"转向"服务主导型"，预计到"十四五"末期，中国服务业增加值将达到 60%，进入服务经济时代。随着服务经济时代的到来和产业结构的调整，起源于工业时代并扎根于新古典经济学的商品主导逻辑逐渐被服务主导逻辑新范式所替代，在服务主导逻辑下学者们提出了服务中心观点。这一观点的核心是指在服务经济的大环境中通过不同参与者的交互作用不断进行资源共享与整合，构成价值共创网络。在这一网络中，顾客和服务占据着主导地位，而企业和产品占据着次要地位。同时，价值创造被看作一个连续的过程，在这一动态过程中顾客、消费者成为价值共创的主体之一，用户参与逐渐凸显；顾客与其他相关主体一起完成"价值共创"过程。

随着互联网技术的迅猛发展和移动端的大规模普及，为服务主导逻辑范式下的价值共创提供了更加广阔的发展平台。我国 2019 年迈入 5G 时代，促使当下各个领域的发展相互交织，越来越多的人选择在移动端接收信息并进行消费。中国互联网络信息中心（CNNIC）发布的第 51 次《中国互联网络发展状况统计报告》[2] 显示，截至 2022 年 12 月，我国网民规模达 10.67 亿，较 2021 年 12 月增长 3549 万，互联网普及率达 75.6%，较 2021 年同期提升 2.6 个百分点。同时，我国手机网民规模达 10.65 亿，较 2021 年同期增长 3636 万，网民使用手机上网的比例为 99.8%。在互联网应用方面，即时通信、网络视频和网络支付等应用的用户规模在我国持续增长。截至 2022 年 12 月，我国即时通信用户规模达 10.38 亿，较 2021 年 12 月增长 3141 万，占网民整体的 97.2%。网络视频（含短视频）用户规模达 10.31 亿，较 2021 年 12 月增长 5586 万，占网民整体的 96.5%，其中，短视频用户规模达 10.12 亿，较 2021 年同期增长 7770 万，占网民整体的 94.8%。网络支付用户规模达 9.11 亿，较 2021 年 12 月增长 781 万，占网民整体的 85.4%。与传统工业经济时代相比较，数字平台生态系统价值创造过程发生了深刻改变；不完全信息消除带来价值配置空间扩大，价值创造来源深度和广度实现了前所未有的拓展。在新兴的消费与服务模式下，购物类、知识类、娱乐类等平台用户量激增，消费者参与其中，并且创造价值。在未来服务经济时代下，平台经济作为新的商业模式，承载着多方参与主体实现价值共创的功能；价值创造过程乘数效应越发明显，跨界经营打开了新市场机遇，新价值来源不断扩展，新商业模式不断涌现。因此，互联网和平台经济的迅猛发展，为价值共创增添了新的活力。

为推动平台经济规范健康可持续发展，国家及省市各级政府纷纷出台相关的法律法规，这些法律法规在内容上主要围绕数据治理保护和个人信息保护两个方面。例如，《中华人民共和国网络安全法》《中国银保监会监管数据安全管理办法（试行）》《网络交易监督管理办法》《零信任系统技术规范》《网络音视频信息服务管理规定》《知识产权强国建设纲要（2021-2035）》等。在我国互联网经济发展法律环境建设日趋完善的同时，我国互联网平台经济仍然存在着一些不可避免的不合规问题并制约着平台经济的发展。因此，一方面，通过完善平台经济的法律法规建设，加强立法、打击网络违法犯罪来营造健康的法律环境并提升网络安全设计技术以构建平台外部信任机制；另一方面，通过平台内部治理和有效管理构建平台内部信任机制。只有参与价值共创的各方主体建立信任，才可以实现平台经济环境下多方参与主体的共创和共赢。因此，如何构建平台信任，尤其是平台内部信任机制，从用户角度出发开展平台价值共创研究成为国内学术界研究的焦点，也是企业高度关注的问题。

二、研究意义

（一）理论意义

（1）基于服务主导逻辑，运用营销学、消费者行为及心理学等领域相关理论，从用户参与视角出发，基于互联网平台的信任机制展开平台价值共创的一系列研究。首先，从消费者角度出发提出了区块链技术应用下平台内部信任机制的理论模型；丰富了服务主导逻辑、平台价值共创、平台内部信任机制等方面的理论研究成果。其次，分别针对购物类、泛知识类、泛娱乐类平台的不同特点分析其消费者参与平台价值共创机理；在理论层面，不仅可以为分类深入研究平台价值共创提供思路与方法，而且可以在一定程度上弥补管理学、消费者行为学、心理学、社会学等学科在研究平台经济相关理论上的不足，为交叉学科的研究提供一定的理论支持。

（2）在研究过程中综合运用多种研究方法和手段。一方面，基于消费者角度构建平台内部信任机制的理论模型，运用传统的调查问卷法，并结合 Python 爬虫根据指标爬取数据、进行数据收集的基础上搭建 BP 神经网络计算模型进行仿真，为此类问题研究提供了新的研究思路。另一方面，将调查问卷与眼动追踪、可穿戴生理记录仪器等实验设备、分析软件相结合，提高数据分析的真实性与可信度，探索基于神经营销学角度进行精准研究的方法，拓展此类问题的研究方法。

（二）实践意义

本书研究所得到的管理启示，可以帮助互联网经济环境下的平台企业发现影响消费者信任的因素，提高消费者对平台的信任，更有效地解决平台消费者的信任问题，吸引消费者参与平台价值共创。而且，通过针对性的实证研究为不同类型（购物类、泛知识类、泛娱乐类）平台企业提出基于顾客服务视角的管理建议与营销策略，以便提高其平台内部运作效率；在为消费者提供方便快捷、值得信赖的服务价值的同时，更好地提升平台企业的核心竞争力，增强企业的获利能力与经济效益。

第二节　研究目标与研究重点

一、研究目标

在对平台经济与平台生态系统、服务主导逻辑下的平台价值共创的发展现状、理论基础与底层逻辑进行归纳总结的基础上；从消费者角度出发，对平台内部信任机制进行建模分析；并根据分析结论，针对商务交易类、泛知识类、泛娱乐类这三类平台进行消费者参与平台价值共创的路径和影响因素研究。通过研究，旨在从理论层面上弥补平台经济目前研究的不足，为分类深入研究平台价值共创提供思路与方法，为管理学、心理学、社会学等学科交叉研究此类问题提供一定的理论和方法支持；同时也为平台企业构建内部信任机制、促进平台价值共创健康持续发展提出管理启示，并为每一类平台企业未来的战略制定与营销实践提供管理决策依据。

二、研究重点、难点与创新点

（一）研究重点

（1）在服务经济和互联网经济并存的新竞争形势下，从宏观角度梳理平台的兴起、平台经济的发展与平台生态系统相关理论知识；并结合服务主导逻辑对平台价值共创的内、外部信任机制进行阐述。

（2）通过利用大数据、算法和模型，深入细致地分析平台内部信任机制，揭示区块链技术应用下平台企业为消费者营造良好信任环境的规律并从"采取多种方式提高社交互动的有效性、深入挖掘区块链技术在平台经济中的应用、树立良好平台形象以提升品牌背书效应、建立完善平台的声誉管理机制"几方面为平台企业构建平台内部信任机制提出管理启示。

（3）分别针对网络购物类、泛知识类、泛娱乐类平台这几个平台经济中的重要表现形式，从用户视角展开价值共创研究，提出基于信任机制的管理建议与营销策略，以便提高企业内部运作效率；在为消费者提供方便快捷、值得信赖的服务价值的同时，更好地提升平台企业的核心竞争力，增强企业的获利能力与经济效益；最终实现平台与消费者价值的共同创造，促进平台保持活力健康发展。

（二）研究创新点

（1）关于平台信任机制的已有成果大多是从平台运营的外部影响因素，如国家政策和法律角度进行研究的，只有少部分学者从内部平台企业视角出发对平台为消费者营造信任环境的影响因素进行分析。另外，在区块链技术应用于平台的背景下，基于消费者角度对平台内部信任机制的研究缺少对"区块链技术的应用"的分析。因此，在第四章创新性地将"区块链技术的应用"作为影响因素之一加入平台内部信任机制中进行分析研究，进而探析该机制的具体作用路径。

（2）学者对平台内部信任机制研究时，大多是利用文献分析出影响因素，直接分析各影响因素的路径和效应。第四章基于文献分析出平台内部信任机制影响因素，利用 BP-DEMATEL 方法首先对各影响因素的影响效应进行验证，其次对各影响因素之间的关系进行分析，最后根据各影响因素间的关系对其进行分类，为进一步的机制路径研究奠定基础。

（3）通过文献研究、实证研究，探讨商务交易平台、用户信任、用户价值共创及购买意愿间的影响关系，以期验证商务交易平台的应用能够正向作用于用户信任，进而促进产品开发、用户推荐等用户价值共创活动的发生，为平台创造更符合市场需求的产品，提升用户购买意愿。以购物、旅游、外卖三类主要的商务交易平台为例，从实际应用层面扩展了用户参与平台价值共创的影响研究，同时为其他电商模式的相关研究提供参考。

（4）移动短视频作为一种全新的信息传播媒介，已逐渐成为人们不可或缺的信息接收方式；而消费者是推动该行业发展的关键。因此，第六章基于用户感知视角，结合眼动追踪技术和问卷评估方法，根据客观的眼动、生理数据和主观的问卷评价指标，对实验结果及问卷数据进行定量分析，客观、全面地总结泛知识短视频用户感知体验及浏览意愿的全过程；弥补了已有文献仅用传统调查问卷进行研究的局限性，拓宽了短视频用户研究的方法维度，研究方法有所创新，选题具有一定创新性。

（5）重新界定"泛娱乐"这一概念，并选取爱奇艺、王者荣耀、抖音三家具有代表性的泛娱乐类平台进行多案例研究，重点分析这三家不同类型、不同目标市场的泛娱乐类平台分别在用户参与平台价值共创的不同阶段的影响因素研究。提出"平台质量—用户认知—用户价值共创行为"的平台商业模式对用户价值共创行为的影响机制，平台向用户提供新的产品与支持性服务，这些产品与支持性服务的质量通过影响用户的感知价值及用户满意度，进而影响用户价值共创行为。

第三节　研究方法与内容安排

一、研究方法

（一）文献研究法

首先，通过文献梳理和回顾，分析研究现状、发现研究问题，并提出研究方向。其次，本书中无论是各章理论基础的总结与归纳，还是定量研究中指标体系的建立、评价方法的选取，都是在借鉴已有的较高水平研究成果的基础上形成的，文献研究为本书提供了理论基础和方法论依据。

（二）定量分析法

（1）Python 爬虫。在第四章基于消费者视角的平台内部信任机制研究中，以"区块链技术的应用、平台内置的算法和数据、社交互动、平台声誉、消费者对平台的品牌信任和平台消费者价值共创的意愿"这些模型中的变量为主题，在互联网中进行相关内容搜索，为本书的实证分析部分收集数据，搜索的数据类型主要有文本内容、数据库。

（2）BP-DEMATEL方法。在第四章中用于对基于消费者角度下的平台内部信任机制影响因素进行分析。首先，构建各影响因素的分析指标体系，利用Python软件在各大平台（京东、天猫、苏宁易购、考拉海淘以及唯品会）根据指标爬取数据。其次，搭建BP神经网络计算模型，确定神经网络中各层和各节点，得到某一指标对另一指标的权重，进而可以得到科学客观的直接影响矩阵。最后，通过矩阵计算得到综合影响矩阵，进而得到评价各影响因素的关键指标值。

（3）问卷调查法。问卷调查法出现于19世纪末，是指研究者依照既定程序，把设计好的问卷通过各种媒介，发放给相应调查所需的受众。受众填写后进行问卷回收，并对问卷结果进行整理、统计、分析，从而得出大致的研究结果，是将现实问题进行的量化研究方法。在当前问卷调查法因其操作难度低、调查效率高、调查范围广等优点，被广泛应用于经济学、社会学、营销学等领域。在相关章节通过使用调查问卷来收集数据并进行统计分析，依据之前权威学者研究中成熟的量表，在此基础上根据研究需要对具体问题进一步修改完善调查问卷的设计。

（4）结构方程法。结构方程法在第四章"基于消费者视角的平台内部信任机制"、第五章"商务交易类平台用户参与价值共创研究"、第六章"泛知识短视频用户参与价值共创研究"及第七章"泛娱乐类平台用户参与价值共创研究"中均有运用。经济管理问题的研究，往往需要对多个原因（自变量）和多个结果（因变量）之间存在着的关系进行研究，并且还有可能存在不可直接观测的变量（即潜变量）。要解决这一类问题，弥补传统统计方法的不足，结构方程模型是非常好的一种方法。该方法在20世纪80年代就已经成熟，成为多元数据分析的重要工具。因此，多个章节运用结构方程法检验构建的理论模型，得到研究结论。

（5）神经营销实验法。第五章中采用眼动实验方法进行实验的相关设计，并利用眼动仪设备观察、记录被试眼动变化的情况；分析被试在浏览刺激材料、执行特定任务时的视觉数据：注视时长、注视次数、注视点等。实施眼动实验的同时，使用可穿戴生理记录仪器记录被试在实验过程中的生理指标（心率、皮电等），来反映被试的情绪波动。对采集到的行为数据分析处理，综合运用数据评价指标和传统可用性评价指标对测试结果进行分析，做出合理、客观的评价，继而归纳总结得出相应的结论。

（6）相关分析。许多事物或现象之间总是相互联系的，并且可以通过一定的数量关系反映出来，相关分析就是一种分析客观事物之间相关性的数量分析方法。第五章"商务交易类平台用户参与价值共创研究"及第七章"泛娱乐类平台用户参与价值共创研究"通过相关分析来判断变量之间有无联系，并把握相关关系的方向与密切程度。

（7）回归分析。相较于相关分析，回归分析可以将变量之间的相互关系用函数表达出来，揭示函数关系能使研究解决针对未来的分析与预测问题，更具价值。在第七章"泛娱乐类平台用户参与价值共创研究"中运用回归分析建立一个相关分析中证明与行为意愿相关的预测变量与行为意向的线性回归方程，从而对用户参与平台价值共创行为意愿进行预测分析。

（三）定性分析法

定性分析法是依据预测者的主观判断分析能力来推断事物的性质和发展趋势的分析方法。在第二章"平台经济与平台生态系统"、第三章"服务主导逻辑下的平台价值共创及其信任机制"中，以定性研究法对研究现状问题进行归纳、总结，并且为后续章节研究奠定基础。第四章到第七章也运用部分定性分析方法进行研究问题的因果分析或比较分析。

二、内容结构

全书共分为七章，章节安排及主要内容如下：

第一章为"绪论"。从现实背景与研究意义出发，提出研究问题，并对全书的研究目标、研究内容、研究的重点与创新点、研究方法以及研究的学术价值等进行了简要介绍。

第二章为"平台经济与平台生态系统"。随着信息技术发展成熟以及互联网成本低廉，平台广泛存在并成为引领新经济时代的重要经济体。本章首先从平台的内涵、平台组成的三要素、平台所具有的特征以及平台所包含的类型各方面进行了详细的阐述。之后结合平台经济的特征，对中国平台经济的发展现状进行了梳理分析。最后对包含平台运营商、嵌入企业（如服务或产品制造商或供应商）、终端用户（如消费者）、广告商和其他利益相关者等共同组成的平台生态系统进行了全生命周期描述，并且对不同于传统工业价值创造的数字平台生态系统价值创造过程所发生的深刻改变进行了总结归纳。

第三章为"服务主导逻辑下的平台价值共创及其信任机制"。信息技术迅猛发展推动了平台经济日新月异，而服务主导逻辑理论的出现加快了价值共创在平台经济中的应用。本章首先从服务主导逻辑的产生及其本质，以及服务主导逻辑与商品服务主导逻辑的区别出发，阐述服务主导逻辑、平台经济快速发展如何推动了平台价值共创的发展。其次从平台的信任问题入手构建平台经济信任机制，并针对我国在平台价值共创的外部信任机制方面开展各方面工作，以及内部信任机制的影响因素进行深入分析。

第四章为"基于消费者视角的平台内部信任机制"。本章在第三章对服务主导逻辑下的平台价值共创及其信任机制进行理论梳理和深入研究的基础上，针对平台价值共创的内部信任机制展开进一步研究。本章首先对国内外学者们基于消费者视角开展的平台内部信任机制的研究成果进行梳理与归纳。其次结合已有研究成果和未来研究需要，归纳出消费者角度平台内部信任机制的影响因素并构建指标体系。再次利用 BP-DEMATEL 方法和结构方程法对消费者角度平台内部信任机制的路径进行分析。最后根据实证分析结果为平台企业构建内部信任机制提出管理启示。

第五章为"商务交易类平台用户参与价值共创研究"。本章以商务交易类平台为例，首先从用户视角，选取社交影响、平台质量、制度保障以及信任倾向等变量，以平台信任为切入点，研究用户对商务交易类平台信任的构成基础，并尝试探索用户对平台型企业使用意愿的关键性因素以及感知风险是否会对平台信任度产生影响。其次在建立用户信任的基础上，从用户感知价值角度出发，研究用户参与平台价值共创行为意愿的影响因素。

第六章为"泛知识类平台短视频用户参与价值共创研究"。在第四章针对消费者角度平台内部信任机制的影响因素和作用路径研究的基础上，选取泛知识短视频用这一平台经济类型，针对其用户参与平台价值共创展开研究。首先，在文献研究的基础上确定了泛知识短视频用户参与平台价值共创的研究维度。其次，根据泛知识短视频特征，继续对顾客体验、感知价值对用户价值共创的影响因素进行细分，将持续浏览意愿作为因变量提出研究假设及模型框架，并对泛知识短视频用户感知与持续浏览意愿之间的路径进行实证检验。最后，采用神经营销学的消费者行为实验法针对泛知识短视频用户浏览情绪唤醒与点击意愿影响展开研究。

第七章为"泛娱乐类平台用户参与价值共创研究"。本章以当前用户人数最多的泛娱乐类平台为例，选取抖音短视频及《王者荣耀》游戏两家具有代表性的泛娱乐平台进行案例研究。首先，以《王者荣耀》游戏平台为例，通过研究用户感知价值对用户满意度的影响，进而对用户黏性的影响。其次，以抖音短视频平台为例，基于 SOR 理论，研究平台内容对用户参与价值共创行为意愿的影响。本章重点分析了平台用户从内容消费过渡到内容分享交流，进而发展到如今的内容互动与内容创造，参与平台价值创造的程度在由浅至深，其影响因素与影响机制的变化。

参考文献

［1］中新网国家统计局．中华人民共和国2022年国民经济和社会发展统计公报［EB/OL］．http：//www. gov. cn/xinwen/2023-01/17/content_5737514. htm，2023-02-28．

［2］CNNIC发布第51次《中国互联网络发展状况统计报告》［EB/OL］．https：//cnnic. cn/n4/2023/0302/c199-10755. html，2023-03-02．

第二章 平台经济与平台生态系统

第一节 平台的兴起

随着互联网技术发展成熟以及联网成本逐渐低廉，互联网好比一种"万能胶"将企业、团体、组织以及个人跨时空联结在一起，使得他们之间信息的交换变得"唾手可得"。互联网平台是对互联网资源的整合再利用，平台为参与者提供基础设施、工具、规则，让交互更加便捷、低成本、高质量。平台的目标就是把用户聚合在一起，促使他们交互，并实现互惠互利。

平台的存在是广泛的，它们在现代经济系统中越来越重要，成为引领新经济时代的重要经济体[1]。近20年来颠覆传统产业的几乎都是平台型企业，大部分世界名企用的都是平台商业模式，大部分估值超过10亿美元的独角兽企业使用的也是平台商业模式，可见平台模式是被社会承认和经过考验的商业模式。

一、平台的内涵和特征

（一）平台的内涵

20世纪初，国外汽车工业实现大批量、流水线作业时，平台作为一个工程概念，出现在生产和施工过程中。借用"平台是某种活动得以运行的支撑"这一含义，平台的概念后来被扩展到诸多领域，如产品平台、技术平台等，近年来在以计算机为手段的信息科技领域的应用尤为广泛，如操作平台、软件开发平台、电子商务平台等。平台理论研究的代表人物 Meyer、Utterback（1993）明确提出，产品平台是一组产品共享的设计与零部件集合，是一系列核心子系统与各种相关接口组成的一个公共架构[2]。Meyer 和 Seliger（1998）进一步把平台概念从有形的物质产品拓展到软件产品，认为平台方法也适用于软件产品开发，进一步开拓了平台方法的应用领域[3]。张宗臣、苏敬勤（2001）提出了技术平台的概念，认为技术平台是构建产品平台的基础，产品平台是连接技术平台和具体产品的桥梁，初步探讨了技术平台的构建、升级与更新[4]。何山（2004）把平台理论引入产品创新平台，认为产品创新平台是由相互渗透的管理平台、信息平台和技术平台支撑构成，并提出了三种产品创新的模式[5]。随着平台概念的普及，平台思想也被逐渐运用于组织架构设计。Pierce（2009）提出平台是一种结构和惯例的形式情境，是一种元组织，它在不同情况下可以产生不同的组织形式，例如层级制、矩阵制甚至网络等组织形式[6]。平台由一部分稳定的核心部件、一些高度可变形的外围组件以及它们的交互部分构成[7]。

伴随互联网和电子商务的高速发展，平台的概念从一种产品技术或组织形式拓展为一种多边市场或价值网络。Evans（2003）在双边市场的研究中给出了平台的三个界定标准：第一，有不同种类的用户群体；第二，某类用户群体可以通过与另一类用户进行需求协调来获益；第三，中介组织促成不同类型用户间的需求协调，比用户直接发生联系要更有效率[8]。Armstrong（2006）认为，平台市场是指以平台为中介的双边交易，一方加入平台的得益取决于加入该平台的另一方（或者其他方）的数量[9]。Eisenmann 等（2006）提出平台是将用户聚集在双边网络中的产品和服务[10]。徐晋、张祥建（2006）提出平台是一种现实或虚拟空间，该空间可以导致或促成双方或多方客户之间的交易[11]。Gawer 和 Henderson（2007）认为平台会聚生产者和消费者，并提供基础设施和规则作为互补性产品和服务的基础[12]。Rong 等（2013）提出平台是通过一组接入点或接口为生态系统的成员提供一系列解决方案的商业生态系统，平台包含三大要素：互动的界面、共同价值的创造及网络的形成[13]。Alstyne 等（2016）认为平台使用系统资源来协调需求方与供应商并促成相互之间的交易，在平台用户之间产生网络效应，并通过平台参与群之间的互动创造价值[14]。

综上所述，平台不是一个简单的概念，从不同维度对平台有不同认识。从市场角度出发，数字平台被视作多边市场，强调其中介作用和网络效应特征；从技术角度出发，数字平台被视作技术扩展的基础，强调其技术架构特征；从组织角度出发，数字平台是促进连接、交互、交易和治理的社会技术系统，强调技术要素与社会活动的结合；从价值角度出发，数字平台则是一种价值网络和价值架构，强调其价值创造、传递和获取作用。因此，平台研究主题经历了从技术管理平台的产品创新、架构创新，到产业组织经济学的平台定价、双边市场，再到战略管理平台设计、商业模式的演变，并且交叉融合趋势明显。从直观上讲，平台本身不生产产品，但作为连接桥梁或媒介，可以引导和促成用户之间交换商品、服务和信息等，是促进生产者和消费者进行价值创造、互动的媒介。因此，平台是基于网络信息通信技术，为双边和多边市场主体提供连接、交互、匹配与价值创造的载体[15]，是网络时代市场资源整合和商业模式创新而成的具化形态，是传统自在市场自觉意识觉醒和自主品格升华的经济结果。

（二）平台的特征

（1）开放性。互联网的虚拟性与连接性赋予了平台打破时间、空间、地域限制的特质，使平台更具开放性，从传统小市场拓展成为面向全国、走向世界的国际化大市场。平台不但能提供对平台资源的简单访问，而且可以进行数据交互，甚至第三方开发者还可以基于平台开发更多的应用，分享平台的用户和资源，同时创造更多的价值。Parker 和 Alstyne（2016）提出平台的开放性体现在两个方面：一方面是在参与开发、商业化或使用中平台没有任何限制；另一方面是任何限制都是合理和非歧视性的，也就是说，限制对于所有潜在的平台参与者都是同一的[16]。平台就本质而言，是需要开放的，如果不开放，就产生不了好的网络效应。平台的开放性将逐渐消融企业与企业、企业与用户之间的边界。平台赋予了平台参与者开放的参与式的架构，并为它们设定了治理规则。作为平台管理者需要从一开始就对平台在不同发展时期的开放性进行设计，需要考虑当下与未来，平衡各方利益。一个有前瞻性的平台管理者需要设计出不断评价平台开放水平的方法，规划出平台不同时间对外开放的战略框架。

（2）参与性。互联网经济背后的驱动力是需求侧的规模效应，又称为网络效应。在互联网经济中"体量"高于对手的公司，在每次交易中都提供平均高于对手的价值。平台的参与者主要有平台管理者、外部开发者和用户三类。平台确立的基本条件之一就是至少存在两类以上用户群体，如果市场中只存在单边用户群体或者用户群体数量过少，平台将不复存在。拥有广泛用户参与的平台一方面可以获得丰厚的商业价值，例如百度将用户的搜索行为转换成具有丰富价值的广告，微博利用客户端登录、搜索和社交行为获得并出售用户精准画像；另一方面拥有广泛用户参与的平台也产生重要的社会价值。滴滴打车看准用户出行需求充分调动私家车；Airbnb 则瞄准追求特别体验感的旅游人士的住房需求，充分调动家庭闲置房源，释放未被充分使用的个人资产的商业价值。

（3）交互性。所谓交互性是指在互联网背景下，用户与卖家、用户与平台以及用户与用户之间相互交流的互动程度[17]。平台自身不生产产品，通过促进平台内双边或多边角色的互动而获得价值，比如信息交换、商品或服务交换、货币交换，因此可以把平台看作促进双边或多边角色进行互动的基础设施。平台内各主体间的互动关系呈现双向、网络化、放射性的特征。

平台的基本目标就是促进核心交互，双方或者多方在平台上进行互动，为平台创造价值，并且随着时间的推移，其他类型的交互也会发生，例如平台管理者会参与平台运营、外部开发者参与平台应用开发等，从而增加平台的实用性，吸引更多参与者。平台价值和双边或多边角色的需求，就是在互动中产出释放，每次互动都会产生一次价值单元。正是因为这种互动关系的复杂化、互动量的规模化，平台才能够带来更高级的商业繁荣，创造更大的市场和商业价值。

（4）网络外部性。所谓平台的网络外部性，通俗解释就是平台的价值取决于链接这个平台其他人的数量，平台覆盖的人越多，平台的影响力也就越大。Katz 和 Shapiro（1985，1992）给出了网络外部性的定义，他们把网络外部性分为直接网络外部性与间接网络外部性。直接网络外部性指的是与产品或者服务的使用者数量相关的价值，即同边影响，例如共享文件软件、传真机、电邮服务及电话服务的价值几乎都与使用相同产品用户的数量相关，随着用户人数的增加，用户便利性和平台的使用价值也逐步增加。间接网络外部性指的是在平台市场中，一边是否加入平台受到另一边在平台市场中规模的影响，即消费者（生产者）加入平台取决于这个平台中生产者（消费者）的规模[18,19]。正是由于这种间接网络外部性的存在，平台中的单边用户才会根据对另一边的预期加入平台，平台中的双边用户数量不断增多，形成了"鸡生蛋，蛋生鸡"的情况。

目前，网络外部性已经深入每个人的生活，网络平台总人数决定着网络效应的价值大小，两者呈正比例关系，参与的人越多，网络效应的价值就越大。这是一个循序渐进的过程，是网络化时代的必经阶段。因此，平台的关键战略目标是，用好的前端设计吸引理想参与者，激发正确的互动，也就是所谓的核心互动，引起越来越大的网络效应。

二、平台的类型

如前所述，学者们从不同视角给出了平台的定义，不同概念意味着存在不同类型平台。国内外学术界对平台的分类并没有统一的标准，而是根据研究者的切入视角和研究目的确定分类依据和标准，这也为平台理论发展提供了更大的灵活拓展空间。

Evans（2003）提出从平台结构来看，平台可以分为单边、双边、多边和混合型平台[8]。Economides 等（2006）依据技术创新架构，将平台划分为开源性平台和专用平台[20]。Armstrong（2006）按照用户归属性质将平台分为垄断平台、单归属平台和多归属平台三类[9]。哈佛大学著名的平台研究专家 Baldwin 和 Woodard（2008）将平台分为产品平台、技术平台和产业双边平台三种基本类型[21]。Gawer（2009）依据业务宽度，将平台划分为内部平台、供应链平台、产业平台和双边市场平台四种类型[22]。Evans（2012）则按照双边市场类型，将平台划分为交易平台、媒体平台、支付平台和软件平台[23]。Fainshmidt 等（2016）基于

Gawer 的研究，利用 ISI Web of Science 数据库通过文献计量分析将平台分为内部平台和外部平台两个基本类型，其中内部平台包括产品开发平台，外部平台包括供应链平台、双边市场平台和产业平台[24]。Parker 和 Alstyne（2016）将互联网平台按电商、服务交易、社交、信息、金融、技术及其他 7 个领域梳理出了 21 种互联网平台原型[16]。

国内学者对于平台的分类也有比较深入的研究，徐晋和张祥建（2006）提出了两种平台的分类方法：依据开放程度将平台分为开放平台、封闭平台和垄断平台；依据连接性质将平台分为纵向平台、横向平台和观众平台[11]。王节祥、蔡宁（2018）基于 Web of Knowledge、CNKI 数据库，通过文献计量方法和内容分析将平台分为产品开发平台、双边市场平台和战略创新平台三种类型[25]。汪存富（2021）从商业模式的角度，将平台分为技术标准平台、技术产品平台、交易中介平台、信息内容聚合和分发平台、信息基础设施平台和社交网络平台[26]。

2021 年 10 月，国家市场监管总局组织起草的《互联网平台分类分级指南（征求意见稿）》，结合我国平台发展现状，依据平台的连接对象和主要功能，将平台分为网络销售类平台、生活服务类平台、社交娱乐类平台、信息资讯类平台、金融服务类平台和计算应用类平台六大类[27]。

平台按主体、作用、发展阶段等细分类别虽有不同，但殊途同归，都旨在为平台服务对象创造多元商业逻辑与价值实现路径。因此，本书着重以平台功能进行分类，以方便后续研究。从功能上，将平台划分为网络社交类平台、商务交易类平台、公共服务类平台、网络金融类平台、网络知识类平台、网络娱乐类平台。

（一）网络社交类平台

网络社交类平台就是以社交网络为基础建立的互联网平台。随着近些年网络社交平台在国内外越来越受到关注和重视，更多的具有新特征、新模式的网络社交平台出现在大众视野中。网络社交平台是一种基于互联网为用户提供关系连接、信息交流的交互通路，是人们用来创作、分享以及交换意见、观点和经验的工具和平台。简而言之，网络社交类平台主要指的是在互联网当中，基于用户关系链的内容生产与内容交换的平台。

根据网络社交类的内容，又可将平台划分为工具社交平台、场景社交平台以及内容社交平台[28]。工具社交平台主要是以即时通信作为主要特点的社交平台，例如 Facebook、微信、QQ、陌陌等，根据通信的不同对象，又分为熟人社交和陌生人社交两大类。场景社交平台主要是固定场景的用户利用社交工具进行某一场景话题的沟通，比如职场、运动、恋爱、购物等特定环境，在某一个场景领域进行垂直发展，典型的平台包括 keep 健身、脉脉、LinkedIn 等。内容社交平台主要是以内容为本，用内容来吸引流量，根据内容扩散延展出来的社交平台。其根据内容品类又可分为两类：一类是以图文社交为主，夹杂视频的内容传播社交平台，比如微博、Instagram、小红书等；另一类是以知识传播为主要导向，比如知乎、TikTok、Quora 等。网络社交类平台作为人们彼此用来分享意见、见解、经验和观点的工具，传播的信息已成为人们浏览互联网的重要内容。

（二）商务交易类平台

商务交易类平台是为企业或个人提供网上交易洽谈的平台。商务交易类平台不是以前商业贸易活动简单的电子化，而是成为连接不同市场主体以满足各主体在交易、商务、消费、支付、金融、理财等综合服务方面不同需求的商业运营模式。

因此，商务交易类平台是依托互联网为进行商务活动的交易双方或多方提供服务，保障交易的双方或多方顺利开展交易活动的虚拟网络空间，是协调、整合信息流、货物流、资金流有序、关联、高效流动的重要场所，是现实中"购物商城""农贸市场"等交易场所在互联网这一虚拟世界中的存在形式，具有"虚拟性""独立性"和"功能性"的特征。

商务交易类平台既包括独立的第三方电子商务运营平台，也包括自营式的电子商务平台，以及混合运营方式的平台，其主要功能是为交易双方或多方搭建便利的交易与服务渠道，提供网页空间、虚拟经营场所、交易规则、交易撮合、信息发布等服务。企业、商家可充分利用电子商务平台提供的网络基础设施、支付平台、安全平台、管理平台等共享资源有效地、低成本地开展自己的商业活动。

（三）公共服务类平台

公共服务类平台是提供系统、全面、方便、高效的社会性公共服务活动和行为的载体，它是一个开放的支持和服务系统，以便促进科技进步、经济发展和社会文明的具体的公共服务在这一载体上生成、生存与发展。

Brain Collinge（1995）首次提出了"公共服务平台"概念，当时的定义主要侧重于网络信息平台，即设立一个免费开放的访问平台，所有感兴趣的人都可以在线上使用现有的内容，无论用户的来源如何[29]。其后，随着研究的不断深入，又扩展到技术、创新、教育、地理等众多领域。

公共服务类平台是具有公共性质的产品，开放性、地域性、公益性、多元性、有偿性和便利性是其主要特征。根据其提供的服务内容不同，公共服务类平台主要有三种类型：综合类平台、专业化平台及行业协会。按照行使的职能不同，公共服务类平台主要由管理平台、信息平台、技术平台及企业平台四个子平台组成。目前国内公共服务平台主要有两种运行模式，即政府主导型公共服务平台和市场主导型公共服务平台。

（四）网络金融类平台

网络金融类平台是互联网金融最重要的载体，是金融和互联网平台有效结合的一种新型的商业模式，拥有互联网技术的企业及金融机构、产品为有金融需求的人群服务。因其涵盖了互联网和金融的双重属性，使互联网技术进步为传统金融的需求和供给扩大了发展空间，而成为一种新的金融业态。

互联网金融业务平台基于场景化服务理念，提供包括前台获客、中台管理到后台支撑的一体化解决方案。平台覆盖包括用户服务、账户服务、定价服务、收费服务、产品服务、营销服务、支付服务等在内的多场景、高质量的互联网金融业务服务，具备强大的业务扩展性和业务适应性，支持全业务场景及渠道的灵活对接，实现前台场景化获客，中台拥有灵活的业务自治及扩展能力，满足互联网金融业务的快速响应，后台为互联网各类业务场景提供基础业务能力的支撑，保证系统高效、稳定运营。

网络金融平台本质上属于网络交易平台的一种，根据商务部《网络交易服务规范》，网络交易平台是指为网络交易提供商品或服务交易的系统。为了更好地开展金融活动，降低交易成本，拓宽业务范围，传统金融机构、互联网企业作为网络金融平台运营商，依法合规设立网络金融平台。目前网络金融平台包括网络金融产品销售平台、智能投顾平台、网络借贷平台、股权众筹融资平台、第三方支付平台等。

（五）网络知识类平台

网络知识类平台是一种特殊的网络社区平台，其特点是聚集具有共同兴趣爱好的个体，进行知识的创造与分享。随着互联网的快速发展、社会工作节奏的加快以及人们对于学习和自我提升的需求增强，网络知识产品给我们带来了便捷。网络知识类平台是以人为本的系统，通过用户之间的互动和协作实现知识价值化，与传统的互联网平台相比，它们具有专业性、针对性等新的特点。

作为互联网技术下衍生的一种全新的社会组织形态，网络知识类平台还通过人际互动交流进行知识的共享与创造，具有知识性、虚拟性、开放性、互动性等基本属性特征[30]。

随着传播技术的发展迭代，网络平台知识传播迅速走进大众视野，构建起内容多元、渠道丰富的知识图景。网络知识类平台按照知识分享的形式可以分为问答制知识平台、会员制知识平台、专栏订阅知识平台、音视频知识平台、直播知识平台等类型。

（六）网络娱乐类平台

互联网让娱乐变得常态化和大众化，娱乐不受时空限制，在线娱乐让娱乐也不再是年轻人的专利，看网剧、进唱吧、听音乐、打网游已经成为男女老少共同的权利和福利，娱乐产业用户规模得到最大程度的挖掘[31]。网络娱乐类平台是在以数字化技术为核心、以网络信息技术为依托、以满足用户娱乐需求为目的的互联网产品基础上所形成的平台[32]。网络娱乐类平台不仅包括传统娱乐形式（如电影电视、音乐、文学、动画和游戏）的数字化改造，还包括新兴的娱乐消费形式（如短视频、直播、电子体育等）。

网络娱乐类平台包括网络音乐演艺平台、网络阅读平台、网络游戏平台、网络动漫平台和网络视频平台等。

三、平台运作模式

平台三要素从静态角度对平台内部结构进行了分解；从动态角度，平台的运行会通过三个阶段逐层演化，并循环往复，如图 2.1 所示。

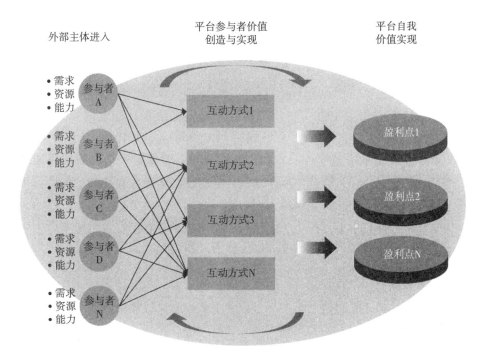

图 2.1　平台运行的三段式

第一阶段：外部主体进入。外部主体发现平台对自身具有吸引力，能够满足其某种需求，开始进入平台，成为平台的参与者。参与者在实现需求的过程中，其自身往往携带相关资源，具有相应能力。

第二阶段：平台参与者价值创造与实现。平台参与者利用平台功能和提供的服务，与平台制造者或其他平台参与者产生双边或多边互动，满足自身需求，同时，自身的资源、能力为其他平台主体有效利用，满足了其他主体的需求。这一过程体现了平台参与者利用平台进行价值创造。

第三阶段：平台自我价值实现。当越来越多的平台参与者可以通过平台实现自身诉求时，平台的功能性、吸引力、聚合力将会持续增强，平台的价值彰显，平台制造者针对不同的参与者，在不同的环节、不同的互动关系中设计盈利模式和盈利点，获得收益。

淘宝网成立之初，为应对强大的竞争对手易趣，通过免费开店的模式吸引卖家进入平台开店，淘宝网卖家通过淘宝平台卖出商品，获得收益，当淘宝平台获得了领先的市场地位后，逐步推出店铺升级、淘宝直通车推广、活动推广等增值服务，借此实现淘宝网平台的盈利。

第二节　平台经济的发展

根据党的十九届五中全会对"十四五"国民经济和社会发展规划的建议，在建设"网络强国""数字中国"的同时，要推进产业链现代化，加快数字化发展。也就是要着力推进数字产业化和产业数字化，要使数字平台应用延伸到政治、经济、生产、生活等各大领域，这就为新时代网络平台在社会、经济等重点领域的优质构建和运行指明了发展方向。

平台经济不仅代表着更高水平的生产力，而且意味着一种全新的生产组织方式和生产关系。不论国内还是国外，以平台为导向的经济变革为整个社会带来了巨大的价值，既有物质财富的增长，又有整体福利的提升和个体自我价值的不断实现；更重要的是，平台经济的快速发展，已经引发并将继续推动社会领域的深刻变革，能够适应平台经济新生产力发展要求的制度体系和生产关系体系正在逐步构建。平台经济将以我们难以预测的方式改变人类社会。

一、平台经济的特征

平台经济是基于平台的一系列经济活动的总和，是一种基于数字技术，由数据驱动、平台支撑、网络协同的经济活动单元所构成的新经济系统，是基于数字平台的各种经济关系的总称。平台经济这一融合了生产、交换、分配和消费环节的全新发展形态呈现在社会面前，无疑实现了对传统生产和消费模式的一次革新。平台经济一方面能够进一步整合全产业链生态体系，链接融通各相关产业环节，进而优化要素资源配置水平；另一方面能够起到精准满足消费需求、改善消费结构以及提升消费质量的作用。同时，平台经济无疑是数字经济主要特征的集中体现，包括零边际成本、网络效应、规模经济等特征都能在数字平台的运行与发展当中得到印证。在当今数字经济发展的浪潮中，平台化已经成为数字经济发展的必然趋势之一。当前学术界对平台经济的概念及边界的研究尚未达成一致，但可以将其特征归纳为以下五个方面。

（一）平台经济属于典型的多（双）边市场

平台模式是数字经济最典型的商业模式，作为促进市场交易的媒介，平台能够将市场中的各个参与方汇聚起来，形成有效的供需匹配[33-36]。传统的多边平台有报纸、信用卡等，通常由双边或三边组成。而在数字经济领域，多边平台则涵盖网络销售、生活服务、社交娱乐、信息资讯等范畴，通常囊括了三边以上的用户，商业模式也更为复杂。平台向多边用户提供服务，其收益是交易中买方和卖方收费的总和。对多边平台市场的经济学研究通常聚焦于平台的价格结构、用户的多归属行为以及均衡福利分析等。

（二）数字平台的产品与服务具有明显的网络效应

随着数字产品与服务的用户规模扩大，其对于用户的价值随之增加，这称为直接网络效应[37]；随着数字产品与服务的用户规模扩大，用户对该产品的互补品的投入也增加，从而吸引更多用户使用该数字产品，这称为间接网络效应[38]。随着用户基数扩大，网络规模往往可以成倍增长，但是生产企业的边际成本却通常不会明显增加，这就能促进平台实现规模经济和范围经济[39]。平台拥有的用户越多，则平台本身价值越大，增值服务越多，用户参与度越高，用户黏性越强。随着产品和服务的转移时间和费用的不断增长，消费者的锁定效应越强，竞争对手想要吸引更多用户并扩大规模就越困难。让更强的平台企业更强并提高市场壁垒，形成强者愈强、弱者愈弱的"赢者通吃"局面，从而进一步促使网络效应的强大。

（三）平台经济具有颠覆性创新的发展规律

数字经济的主基调就是创新[40]，包括技术、产品、业态、模式等多个维度的创新。与传统的渐进性创新不同的是颠覆性创新发生在平台既有的价值链之外，使企业在动态竞争过程中自我扬弃，催生全新的商业模式和价值链[41]。数字平台能够与广大用户一起进行创新，这带来了更为广阔的创新空间和更高的创新效率。几乎每一个超大型平台企业都对全社会的消费方式和生活习惯造成颠覆性的影响。

（四）数据成为一种新的生产要素

数字化从根本上改变了数据生成、存储、处理、交换和分发的方式，人工智能的新发展开拓了利用海量数据的可能性。以数据为基础进行产品研发的能力已经成为企业核心能力的一个重要体现，并且其重要性还将持续加强[42]。另外，滥用数据资源也可能成为企业限制竞争的手段。目前一种常见的策略就是平台先以极低的价格吸引用户入驻，再通过获取有价值的数据向用户"隐性"收费，即引导用户在不经意间用个人数据换取较优惠的价格[43-45]。这种行为不仅会对用户个人隐私信息安全构成威胁，还可能衍生出一系列数据滥用行为，包括以不合理价格出售及获取数据、拒绝共享行业关键数据及大数据杀熟等行为。

（五）数字平台的用户普遍多归属

用户的异质性和多归属性（即背景与偏好各异的用户可以与多个具有竞争关系的平台同时建立连接）都给平台市场的竞争分析增加了难度。研究表明，平台上多归属用户的规模取决于网络效应的特征、平台的入驻成本和产品差异化程度等[46-48]。特别地，在关于平台市场的研究中，部分用户多归属是一个比较前沿的方向。经济学家一般认为消费端的多归属行为对小平台的发展是有利的，但是在特定条件下，供给端的多归属行为则可能会导致消费者在某一具有先发优势的平台上聚集，从而排除或限制市场竞争。

二、中国平台经济的发展态势

（一）中国平台经济发展现状

平台经济有利于提高全社会资源配置效率，推动技术和产业变革朝着信息化、数字化、智能化方向加速演进，有助于贯通国民经济循环各环节，也有利于提高国家治理的智能化、全域化、个性化及精细化水平。中国信息通信研究院发布的《中国数字经济发展报告（2022年）》显示，2022年我国数字经济规模达到50.2万亿元，总量稳居世界第二，同比名义增长10.3%，已连续11年显著高于同期GDP名义增速，数字经济占GDP比重达到41.5%，这一比重相当于第二产业占国民经济的比重[49]。从上述经济数据来看，现阶段数字经济已经日益成为经济增长的新引擎，为经济发展提供必不可少的动力支撑。平台经济作为数字经济的主要生产组织形态之一，为传统经济注入了新活力，引领社会朝着智能化方向发展，对于提高全社会资源配置效率、畅通国民经济循环、优化产业结构等具有重要意义。

平台经济不仅为中国经济注入新的动能，也为中国经济在新一轮产业变革大潮中引领世界经济带来助力。无论是产业数字化进程，还是数字产业化过程，发展基于产业生态系统的平台经济已然成为一种新趋势。在生产领域中，工业互联网平台正在快速发展，我国目前已经建成超过100个工业互联网平台，同时还重点建设了一批跨行业跨领域的"双跨"工业互联网平台。在消费端，居民的衣食住行等领域出现了许多具有行业影响力的平台企业。如在电子商务领域，包括阿里巴巴、京东、亚马逊等在内的众多企业已经成为拥有国际影响力的交易平台，深刻地改变了原有的消费模式。在金融服务领域，不少原有金融机构与新兴金融机构通过重点打造数字金融服务平台，为居民提供更加便捷丰富的金融服务。在社交分享领域，诸多流媒体平台和网络社区平台的出现，增进了社会交往的便利性，提高了社交娱乐的丰富程度。工信部发布的数据显示，2022 年，我国规模以上互联网和相关服务企业完成互联网业务收入 14590 亿元，同比下降1.1%，实现利润总额 1415 亿元，同比增长 3.3%，其中以信息服务为主的企业（包括新闻资讯、搜索、社交、游戏、音乐视频等）互联网业务收入同比增长4.9%，主要提供网络销售服务的企业（包括大宗商品、农副产品、综合电商、医疗用品、快递等）互联网业务收入同比增长 12.6%[50]。平台经济的高速发展，使得经济运行与资源配置的效率不断提高，民众也可以在各个领域体验到数字经济社会快捷、便利和高效的服务。

（二）中国平台经济的优势

从全球范围来看，中国平台经济发展处于相对领先的地位，目前排在世界第二，衡量指标包括平台企业的数量、市值、交易规模等。尽管近两年发展速度有所放缓，总体而言，中国的平台经济发展取得了非凡的成就，在发展平台经济方面也具有一些独特优势。

其一是网民大国优势。平台经济的一大特点是规模经济，目前，我国建成了全球最大规模的互联网基础设施，并创造了一系列"全球第一"：固定光纤网络覆盖范围全球第一；4G 网络规模全球第一；宽带用户数量全球第一；网民数量全球第一。伴随着网络基础设施的飞速发展，基于互联网的各类应用也不断涌现，催生了电子商务、移动支付、共享经济、平台经济等新业态、新模式，深刻地改变着人们的生产、生活、学习和社会交往方式。截至 2022 年 12 月，我国手机网民规模达 10.65 亿，网民使用手机上网的比例为 99.8%。我国网络支付用户规模达 11 亿，较 2021 年 12 月增长 781 万，占网民整体的 85.4%[51]。大规模的网民市场为经济业态的创新提供了丰富的应用场景，也使许多创新应用一旦面世就能很快达到网络经济需要的用户规模。正是网民规模这一独一无二的优势，使许多平台经济业态在中国可以很好地发展，但在其他许多国家却不容易发展起来。

其二是后发优势。我国是在工业化任务还没有完成的情况下迎来了平台经济发展的机遇，我国社会的主要矛盾已经转化为"人民日益增长的美好生活需要和不平衡不充分的发展之间的矛盾"，而互联网的特性使平台经济在解决发展不平衡不充分方面发挥了重要作用，这意味着我国的发展现状客观上对平台经济发展产生了巨大需求，也意味着发展中存在的"痛点"越多，平台经济发展的机会就越多。如电商平台的发展打破了地域的约束和限制，正在填平不同地域之间和城乡之间的信息鸿沟，帮助城乡消费者实现同步的购物体验，下沉市场近几年异军突起。Quest Mobile 发布的《2022下沉市场洞察报告》显示，随着移动互联网的深度普及，下沉市场的用户规模在逐步扩张，截至 2022 年 4 月，下沉市场月活跃用户数量达 6.92 亿，占比为 58.4%，抖音平台下沉市场用户高达 46%，下沉市场成为存量时代的新流量[52]。随着物流业的发展，电商配送半径不断延伸，广大下沉市场还有着巨大的发展潜力。

其三是政策优势。我国政治制度有利于形成上下一致的政策环境，也为新生业态减少了许多制度成本。我国政府对于以共享经济为代表的新业态给予了充分的肯定和支持，明确提出了"审慎包容"的监管原则，为平台经济发展创造了良好的政策环境。近年来，国家层面先后出台了指导、规范平台经济发展的多份文件，既有整体角度的鼓励性文件，如国务院办公厅《关于促进平台经济规范健康发展的指导意见》，也有各部门旨在解决特定问题的约束性文件，如中央网信办等九部门联合发布的《关于加强互联网信息服务算法综合治理的指导意见》、人社部等八部门联合发布的《关于维护新就业形态劳动者劳动保障权益的指导意见》。此外，还有一些指南性质的指导性文件已经发布或正在制定之中，如国务院反垄断委员会发布的《关于平台经济领域的反垄断指南》、市场监管总局发布的《互联网平台分类分级指南》《互联网平台落实主体责任指南》等。这些文件基本构建了我国平台经济监管的政策体系，确立了平台经济发展与规范并重的政策导向。

在此基础上，国家发展改革委、市场监管总局、中央网信办、工业和信息化部、人力资源和社会保障部、农业农村部、商务部、人民银行、税务总局九部门新发布的《关于推动平台经济规范健康持续发展的若干意见》（以下简称《意见》），则具有"集大成者"的属性，并从新的经济形势与战略高度，提出了平台经济发展及监管的新要求与新举措。

其四是科技创新优势。新时代以来，我国科研投入保持较快增长，科技创新能力不断增强，人才基础、创新主体、新兴产业等优势正在聚合释放，创新驱动发展的基础更加扎实和巩固。科技研发能力实现大幅跃升。2012~2021 年，我国全社会研究投入年均增长 11.7%，高于经济合作与发展组织（OECD）国家 4% 的平均增速，研发投入强度从 1.91% 提升到 2.44%；我国国际科学核心论文全球占比由 2012 年的 13% 上升至 2020 年的 20%；我国申请并通过《专利合作条约》（PCT）途径提交的国际专利申请量增长近 2 倍，居世界第一；在全球 6000 多位高被引科学家中，我国占比位居全球第二[53]。科技人才优势逐步显现。我国拥有全球规模最大的科学家和工程师群体。按照 OECD 与欧盟标准，科技人力资源总量位居世界第一。我国已经成功组建首批国家实验室，国家科研机构在自然科学领域的高质量科研产出位居全球第二，18 所大学的研究影响力跻身世界百强，国家战略科技力量加速形成。同时，不断完善科技成果评价机制和科研人员薪酬制度、开展赋予科研人员职务科技成果所有权或长期使用权试点工作、深化应用"揭榜挂帅"等机制，更加突出企业科技创新主体地位。我国数字经济规模已连续多年位居全球第二，在人工智能、物联网、量子信息等领域拥有的发明专利授权量位居世界首位，数字化智能化"灯塔工厂"数量超过全球 1/3，逐步形成具有一定领先优势的创新生态系统。

鼓励平台经济创新发展、推动数实深度融合和数字经济迈上新台阶，将成为促进经济高质量发展的重要组成部分，因此要充分发挥数字平台在科技创新和产业革命中的"领头羊"作用，用创新打造中国式现代化建设进程中的数字经济样本，要重视平台经济的包容普惠特征，平台经济健康可持续的发展才能够构建红利共享的基础。

第三节　平台生态系统

平台经济从低到高包含四个层面：平台、平台企业、平台生态系统、平台经济。其中，平台是引擎，平台企业是主体，平台生态系统是载体，有着内在联系的平台生态系统的整体构成平台经济。平台的目标就是打造一个良性的生态系统。各主体处于生态系统中的不同位置，按照相应的平台规则和机制互动、交易。平台运营商通过为用户提供各种社会、技术、服务资源，吸引并连接嵌入企业（如服务或产品制造商或供应商）、终端用户（如消费者）、广告商和其他利益相关者等共同组成平台生态系统。

一、平台生态系统的内涵

"生态系统"一词从生物学中借用而来，通常指一组相互作用的公司，它们相互依赖对方的活动。广义的生态系统经常被用来描述一个由相互作用的公司和个人组成的社群，这些公司和个人共同发展他们的能力和作用，并且倾向于与一个或多个中心公司所设定的方向保持一致。而平台生态系统则是围绕一个平台组建的商业网络，系统内部拥有大量连接松散，且相互依赖、相互效力、相互生存的企业群体[54]。

在平台的背景下，平台生态系统是由平台企业提供基础区块，吸引互补者加入，共同为用户提供产品或服务的一种产业组织形态[55-56]。学者们强调生态系统的不同方面取决于分析单元。而"平台生态系统"考虑了参与者如何围绕平台进行活动。该研究侧重于关注平台本身或者平台发起者及其互补者之间的相互依赖关系。从这个角度来看，平台生态系统包括平台的发起者和所有补充的提供者，这些补充使得平台对消费者更有价值[56-57]。平台生态系统采用"中心和外围"的形式，即一系列外围公司通过共享或开源的技术标准（可以是编程接口或软件开发工具包）连接到中心平台。通过这种连接，互补者不仅可以产生互补的创新，而且可以直接或间接地访问平台的客户——例如为游戏平台生产视频游戏的开发人员[58]。因此，平台生态系统被视为在平台发起者的协调和指导下促进创业行动的"半监管的市场"[59]，或者作为允许不同用户之间进行交易的"多边市场"[58]。

对于平台生态系统的研究，学者们基本上把其划分为技术视角、战略管理视角和经济学视角。一是技术视角，其从技术架构角度出发，研究主要集中在平台的设计问题上以及其对产生网络效应的影响上[60]，平台公司如何围绕模块间的接口做出最优的设计选择，具体来说，技术管理研究的重点是平台所有者的决策如何影响其创新，比如平台接口的开放性[61-63]。平台生态系统则是基于数字技术制定的开放架构、接口规则，平台企业向多样性种群提供开放、可重组的基础区块，共同为用户提供多样性产品或服务的一种产业组织形态[64]。二是战略管理视角，将平台视为一种组织结构，关注平台如何协同资源和能力，重构组织结构获取竞争优势[65]以及竞争优势的驱动因素，如平台进入时间[66]、现有优势（如平台规模和平台质量）[67-68]等。同样，战略领域学者也试图了解新兴平台如何与现有平台竞争，以及现有平台如何通过其所拥有的用户基础来保持竞争优势[67,69]。三是经济学视角，将平台视为一种双（多）边市场，聚焦于平台产生的网络效应[70]，平台被视为促进双边或多边用户（个人或企业）之间进行交流的"管道"[71]。由于网络效应是由用户所驱动的，因此最近的研究还关注了平台如何吸引多边用户，大多数研究都将重点放在平台定价的经济学模型上[72-74]。

有些学者将平台生态系统与商业生态系统混合使用，然而商业生态系统是以相互作用的组织和个人为基础支持的商业世界共同体。平台生态系统独有的特征，使得平台企业与外来互补者相互分工共同完成一件产品的生产或者销售，从而变得更加依赖对方和更具黏性，与松散连接的商业网络生态系统有着显著区别。

根据对平台生态系统内涵的梳理，本节认为平台生态系统本质上是指一个商业体系的核心主体通过吸引大量为平台提供互补品的互补者，以分配、治理、共享等方式实现平台不同功能或技术的协同，吸引更多用户与消费者提高市场份额与获取高额利润[75]。

二、平台生态系统的成长阶段

作为一种特殊的商业生态系统，平台生态系统的成长可以进行阶段划分。在本书中，我们将针对不同阶段中平台企业面临的挑战，以及应当重视的工作进行讨论。

（一）初生阶段

企业在构建这个系统的初期，面临的主要问题就是要迅速地构建起整个生态系统赖以存在的基础，以后整个生态系统都将建于这个基础之上；但建立基础的工作又十分困难，其难度不亚于在沙漠中凭空竖起一片绿洲。正如治理沙漠的关键是要找到胡杨树这个"生态工程师"一样，要为平台生态系统奠定基础，企业就必须找到一项具有"生态工程师"性质的平台业务，着重对其进行培养。在平台生态系统中，一个合格的"生态系统工程师"应该具有如下两方面的特征：

一方面，它应该具有较强的外部性，从而可以在输入一定补贴下，迅速成长，并获得自我成长的能力。胡杨树之所以可以用来治理沙漠，最重要的是因为其生长迅速，并且在成长到一定阶段之后，对沙漠环境有很好的耐受力，能在干旱缺水的环境下比较好地存活。用来作为平台生态基础的业务也应该具有类似的能力：一要能够迅速成长；二要能够在达到一定阶段之后具有自我成长的能力。对于平台业务而言，这两个特征在很大程度上取决于业务本身的网络外部性状况。

如果某项业务具有比较强的网络外部性，那么当其客户突破一定的临界值时，就可以凭借用户数量本身来吸引更多的客户，从而实现业务规模的迅速成长、平均成本的迅速下降，同时迅速建立其进入壁垒。在这种业务启动时，如果投入一定量的补贴，就可以让这项业务的成长大幅加快。这里需要注意的是，业务在达到一定规模后能实现自我成长这点是十分重要的。如果业务没有这个特性，即使在补贴之下可以让它迅速成长，但一旦补贴停了，它就会趋于停滞和崩溃。这样的业务，显然不能担负起塑造环境、进一步支撑其他业务的能力。

另一方面，它应该可以支撑其他业务的生长。胡杨林最终之所以可以发展成一个生态系统，最重要的还是它本身可以为其他生物提供生存的环境和资源。一样的道理，作为平台生态系统基础的业务也必须能为其他业务提供支撑。如果一个业务不能为其他业务开辟道路，那么它至多只是一个成功的单独业务，而不可能成为一个商业生态系统的核心；相反，如果一个业务能够为其他业务提供有力的支撑，那么即使它本身并不能带来直接的收益，但也可能是一个不错的基础业务。

（二）扩张阶段

在基础业务得到了一定的巩固之后，平台生态系统就进入了扩张阶段。在这个阶段，生态系统将由单一的业务向多业务扩展，生态系统中的利益相关者也将随之趋于复杂。在这个过程中，平台企业需要考虑两个问题：一是究竟要选择进入哪些新的业务；二是对于新增的业务如何进行控制。

先看新业务的选择问题。在处理这个问题时，平台企业必须思考三点：一要看业务本身是否和已有的业务具有较强的互补性；二要看自己是否有足够的战略能力足以支撑相应的业务扩展；三要选择好开展新业务的节奏。对于企业来讲，新业务的开拓十分消耗资源，也极具风险。如果处理不好，则不仅不会对原有业务有所助益，反而会得不偿失。在这种情况下，企业应当选择那些与现有业务互补性较强，并且依靠自身的战略能力比较容易突破的业务进行开拓。在开展新业务的过程中，掌握好进度和节奏十分重要。如果操之过急，反而可能欲速不达。

在现实中，拓展新业务的成功和失败案例都很多。在成功的案例中，阿里巴巴对支付业务的拓展是比较有代表性的。在失败的案例中，最为典型的当数乐视。

再看对新业务的控制。在进入扩张阶段之后，平台中的业务就走向了多元化。除了原来的基础业务，很多新的业务也进入了这个生态。在这个时候，作为生态构建者的企业就需要决定，应当将哪些业务握在自己的手中，将哪些业务交给自己的合作伙伴。

在决定对业务的取舍时，构建生态的企业需要综合考虑它们的盈利性、运营成本，以及它们对整个生态所起的作用。当然，这些性质之间可能是相互矛盾的，对于平台的构建者来说，应该先考虑业务对生态系统整体的作用，将那些对掌控生态系统来说至关重要的业务牢牢掌控在自己手中，而对其他业务，则根据其营收和成本状况进行选择。

（三）领导阶段

在经历扩张阶段后，平台生态系统的规模将达到一定程度，系统的业务结构趋于稳定。在这个阶段，生态系统的扩张任务已经居于次位，对于生态构建者来说，最重要的是要领导整个系统，保持自身对整个生态系统的控制力。

这个阶段，生态构建者需要先对整个系统的架构方式予以明确。在扩张阶段，成长是整个系统的第一地位，因此经常出现"野蛮生长"的情况。居于中心地位的平台与其合作伙伴之间、核心业务与其他业务之间究竟是怎样的关系，通常是模糊的。到了领导阶段，就必须重新梳理这些问题。

系统的构架设计要考虑的问题主要有两个：一是能够确保平台构建者对整个

平台的控制；二是要充分调动整个生态中利益相关者的积极性，让它们更好地应用本地知识。基于这两个考虑，模块化的架构应该是比较适合的。

在采用模块化架构时，生态构建者只需要安排好各自模块需要遵守的固定标准，而将各模块内部的规则设计权利交给模块内部。在划分模块时，应当注意保持各模块之间功能的独立性。在采用模块化的架构后，生态构建者就可以通过对固定标准的掌控，较好地实现对整个生态系统的领导。与此同时，又能够给各个模块留下自由发展的空间，使它们可以自如地应对各种新形式的挑战。另外需要说明的是，从对风险的掌控来看，模块化架构对于生态系统的发展也是十分有利的。即使某一模块的业务不再适应环境，或者在竞争中被淘汰，也不会对整个系统造成过多的冲击。

除了对架构进行明确外，生态构建者为了保持对生态系统的整体领导，还必须采用合适的方法，对生态系统中的关键业务进行有效的控制。控制关键业务的方法很多，既可以通过一体化方式进行直接控制，也可以通过财务投资、合同等方式进行间接控制。除此之外，还可以通过掌握生态系统中的某些重要基础设施来保证对业务的控制。

在现实中，我们看到不同的生态构建者选择的业务控制方法是不同的。例如，阿里巴巴更习惯于直接并购重要业务，使它们成为公司的一部分；而腾讯则更习惯于通过财务投资、合作等方式。应该说，这两种方式各有利弊。直接的控制方法可以更好地保证生态构架对于业务的控制，并在这些业务遭受竞争时，调动整个生态的力量来对其进行支持。而间接控制虽然不能达到以上两个效果，却可以让这些业务有更好的自主性，可以更好地根据竞争环境的变化来随机应变。至于具体应该采用哪种方法进行控制，则要根据生态构建者本身的特征和能力来进行选择。

（四）自我更新阶段

在自然环境中，生态系统是随着外界条件的变化不断演化的。在商业世界里，平台生态系统也需要随着技术、制度、宏观条件等外界因素的变化而不断变化。

不同的环境变化，对于生态的影响是不同的。一般的冲击，如果只影响生态系统的某个非核心业务，则整个生态无须对其进行调整。尤其是对于采用了模块化架构的生态系统，更是只需要对其中的某个模块进行替换或者更新即可。但如果冲击对整个系统的核心业务造成了影响，则平台构建者必须及时对此予以积极回应，否则就可能在竞争中被淘汰。

一般来说，每一套既定的平台生态系统都是在长期的探索和磨合中形成的，它本身就处于一个均衡状态。要对这样的均衡状态进行改变，其本身必然是痛苦的。为了推进转型，生态构建者需要为之承担不小的转型成本。在这个过程中，生态构建者需要考虑的最重要问题就是在新旧系统之间寻求平衡，尽可能减少转型的阵痛和成本。

为了达到这一目的，生态构建者应当根据现实条件，重新选择新的核心业务，以此作为新生态系统的基础。需要指出的是，选择的新业务除了要具有能够较快成长以及对生态系统起到支撑这两个重要特点之外，还应该最大可能地利用旧有系统的资源。这样，在整个转型过程中，生态构建者就可以充分利用旧有的系统为新系统输血，从而使整个转型可以更好、更平稳地完成。

三、平台生态系统的价值获取

数字平台生态系统带来更多价值创造机会，但如何实现价值获取是各类商业模式最先需要考虑的问题。与传统工业经济时代价值设计、价值创造和价值实现三步走战略不同，数字平台生态系统以价值获取为导向，致力于更小的设计偏差，通过对用户个性化需求的精准把握，让用户转变为知识工作者参与到价值共创中来[76]。

数字平台生态系统消费个体不同，平台需求端主体也呈现出多样化特征，在双边或多边市场中的价值获取能力表现各异。数字平台模块可以精准区分用户类型。一是在消费者需求端，数字平台技术突破了传统线性交易中消费者单纯的价值实现功能，积极参与信息分享、产品建议、启发创造等成为自身、供给方、平台所有者获取价值的源头；二是在企业需求端，数字平台企业凭借生态系统打造的创新环境，通过信息搜索、商业服务、技术支持获得价值创造规划，灵活地实现需求与供给及多属性平台转化并完成价值获取。数据平台生态系统通过动态跟踪不同用户的需求变化，建立匹配的价值网络数字环境，增强需求端和供给端互动能力，加强需求认知和反馈，提供个性化精准服务，协同供给端价值生成和需求端价值让渡，使价值获取从短期博弈转变为长期共享，激活用户主动创造价值的积极性，提升数字平台生态系统创新绩效。

数字平台生态系统需求端个性化满足带来了超越传统产品效用的认知价值。Opata 等（2021）指出，价值共创强调价值由企业与消费者共同创造。价值共创的核心在于通过互动提升相关利益者的认知价值，包括实用价值、个人价值和整体价值三种[77]。其中，实用价值是一种不同于交换价值的使用价值；个人价值具有交互性特征，使用价值因人而异；整体价值包括实体产品与服务价值，如经济价值、无形的情绪与感觉等（社会价值与心理价值）[78-79]。价值共创是认知价值提升的过程，在这一过程中，参与者问题得以解决并由此提升个人认知价值。价值共创是指创造并提升相关利益者的经济价值、社会价值与认知价值。换言之，将相关利益者的需求盲点和消费痛点、供给端冗余资源通过信息交流、资源互动及移动连接起来，进而极大地增加个人的认知价值。因此，数字平台生态系统有助于相关利益者达成共识，增加个人与整体的认知价值，进而创造共同价值。

按照社会网络理论，个体认知价值本质上难以摆脱社群的影响，用户参与价值共创体现了一种社群逻辑。Silva 等（2018）研究发现，企业品牌与消费者之间的关系逐渐由单向价值传递过渡到企业与消费者双向价值协同[80]。企业品牌因为用户参与已经转化为社群品牌，是用户在一次次价值互动中完成的体验。小米公司成功的秘密在于"兜售参与感"，核心在于把小米公司旗下主导的品牌转变成社群主导品牌。因此，数字平台生态系统赋社群以关系属性，是企业社群与消费者社群在双向价值互动中完成的体验。

Pennec 和 Raufflet（2018）指出社群逻辑的核心是将消费者纳入企业知识创新范围，让社群消费者参与数字平台生态价值共创[81]。在新经济时代，出其不意的"创新者"越来越多，组织用户成为组织创新的源泉。英国知识创新研究者 Skyrme 和 Amidon（1997）指出，用户不仅是销售对象，还是创造知识的真正源泉[82]。在社群逻辑下，消费者是参与知识创新的知识工作者，他们已经被纳入数字平台生态系统。

平台生态系统是当前数字经济发展的核心趋势，具体表现为平台主联合互补者终端用户依托平台所集聚的海量用户与数据，建立横纵交互链，发展平台生态系统，实现价值共创。目前平台生态系统研究已形成一定的成果，但已有研究多关注生态系统中平台主所发挥的作用，忽略了互补者与终端用户的作用，无法呈现平台生态系统的全貌。特别是用户作为平台生态系统不可或缺的创新主体，既是平台生态系统发展的关键，也是平台生态系统价值创造与获取的主要来源。

参考文献

［1］Chakravorti S，R Roson. Platform Competition in Two-sided Markets：The Case of Payment Networks ［R］. Federal Reserve Bank of Chicago Emerging Payments Occasional Paper Series，2004.

［2］Meyer Marc H，James M，Utterback. The Product Family and the Dynamics of Core Capability ［J］. Sloan Management Review，1993，34（3）：29-47.

［3］Meyer Marc H，Seliger R. Product Platforms in Software Development ［J］. Sloan Management Review，1998，39（5）：61-74.

［4］张宗臣，苏敬勤. 技术平台及其在企业核心能力理论中的地位 ［J］. 科研管理，2001，22（6）：76-81.

［5］何山. 产品创新平台理论与方法研究 ［D］. 武汉理工大学博士学位论

文，2004.

［6］Pierce L. Big Losses In Ecosystem Niches：How Core Firm Decisions Drive Complementary Product Shakeouts ［J］. Strategic Management Journal，2009，30 （3）：323-347.

［7］Baldwin C Y，Woodard C J. The Architecture of Platforms：A Unified View—Platforms，Markets and Innovation ［M］. Northampton Massachusetts：Edward Elgar Publishing Inc，2009：19-44.

［8］D S Evans. The Antitrust Economics of Multi-Sided Platform Markets ［J］. Yale Journal on Regulation，2003，20 （2）：325-381.

［9］Armstrong M. Competition in Two-Sided Markets ［J］. RAND Journal of Economics，2006，37 （3）：668-691.

［10］Eisenmann T R，G Parker and M van Alstyne. Strategies for Two-Sided Markets ［J］. Hapvard Business Review，2006，84 （10）：92-101.

［11］徐晋，张祥建. 平台经济学初探 ［J］. 中国工业经济，2006 （5）：40-47.

［12］Gawer A，Henderson R. Platform Owner Entry and Innovation in Complementary Markets：Evidence from Intel ［J］. Journal of Economics & Management Strategy，2007，16 （1）：34.

［13］Rong K，Lin Y，Shi Y，et al. Linking Business Ecosystem Lifecycle With Platform Strategy：A Triple View of Technology，Application and Organization ［J］. International Journal of Technology Management，2013，62 （1）：75-94.

［14］Alstyne M W V，Parker G G，Choudary S P. Pipelines，Platforms，And The New Rules of Strategy ［J］. Harvard Business Review，2016，94 （4）：54-60.

［15］罗兴武，林芝易，刘洋，等. 平台研究：前沿演进与理论框架——基于 CiteSpace V 知识图谱分析 ［J］. 科技进步与对策，2020，37 （22）：152-160.

［16］Parker G，Van Alstyne M，Choudary S. Platform Revolution ［M］. New York：W. W. Norton & Company，2016.

［17］唐嘉庚. 互动性对 B2C 环境下信任及购买行为倾向影响研究 ［D］. 复旦大学博士学位论文，2006.

［18］Katz M L，Shapiro C. Network Externalities，Competition，and Compatibility ［J］. American Economic Review，1985，75 （3）：424-440.

［19］Katz M L，Shapiro C. Product Introduction with Network Externalities ［J］. The Journal of Industrial Economics，1992 （40）：55-83.

［20］Economides N，Katsamakas E. Two-Sided Competition of Proprietary

Vs. Open Source Technology Platforms and the Implications for the Software Industry ［J］. Management Science, 2006, 52 (7): 1057-1071.

［21］ Baldwin C Y, Woodard C J. The Architecture of Platform: A Unified View ［D］. Working Paper, Harvard University, 2008.

［22］ Gawer A. Platforms, Markets and Innovation ［M］. Northampton, Ma: Edward Elgar Publishing, 2009.

［23］ Evans D S. Governing Bad Behavior By Users of Multi-Sided ［J］. Berkeley Technology Law Journal, 2012, 27 (2): 1201-1250.

［24］ Fainshmidt S, Pezeshkan A, Lance Frazier M, et al. Dynamic Capabilities And Organizational Performance: A Meta-Analytic Evaluation And Extension ［J］. Journal of Management Studies, 2016.

［25］ 王节祥, 蔡宁. 平台研究的流派、趋势与理论框架——基于文献计量和内容分析方法的诠释 ［J］. 商业经济与管理, 2018 (3): 20-35.

［26］ 汪存富. 开放创新和平台经济: IT 及互联网产业商业模式创新之道 (第 2 版) ［M］. 北京: 电子工业出版社, 2021.

［27］ 关于对《互联网平台分类分级指南 (征求意见稿)》《互联网平台落实主体责任指南 (征求意见稿)》公开征求意见的公告 ［EB/OL］. 国家市场监督管理总局. https: //www. samr. gov. cn/hd/zjdc/art/2023/art_ c0086d02fcc544ea9506c 997b3ac93c1. html.

［28］ 李昕. 社交平台产品设计系统中心流体验的研究——以 QQ 小世界为例 ［D］. 中国美术学院, 2022.

［29］ Brain Collinge. New Consumer Online Services ［J］. Electronic Library, 1995 (2): 116-126.

［30］ 李思宁. 知识型社区网站发展研究——以知乎社区为例 ［D］. 华中师范大学硕士学位论文, 2017.

［31］ 陆峰. 互联网+娱乐升级产业价值 ［J］. 互联网经济, 2016 (5): 30-33.

［32］ 刘颖捷, 刘都强. 娱乐类网络社区中用户评论的传播学解读——以 "网易云音乐" 为例 ［J］. 视听, 2017 (3): 84-86.

［33］ Evans D S, Schmalensee R. The Antitrust Analysis of Multi-Sided Platform Businesses ［M］ //Blair R D, Sokol D D. The Oxford Handbook of International Anti-trust Economics: Volume 1. Oxford: Oxford University Press, 2014: 404-446.

［34］ Caillaud B, Jullien B. Chicken & Egg: Competition Among Intermediation Service Providers ［J］. Rand Journal of Economics, 2003, 34 (2): 309-328.

［35］Hagiu A，Wright J. Multi-Sided Platforms ［J］. International Journal of Industrial Organization，2015（43）：162-174.

［36］Rysman M. The Economics of Two-Sided Markets ［J］. Journal of Economic Perspectives，2009，23（3）：125-143.

［37］Rochet J C，Tirole J. Platform Competition In Two-Sided Markets ［J］. Journal of The European Economic Association，2003，1（4）：990-1029.

［38］Rochet J C，Tirole J. Two-Sided Markets：A Progress Report ［J］. Rand Journal of Economics，2006，37（3）：645-667.

［39］Stucke M E，Grunes A P. Introduction：Big Data And Competition Policy ［M］. Oxford：Oxford University Press，2016.

［40］Morton F S，Bouvier P，Ezrachi A. Stigler Committee on Digital Platforms：Final Report ［R/OL］.［2022-11-16］. https：//www. Chicagobooth. Edu/Research/Stigler/News-And-Media/Committee-On-Digital-Platforms-Final-RePort.

［41］Crémer J，De Montjoye Y A，Schweitzer H. Competition Policy for the Digital Era：Final Report ［R］. Luxembourg：Publications Office of the European Union，2019.

［42］Roson R. Two-Sided Markets：A Tentative Survey ［J］. Review of Network Economics，2005，4（2）：142-160.

［43］Acemoglu D，Makhdoumi A，Malekian A，et al. Too Much Data：Prices and Inefficiencies in Data Markets ［J］. American Economic Journal：Microeconomics，2022，14（4）：218-256.

［44］Bergemann D，Bonatti A，Gan T. The Economics of Social Data ［J］. Rand Journal of Economics，2022，53（2）：263-296.

［45］Choi J，Jeon D，Kim B. Privacy and Personal Data Collection With Information Externalities ［J］. Journal of Public Economics，2019（173）：113-124.

［46］Jullien B，Pavan A. Information Management and Pricing in Platform Markets ［J］. Review of Economic Studies，2019（86）：1666-1703.

［47］Armstrong M，Wright J. Two-Sided Markets，Competitive Bottlenecks and Exclusive Contracts ［J］. Economic Theory，2007，32（2）：353-380.

［48］Belleflamme P，Toulemonde E. Negative Intra-Group Externalities in Two-Sided Markets ［J］. International Economic Review，2009，50（1）：245-272.

［49］中国信息通信研究院. 中国数字经济发展研究报告（2023年）［EB/OL］. http：//www. caict. ac. cn/kxyj/qwfb/bps/202212/P020221207397428021671. pdf.

［50］中华人民共和国工业和信息化部 . 2022 年互联网和相关服务业运行情况 ［EB/OL］. https：//wap. miit. gov. cn/gxsj/tjfx/hlw/art/2023/art_ 40202ca145fe4 d34a5ca4cf2f5dfc91e. html.

［51］中国互联网络信息中心 . 第 51 次《中国互联网络发展状况统计报告》［EB/OL］. https：//cnnic. cn/n4/2023/0302/c199−10755. html.

［52］Quest Mobile. 2022 下沉市场洞察报告 ［EB/OL］. https：//www. quest-mobile. com. cn/research/report/1607619125026328578.

［53］国家统计局 . 2021 年全国科技经费投入统计公报 ［EB/OL］. http：//www. stats. gov. cn/sj/zxfb/202302/t20230203_ 1901565. html.

［54］Iansiti M，Levien R. The Keystone Advantage：What the New Dynamics of Business Ecosystems Mean for Strategy，Innovation，and Sustainability ［J］. Future Survey，2004，20（2）：88−90.

［55］Adner R，Kapoor R. Value Creation in Innovation Ecosystems：How the Structure of Technological Interdependence Affects Firm Performance in New Technology Generations ［J］. Strategic Management Journal，2010，31（3）：306−333.

［56］Ceccagnoli M，Forman C，Huang P，et al. Co−Creation of Value in a Platform Ecosystem：The Case of Enterprise Software ［J］. Mis Quarterly，2012，36（1）：263−290.

［57］Gawer A，Cusumano M A. How Companies Become Platform Leaders ［J］. Mit Sloan Management Review，2008，49（2）：28−35.

［58］Cennamo C，Santaló J. Platform Competition：Strategic Trade−Offs in Platform Markets ［J］. Strategic Management Journal，2013，34（11）：1331−1350.

［59］Wareham J，Fox P B，Cano Giner J L. Technology Ecosystem Governance ［J］. Organization Science，2014，25（4）：1195−1215.

［60］Gawer A. Bridging Differing Perspectives on Technological Platforms：Toward An Integrative Framework ［J］. Research Policy，2014，43（7）：1239−1249.

［61］Baldwin C Y，Von Hippel E. Modeling a Paradigm Shift：From Producer Innovation to User and Open Collaborative Innovation ［J］. Organization Science，2011，22（6）：1399−1417.

［62］Lee D，Mendelson H. Divide and Conquer：Competing With Free Technology Under Network Effects ［J］. Production and Operations Management，2008，17（1）：12−28.

［63］West J. How Open Is Open Enough？Melding Proprietary and Open Source Platform Strategies ［J］. Research Policy，2003，32（7）：1259−1285.

［64］王节祥，陈威如，江诗松，等．平台生态系统中的参与者战略：互补与依赖关系的解耦［J］．管理世界，2021，37（2）：126-147+10.

［65］肖红军，李平．平台型企业社会责任的生态化治理［J］．管理世界，2019，35（4）：120-144+196.

［66］Schilling M A. Technology Success and Failure in Winner-Take-All Markets：The Impact of Learning Orientation，Timing，and Network Externalities［J］．Academy of Management Journal，2002，45（2）：387-398.

［67］Sheremata W A. Competing Through Innovation in Network Markets：Strategies for Challengers［J］．Academy of Management Review，2004，29（3）：359-377.

［68］Mclntyre D. In a Network Industry，Does Product Quality Matter?［J］．Journal of Product Innovation Management，2011，28（1）：99-108.

［69］Eisenmann T，Parker G，Van Alstyne M. Platform Envelopment［J］．Strategic Management Journal，2011，32（1）：1270-1285.

［70］Mcintyre D P，Srinivasan A. Networks，Platforms，and Strategy：Emerging Views and Next Steps［J］．Strategic Management Journal，2017，38（1）：141-160.

［71］Evans D S. Some Empirical Aspects of Multi-Sided Platform Industries［J］．Review of Network Economics，2003，2（3）：191-209.

［72］Clements M T，Ohashi H. Indirect Network Effects and the Product Cycle：Video Games in the U. S.，1994-2002［J］．Journal of Industrial Economics，2005，53（4）：515-542.

［73］Evans D，Hagiu A，Schmalensee R. Invisible Engines：How Software Platforms Drive Innovation and Transform Industries［M］．Cambridge，Ma.：MIT Press，2006.

［74］Parker G G，Van Alstyne M W. Two-Sided Network Effects：A Theory of Information Product Design［J］．Management Science，2005，51（10）：1494-1504.

［75］杨姗，等．平台生态系统中互补者生态位对数字创新的影响研究［D］．吉林大学博士学位论文，2022.

［76］张宝建，薄香芳，陈劲，等．数字平台生态系统价值生成逻辑［J］．科技进步与对策，2022，39（11）：1-9.

［77］Opata Christian Narh，Xiao Wen，Nusenu Angela Abena，et al. The Impact of Value Co-Creation on Satisfaction and Loyalty：The Moderating Effect of Price

Fairness (Empirical Study of Automobile Customers in Ghana) [J]. Total Quality Management & Business Excellence, 2021, 32 (11-12): 1167-1181.

[78] Ramaswamy Venkat, Gouillart, et al. Building the Co-Creative Enterprise [J]. Harvard Business Review, 2010, 88 (10): 100-109.

[79] Pankaj C. Patel, Marko Kohtamäki, Vinit Parida, et al. Entrepreneurial Orientation-As-Experimentation and Firm Performance: The Enabling Role of Absorptive Capacity [J]. Strategic Management Journal, 2015, 36 (11): 1739-1749.

[80] Muthu De Silva, Jeremy Howells, et al. Innovation Intermediaries and Collaboration: Knowledge-Based Practices and Internal Value Creation [J]. Research Policy, 2018, 78 (8): 40-59.

[81] Le Pennec Morgane, Raufflet Emmanuel. Value Creation in Inter-Organizational Collaboration: An Empirical Study [J]. Journal of Business Ethics, 2018, 148 (4): 1-18.

[82] David Skyrme, Debra Amidon. The Knowledge Agenda [J]. Journal of Knowledge Management, 1997, 1 (1): 27-37.

第三章　服务主导逻辑下的平台价值共创及其信任机制

第一节　服务主导逻辑下的平台价值共创

一、服务主导逻辑的理论演变与内涵

（一）服务主导逻辑理论的产生

传统营销学理论更多强调有形资源与内在价值，学术界一直遵循经济学中的商品逻辑思想（Good Dominant Logic），更多强调产出和效益。商品主导逻辑扎根于新古典经济学，经济交换是新古典经济学研究的主要内容，而价值创造又是经济交换的核心。受亚当·斯密等的影响，新古典经济学关注交换价值，认为有形的生产性产出是财富的源泉；而非生产性的服务则被视为次优商品，它具有如下特征：无形性、异质性、不可分离性和不可存储性。新古典经济学认为只有劳动才能创造价值，因而在商品主导逻辑下只有企业才是价值的创造者，顾客是整个价值链系统创造出来的商品接收者，更是价值的毁灭者。在这种逻辑下，经济增长的源泉只有有形的资源和商品，顾客无法对国民财富增长做出贡献。

第二次世界大战之后，美国和其他西方国家的营销思想虽然逐渐转向市场导向，但是仍然没有摆脱商品主导逻辑的束缚。之后，随着服务经济的快速兴起，企业的战略和营销思想在新的经济环境下不断发展和变化。商品主导逻辑思维逐渐显现出弊端，对现代经济发展，尤其是现代营销现象及其背后的发展规律难以解释。在此背景下，服务主导逻辑（Service Dominant Logic）应运而生并很快被学术界所认可，这也成为现代服务研究的重要转折点。随着现代服务业的快速发展，服务主导逻辑的内容得到了不断充实和拓展。

（二）服务主导逻辑基本命题的提出

服务主导逻辑（Service Dominant Logic），是由美国学者 Vargo 和 Lusch 提出的用以替代商品主导逻辑的新范式，也是当今服务管理学界高度关注的新思维。2004 年，Vargo 和 Lusch 首次提出了服务主导逻辑的八个基本假设，并对这些假设进行了论证，最终形成了八个基本命题，由此搭建了服务主导逻辑的原始理论框架[1]。随着学术界对服务主导逻辑关注的不断增加，越来越多的学者加入有关服务主导逻辑的研究与讨论中，Vargo 和 Lusch 也越来越清晰地认识到自己希望通过服务主导逻辑想要阐明的问题，因此先后多次对服务主导逻辑的初始理论框架进行了修正和完善，并且把基本命题由最初的八个增加到了十个，最终形成了比较成熟的服务主导逻辑理论体系（见表 3.1）。目前，服务主导逻辑作为营销学的概念，逐渐从传统的商品主导逻辑中独立出来，在经济与管理领域不断发展完善，并且受到越来越多的关注，其核心概念也逐渐扩散至其他重要学科并得到应用。

表 3.1　服务主导逻辑的基本命题

基本命题	2004 年提出的八个基本命题	增加的十个基本命题
1	交换的基础来自技术与知识运用	交换的基础来自服务
2	间接交换使得交换的基本单位变得模糊	间接交换掩饰了对价值创造的认识
3	商品是提供服务的载体	商品是提供服务的载体
4	竞争优势的根本来源是知识	竞争优势的根本来源是可操纵的有效资源
5	所有经济都是服务经济	所有经济都是服务经济
6	顾客是合作生产者	顾客是价值的共同创造者
7	企业只能提出价值主张	企业只能提供价值主张，不能传递价值
8	服务中心观点是以顾客和关系为导向的	服务中心观点的本质就是以顾客和关系为导向
9		所有社会与经济活动的参与者都是资源整合者
10		价值是由受益者来决定的，具有独特性

资料来源：根据本章参考文献［1］［2］［3］整理。

因为营销的本质是交换，因此在 Vargo 和 Lusch 提出的十个命题中，命题 1、命题 2、命题 3 围绕市场营销的交换本质，提出商品仅仅是提供服务的载体，并非是交换的基础；并指出服务才是交换的基础。同时提出由于在营销活动过程中，存在着多次、间接的交换行为，而模糊了交换的根本基础，掩盖了价值创造的本质。命题 4 探讨了资源与竞争优势之间的关系，提出企业竞争优势的根本来源是包括知识、技术在内的可操纵的有效资源，而不是商品本身。命题 5、命题

8 和命题 9 强调服务经济时代的到来，并提出服务中心观点；在服务经济的大环境中通过不同参与者的交互作用不断进行资源共享与整合，构成价值共创网络。其中，参与企业价值共创的主体不仅包括消费者和企业，还包括企业员工、营销渠道成员和其他合作伙伴。此外，在命题 6、命题 7 和命题 10 中阐述了顾客才是真正的价值创造者，而企业只是价值的主张者。顾客不是仅参与企业的生产过程，成为合作生产者；而是产品价值的决定者，在顾客价值创造过程中扮演起主导作用的角色。同时，企业除了提供价值主张外，还能通过互动影响顾客的感知和体验，参与顾客价值创造过程，成为价值的合作创造者。因此，在服务主导逻辑中，顾客和服务占据着主导地位而企业和产品占据着次要（辅助）地位。Vargo 和 Lusch 将价值创造看作一个连续的过程，并认为顾客与其他相关主体一起完成"价值共创"过程。

（三）服务主导逻辑的本质内涵

无论是商品还是服务，都为消费者提供一组利益。服务是一种本质上无形的活动或利益，它在服务提供者与顾客的互动过程中同步生产和消费。服务的提供可能和某种有形资源联系在一起，也可能毫无关系。因此，在服务主导逻辑中，服务的内涵相对广泛，只要是企业对自身资源和潜在禀赋进行整合和动态调整[4]，以实现为其他利益相关者或自身谋取利益的无形的活动与交换都可以纳入服务的范畴。由此可见，服务主导逻辑理论的本质是一种经济交换理论，它交换的重点从有形商品的转移转变为无形服务的交换[5]；从经济学的角度，对服务的内涵进行了解释，利益相关者所能操控的资源和运用的能力是产生互动交流与交换的原因[6]。企业与顾客、供应商等利益相关者之间的单项价值让渡，逐渐演化为企业与顾客、供应商等利益相关者围绕在共生的服务网络中共同创造价值[7]。服务网络能够连接各参与主体的资源和要素禀赋，让参与主体之间自发形成一定形式的交互[8]。

虽然"服务主导逻辑"这个名词 2004 年才正式进入学者们的视线，但是其真正含义始终在经济社会中发挥着"无形"作用。2004 年至今，服务主导逻辑经过演化和发展，已经初步形成一套基础重建式的理论体系；并且逐渐替代了传统的商品主导逻辑。经过近 20 年的发展，服务主导逻辑逐步扩展其应用领域，为很多领域的研究提供了全新的理论框架和思维指导，这些领域包括战略管理、消费者行为研究以及品牌管理等。总结服务主导逻辑的本质内涵，包括：①服务是一切经济交换的根本性基础，所有经济都是服务经济；②企业和顾客在资源整合和能力应用的相互作用中共同创造价值；③价值创造还需要许多实体的共同参与，价值来源于企业、顾客、供应商、雇员、利益相关者和其他网络合作伙伴的服务互动体验中；④企业并非向顾客营销，而是与顾客共同营销；⑤供应商营销活动的本质是提供价值主张或者服务承诺，只有顾客才是服务互动中价值的评判者；⑥强调过程导向而不是产出导向。

二、服务主导逻辑与商品主导逻辑的区别

随着工业时代的迅猛发展，工业为人类创造了大量财富，工业概念被认为是20世纪管理的基石。进而植根于新古典经济学，并与工业革命相适应的商品主导逻辑也不断发展与成熟起来。商品主导逻辑正是通过向顾客提供对象性资源（如产品），满足顾客需求来创造顾客价值的逻辑；它的核心内容是商品交换和交换价值，并且价值是被嵌入商品中的。在商品主导逻辑中，企业通常只关心自己生产的产品，以及用产品来满足顾客的需求；因而，顾客价值是由企业创造并通过购买活动传递给顾客。此外，产品和服务在工业时代非常容易区分，产品既被视为有形的商品，也被视为顾客价值的载体；而服务则被看作具有无形性、异质性、不可分离性和不可储存性这四项特征的剩余产出，或次优产品。可见，无论从产生的背景还是其内涵，服务主导逻辑与商品主导逻辑都具有非常鲜明的区别。

（一）服务主导逻辑与商品主导逻辑的核心资源不同

这里所说的核心资源是企业竞争优势的主要来源。在商品主导逻辑下，企业强调对象性资源的占有，对象性资源一般是指有形的、静态的、有限的资源（例如，可开采的自然资源，农业、工业产品，货币等）。因此，商品主导逻辑下企业更注重企业内部的产品升级换代，力求通过企业可操作的有形资源尽可能创造出符合顾客需求的价值，因此使企业在生产活动中陷入一种被动状态。在服务主导逻辑下，企业的经济目标是寻找和提供解决方案，即如何通过提供产品与服务多种模式复杂组合，提出顾客认可的价值主张，进而促进企业、顾客以及经济活动参与各方在资源整合和能力应用的相互作用中共同创造价值。企业更关注工具性资源，工具性资源是指无形的、持续的、动态的资源（例如，技术、知识、技能及经验等），能够作用于对象性资源并且衍生出更多对象性资源，有助于企业在生产活动中占据主动权。而且服务主导逻辑认为为了创造有效的价值，资源的组合和匹配非常重要，尤其网络成员间资源互动提供了资源整合的平台，企业通过将自身资源与其他网络成员的资源正确组合以获得竞争优势。

总之，商品主导逻辑下的可利用资源属性核心为对象性资源，而服务主导逻辑认为工具性资源才是真正的核心竞争力。

（二）服务主导逻辑与商品主导逻辑的价值创造不同

在新古典经济学和工业时代，顾客价值通常被视为交换价值。此外，只有劳动才能创造价值，而企业正是劳动的集合。所以，企业很自然地成为了经济生活

中的主导角色。企业增加或拓展产品的属性，使劳动转变为顾客的效用嵌入产品，并通过对能够给顾客带来效用的产品进行生产、传递和交换创造顾客价值；然后通过把生产出来的产品拿到市场上交换，价值才能从企业传递给顾客。因此，在商品主导逻辑中，企业独自地整合各种资源来决定价值创造，进而成为唯一的价值创造者，而顾客仅是价值的消费者或毁灭者[9]。在价值创造过程中，企业提供的产品成为顾客价值创造的载体，而企业最看重的核心利益则是交换价值的实现。

但是在服务主导逻辑中，顾客价值则被定义为使用价值而不再是交换价值，由顾客感知并最终决定。使用价值也不仅限于顾客得到商品的物理属性价值，也包括顾客感知中的社会价值、娱乐价值、心理价值等。实质上，交换价值源于使用价值或者只是使用价值的一项功能或属性。当价值创造成为企业的营销目标时，顾客价值就是使用价值。企业和顾客能够共同合作来为顾客创造使用价值。价值创造体现为多主体共创，具体指的是在价值创造中顾客与企业处于平等地位，企业与顾客、供应商、联盟者等利益相关主体形成一个网络，共同参与价值创造[10]，企业的成功不再取决于企业内部的"价值增加"，而是基于包含着所有经济活动参与者的价值网络所能够实现的"价值再造"[11]。

总之，商品主导逻辑定义的价值创造主要表现为企业创造，而服务主导逻辑认为价值创造主要表现为多主体共创。

（三）服务主导逻辑与商品主导逻辑的创新模式不同

在工业经济时代产生的商品主导逻辑思维下，企业被认为是唯一的价值创造者，因此商品主导逻辑下的创新模式以企业或者产业的封闭式创新为主，企业的整个创新过程是在企业战略和管理指引下进行的，创新的目的是如何充分发挥每个部门的作用，并在创新的不同阶段将不同创新主体的创新理念和创新行为融入企业创新活动。这种创新是有界限的、集中的，局限于企业、产业的内部，主要体现为产品、流程与技术的升级改造[12]。

互联网作为一种战略性资源融入产品和服务[13]，形成无处不在的"智能互联"[14]，引发产业生态系统重构和产业跨界融合，使社会经济的一切参与者都可能成为资源整合者[15]，社会与经济发展环境的影响越来越重要。在这种背景下，社会和经济参与者会主动相互耦合，并共同制定制度，进而推动服务生态系统形成，服务协同创新活动大量涌现。服务创新主体不仅包括服务型企业管理者、员工、合作者、供应商，顾客、竞争者以及其他科研机构与行业组织也是重要的服务创新主体。高质量高效率的协同创新和价值共创有助于服务型企业整合创新资源，高效率地实现服务创新。

总之，商品主导逻辑思维下的创新模式主要表现为封闭式创新；而服务主导逻辑思维则认为创新模式主要表现为开放式创新。

（四）小结

综上所述，传统工业经济时代企业通过优化与管理有形的经济成果，为消费者提供以"商品"为核心的一组价值与利益，形成了商品主导逻辑；然而随着数字化技术为代表的新技术革命强烈地冲击社会经济，以"商品"为主导的战略逻辑由于缺乏对市场需求的主动响应，难以维持企业的竞争优势，强调以"服务"为主导的战略逻辑则逐渐成为数字经济时代的一种新范式。商品主导逻辑关注的是产品、交换功能，以及交换价值；由企业所创造的价值，通过产品和货币的交换在市场中被分配；价值创造的关键性资源是产品、技术等对象性资源，企业和顾客在价值创造过程中都是孤立的、隔绝的。与商品主导逻辑不同的是，服务主导逻辑提出"服务"是经济交换的基础，"产品"是提供"服务"的机制，关注的是服务、使用功能，以及使用价值；顾客价值是由企业和顾客通过合作共同创造的；价值创造的关键性资源是顾客知识、技能、经验之类的操作性资源，企业和顾客能通过互动来追求共同的目标——顾客价值。因此，对这两种逻辑的属性进行对比总结，如表3.2所示。

表3.2　两种逻辑的属性进行对比

属性		商品主导逻辑	服务主导逻辑
顾客价值的定义		交换价值	使用价值
企业扮演的角色		价值创造者	企业只能提供价值主张，不能传递价值
顾客扮演的角色		价值的毁灭者	价值的共同创造者
企业与顾客的关系		顾客被动接受企业的产品与企业创造的价值	企业与顾客合作整合资源进行价值创造
对价值创造的认识	价值创造模式	企业单独创造	所有社会与经济活动的参与者共同创造价值
	价值创造过程	由企业在生产过程中创造	企业提出价值主张，顾客消费过程中多方共创
	价值决定者	企业	价值是由受益者来决定的，具有独特性

经过对商品主导逻辑与服务主导逻辑的对比分析，得到以下三点启示：

（1）商品主导逻辑产生于工业经济时代，带有鲜明特色的时代烙印；而服务主导逻辑更符合世界服务经济崛起与快速发展的客观规律。因此，服务主导逻辑代替商品主导逻辑来培育战略新兴产业成为大势所趋。我国近年来服务业迅猛发展。无论是伴随着工业发展起来的生产性服务业，还是随着人民生活水平提高而不断壮大的消费性服务业，都已经逐渐成为国民经济发展与吸纳就业的主力军；因而服务主导逻辑理论不仅能为我国新兴服务企业发展提供助力，而且能为我国传统制造企业在战略制定、营销管理等方面提供新的方法和思路。因此我国企业要以服务主导逻辑思想为指导，逐渐摆脱传统产品生产的束缚，为企业在服务经济时代的快速发展抢得先机。

（2）服务主导逻辑与商品主导逻辑相比较，最大的贡献在于对"交换根本基础的重新定义"与"对价值创造的不同认识"两个方面。服务主导逻辑提出交换的根本基础来自服务，而不是商品本身；顾客价值是企业和顾客通过互动而共同创造的，所以企业和顾客之间的关系，不再是简单的交易或买卖关系，而是紧密的共创和协作关系。企业应该积极主动地建立和顾客互动的多样化平台，积极预期并引导顾客的实践和体验，利用好顾客资产（顾客知识、技能、经验等）并积极引导顾客将资产投入顾客价值的创造过程，然后帮助顾客共同创造顾客价值。企业可以通过积极的互动建立持续的竞争优势，以及获取企业的核心竞争力。

（3）进入21世纪以来随着知识资源的爆炸性扩张与信息技术的迅猛发展，催生了基于互联网的知识密集型平台企业，进而形成了平台经济。在知识密集型平台经济服务情境下，如何更有效地与顾客进行资源互动和价值共创成为企业必须关注的关键议题。平台经济的各参与方通过资源整合利用和价值共创活动来传递更优的顾客价值。顾客价值的交付需要来自企业、顾客以及参与各方的协同，努力引导顾客主动参与有效的价值共创，优化参与者的角色和资源贡献，这些都依赖于企业的服务主导逻辑导向。因为，商品主导逻辑中对核心资源的判断无法推动企业积极与顾客通过资源整合和关系互动共同创造价值。

三、服务主导逻辑下平台价值共创的发展

（一）服务主导逻辑推动了价值共创的研究

近年来，价值共创作为一种新的价值创造现象受到学术界和企业界的高度关注，并对企业的经营理念和管理策略产生了深远的影响[16]。商品主导逻辑下传统的价值创造观点认为，公司和顾客在生产和消费中扮演不同的角色，公司提供产品和服务，顾客通过市场进行购买，价值是公司通过市场线性传递给顾客的，价值创造发生在市场之外（价值是由企业独立创造），价值体现的是交换价值。随着营销管理实践的发展，学者们意识到顾客的重要性，并开始关注共同生产。"共同生产理论"更多的是强调消费者参与企业生产过程并与企业一同实现创造价值的目的，已初步具备价值共创思想的一些特征，可以被看作"价值共创"的理论雏形。随着"共同生产理论"被越来越多的企业拿来实践，在服务业日益强大的经济趋势下，对实践现象进行解释的理论显得尤为重要。在此期间，开始有学者提出价值共创的思想；学术界开始以一种专业化的视角来重新审视生产者和消费者之间的关系，解释实践中共同创造价值的经济行为现象，并进一步指

导生产者和消费者之间"互动"性的价值共创实践。

在服务主导逻辑提出的 2004 年，Prahalad 和 Ramaswamy 率先从战略及营销管理角度正式提出"价值共创理论"，进一步揭示了作为价值网络成员的企业与消费者之间的互动是共同创造价值的基本方式。互动是企业与消费者共同创造价值的重要方式，包括企业与消费者、消费者与消费者、企业与价值网络成员之间为消费者创造体验情境而进行的互动等多个方面，价值共创通过消费者与价值网络各节点企业等多方互动参与而形成。价值共创理论认为顾客不仅是价值的使用者或消费者，也是价值的创造者，价值是在客户使用产品或服务过程中产生的，即"使用价值"，价值从交换价值演变为使用价值，甚至是互动体验价值。近年来，学者们的研究更多地强调价值是由客户和供应商之间的互动过程共同产生的，而不仅是通过使用商品或服务来获得[17]。尤其是在很多知识密集型行业，知识密集度和技术复杂度都比较高，客户和供应商依赖彼此的知识和资源。供应商和客户之间的信息不对称性越大，客户和供应商在创造价值方面就越相互依赖[18]。许多业务领域涉及复杂的交流，通过解决问题的过程来创造价值，如高科技领域、创新产品开发、产品和服务量身定制的解决方案，以及专业或知识密集型业务服务等。价值共创理论对传统的企业创造价值、顾客消费价值的价值生成方式形成极大冲击，是对传统价值创造理论的一种颠覆，该理论一经提出就引起学术界的广泛关注，并成为研究热点。

（二）平台经济加快了价值共创的实践与理论发展

目前，价值共创理论分支中，最具代表性的是"基于消费者体验"的价值共创理论和"基于服务主导逻辑"的价值共创理论。其实，消费者体验与服务主导逻辑并不矛盾，其核心内涵都表述为：价值是在不同交互点的顾客体验中共同创造的，其中产品、分销渠道、技术和员工都被视为体验的重要环节；尤其是顾客，被看作共同价值创造过程中的积极合作伙伴，而不仅是企业创造价值的被动接受者和毁灭者。通过在企业管理实践中不断地尝试与改革，价值共创为企业所带来的价值与效率的提升也逐渐显现。一方面，企业将研发、生产、营销、销售等与满足顾客需求的价值环节向顾客开放，与顾客进行更为充分的沟通和互动；另一方面，顾客将自己的知识、技能和经验运用到价值创造活动中，如提出需求、购买和使用产品或服务等，实现需求的快速满足和更好的体验。企业与顾客互相介入对方的价值创造，从而实现双方在资源、能力和知识等方面的融合和协同，更好地满足顾客需求和提升企业绩效。

随着互联网与信息技术的日新月异，网络经济快速发展，为参与某一经济管理活动的所有参与方可跨越时空进行资源整合与价值创造提供了技术保障。网络平台企业经过十几年网络经济与电子商务的高速发展，人口红利渐失，消费需求升级，传统电子商务模式的消费者信任问题、无法进行现场体验等弊端日渐显露。很多平台企业开始寻求如何通过平台服务商、内部员工、合作企业、顾客等共同创造价值的活动，更多地为顾客提供满足使用价值和需求的服务解决方案。因此，基于互联网平台经济的迅猛发展，结合服务主导逻辑，更多的平台企业积极提供价值主张，各角度、各层次的价值共创实践如雨后春笋般出现。平台价值共同创造所涉及的主要活动是资源整合，根据服务主导逻辑观点，企业和客户都可以充当资源整合者。除此之外，其他社会和经济参与者也可以充当资源整合者。顾客参与是价值共创的微观基础，资源整合和参与平台在价值共同创造中发挥着中枢作用，服务生态和商业模式是价值共创的宏观表现[19]。

（三）服务主导逻辑下平台价值共创的机理

在传统商品主导逻辑中，价值由企业单独创造而顾客只能作为被动接受产品的交易方，并且顾客的消费过程不受企业的直接影响。不同于传统商品主导逻辑中的被动接受者，服务主导逻辑下的顾客转变为主动的价值共创者。价值共创主体的角色使顾客作为"操纵性资源"投入价值创造系统，是一种积极的、主动的、由顾客主导并富有创造性的参与。顾客通过整合自身知识、技能、经验以及企业提供的资源创造使用价值；同时，顾客通过与企业互动参与企业的产品生产链，成为企业的合作生产者。除此之外，在新的价值共创过程中价值网络的形成使其他利益相关者进入共创主体范畴，成为共创主体研究的对象之一。在这一价值创造系统中的共创主体具有平等性，各主体通过互动协同作用，相应投入以保证各取所需，最终创造并分享无法由其中任一方单独创造的价值，这是价值共创中参与主体最显著的行为特征。

平台作为平台经济整个商业生态系统的核心，把商业活动的各参与方链接在一起，从而提高了经济活动的效率。在平台经济中，各参与方不仅是价值的创造者，也是价值的使用者，在进行经济活动的过程中各方进行价值流和信息流的双向流动使资源得到整合，各方需求得以实现，价值实现了共创[20,21]，因此价值共创是平台经济的特质之一。如图3.1所示，平台利用互联网将供应链上下游参与方链接在一起，形成了一个相互联系的生态系统，多方群体进行互动会形成行业上下游之间信息资源的匹配，从而使社会资源更好地进行配置，所属产业得到升级；产业内部的信息资源共享使得产业内部的界限越来越模糊，甚至产业之间的信息共享程度也越来越深，使得产业之间的合作也越来越多，经济活动的成本和风险均降低；同样，企业之间也可以通过平台实现信息共享和交流，拓宽或增加销售渠道，进行深度合作[22]；这个生态系统内部的作用机制是不断循环的，平台所连接的主体之间会相互反馈信息，平台及其参与主体根据反馈信息进行资源配置的调整，用在下一轮的交易活动中，最终使得所有参与者的需求得到满足。

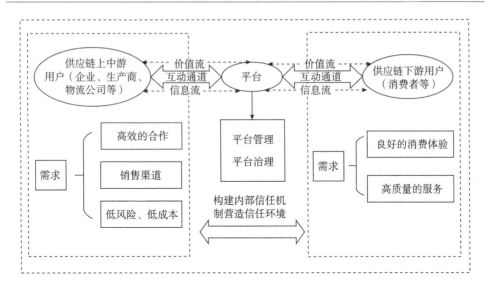

图 3.1　平台价值共创机理

资料来源：作者参考相关文献整理。

　　平台价值共创的参与方包括供应链上、中、下游的用户，因此，根据平台用户属性的不同，平台内部信任机制的相关研究可以从消费者、生产商、物流方、供应方等角度出发。

　　平台可以被认为是通过商品和服务将生产者和消费者直接联系在一起的多边市场，利用算法和数据库为多方服务，整个市场的运行依赖消费者的参与[23,24]。平台往往是网络效应的强大受益者，随着更多消费者的加入，这种现象可以增加平台经济所有参与者的价值[25]。对于平台而言，消费者不仅是平台提供服务的对象，也是促进平台发展的重要推力，是平台运行不可缺少的参与者；对于消费者来说，价值共创可以更高效地满足自己的需求，达到资源高效整合[26]。

第二节　平台价值共创的信任机制

一、平台经济的信任机制

（一）信任的界定

信任的界定最早来源于心理学研究，用于研究个体之间的人际关系。Baier（1994）认为信任就是相信他人也会像自己一样承担责任、履行义务，每个人都扮演好各自的社会角色，从而使社会建立良好的秩序[27]。Bhattacherya 等（1998）则更强调信任方对被信任方以及在不确定条件下信任被信任方而带来积极结果的期望[28]。信任先是一种社会关系，传统社会的信任是基于亲缘关系和社群组织的人际信任；随着社会复杂性的提高，现代社会中的信任逐渐转为基于规则、契约和权威的制度信任[29]。制度信任不再囿于熟人社会，而是扩展到不限时间和地点的陌生人社会，甚至无须付出情感或反复验证[30]。

信任是经济活动和社会交往的基石，但也是脆弱资产——建立信任很难，打破信任却轻而易举。在不确定性加剧的转型时期，信任成为全球性的稀缺资产。随着大数据、云计算、人工智能、区块链等新一代信息技术的迅猛发展，数字智能技术在重塑经济活动和社会交往的同时，也从底层逐步瓦解了传统的信任关系和信任机制。信任关系不仅发生在个人与社会组织等人格化主体之间，还被纳入机器、设备、算法、系统等非人格化主体。一方面，数字交互行为减少了人们面对面互动的频率，产生信息茧房，从而降低了社会信任；另一方面，互联网上身份伪造、隐私泄露、数据滥用和诈骗、算法歧视等新技术新应用安全风险频发，降低了人们对数字空间的信任。

（二）平台经济中的信任问题

电商领域的信任研究在社会学研究基础上做了特定情景下的延伸，信任是社会关系的基础，在网络社会中也是基础性要素，不同的是在网络中信任有新的结构特性和特征，信任与网络结构交织在一起发挥着作用[31]。Mcknight 等（1998）将社会关系中的信任描述为信任方对信任目标表现出的善意、能力、行为的预期值和信心[32]。同样地，在虚拟的互联网环境下，用户相信他人或者关系网络群体能为自己带来利益的态度，在一定程度上就是信任信念[33]。当交易由传统面对面进行的情形转换到虚拟网络环境的情形时，信任担任的角色就更加重要，用户需要通过信任来降低交易中的不确定性与复杂性[34]。因此，在电商环境中，信任对于建立成功的交易关系起着关键作用，用户确保交易是安全并且保密时才会有消费行为[35]。持续的消费行为逐渐形成了用户忠诚，而保持和提高用户忠诚度需要信任的维持与不断强化[36]，因此，信任机制是提升网络平台用户黏性的重要途径。

数字化时代的不确定性，对企业的组织形式提出了新的挑战。企业必须打破组织边界，进行盈利模式的创新：从关注单边网络效应，到关注双边甚至多边网络效应。学者们将平台经济中的信任问题与传统信任进行比较研究发现：平台经济模式下用户的信任来源渠道被拓宽、信任维度增加，关系网络或者虚拟社区中信息的分享或者推荐能够降低用户的风险感知，信任以关系为载体进行传递，信任在互动中得到维持和提升[37]。社交电商平台上的信任作为用户之间以及用户与平台之间的纽带，为平台降低了用户导入成本，为用户降低了交易成本（包括搜索的时间、精力、商品不满意的经济损失等）[38]，衍生了内涵更丰富的商业价值，因此信任是平台经济发展中不可或缺的重要部分。

（三）构建平台经济信任机制

目前平台已经对社会、市场和公司产生了很大的影响，在商业、政治和社会交互中越来越多的数字活动参与其中[39]。学者认为平台经济实质是一个以"平台"为核心的商业生态系统，可以提高社会资源配置效率，产生更大的社会利益；认为平台经济是通过复杂的创新与重组创造价值的活动而实现创收的，它能为经济发展与社会进步带来利益[40]。不同于传统经济，以平台为核心的平台经济中参与主体相互之间都是陌生关系，交易不是面对面进行，双方之间的信任问题是交易进行的第一道障碍[41]。

平台营造的信任环境，直接影响平台消费者的消费行为；平台的外部环境和内部使用环境都会对平台的交易或服务量产生影响。一方面，平台经济外部环境要靠政府和行业的监管与治理；另一方面，内部使用环境的改善则依靠平台内部信任机制的建立[42]。数字技术的发展为外部信任环境改善和内部信任机制构建带来了新的机遇，如数据处理效率与规模的提升、区块链的应用、算法数据库安全性的加强等。

二、平台共创的外部信任机制

（一）完善平台经济的法律法规建设

近年来，为推动平台经济规范健康可持续发展，国家及省市各级政府纷纷出台相关的法律法规，这些法律法规在内容上主要围绕数据治理保护和个人信息保护两个方面。我国近年出台的相关法律法规从国家到地方，覆盖了我国的法律体系中的各个层级，包括法律、行政法规、部门规章、政策文件，以及若干国家标准等。

（1）核心层是由全国人民代表大会和全国人民代表大会常务委员会议通过后颁布的法律。其中，2016年11月7日，第十二届全国人民代表大会常务委员会第二十四次会议通过，自2017年6月1日起施行的《中华人民共和国网络安全法》（以下简称《网络安全法》）[42]是我国第一部全面规范网络空间安全管理方面问题的基础性法律，是我国网络空间法治建设的重要里程碑，是依法治网、化解网络风险的法律重器，是让互联网在法治轨道上健康运行的重要保障。《网络安全法》是为了保障网络安全，维护网络空间主权和国家安全、社会公共利益，保护公民、法人和其他组织的合法权益，促进经济社会信息化健康发展而制定的；它将近年来实践中成熟的好做法制度化，并为将来可能的制度创新做了原则性规定，为网络安全工作提供了切实可靠的法律保障。《网络安全法》作为我国第一部全面规范网络空间安全管理方面问题的基础性法律，就数据和个人信息方面提出了许多框架性的要求。《网络安全法》明确了个人信息的含义，明确了个人信息收集、使用应遵循的原则，网络运营者维护网络信息安全的相关义务，网络用户所享有的个人信息保护相关权利，国家网信部门和其他部门对于网络信息安全监督监管的责任，违反个人信息保护规定的法律责任等内容。此后，各类配套的法律、法规、规章和标准化文件不断出台，且呈加速趋势。随着信息网络安全产品的结构日益丰富，网络边界安全、内网信息安全及外网信息交换安全等也需要在政策、法规、制度的监督下变得更合乎社会效益。中华人民共和国第十三届全国人民代表大会常务委员会第二十九次会议于 2021 年 6 月通过，自 2021年 9 月 1 日起施行的《中华人民共和国数据安全法》[43] 以及第十三届全国人大常委会第三十次会议于 2021 年 8 月通过，自 2021 年 11 月 1 日起施行的《中华人民共和国个人信息保护法》[44] 成了我国数字经济健康发展之路上最为坚实的保障。

（2）由国务院制定并公布的行政法规，以及由网信部、工信部、公安部等各部委制定的规章制度构成了外层。其中包括：2020 年 10 月 1 日起实施的全国信息安全标准化技术委员会组织制定和归口管理的国家标准 GB/T 35273—2020《信息安全技术个人信息安全规范》[45]，该规范替代了 GB/T 35273—2017 版本国标。相对于 2017 版标准，2020 版标准进行了针对性修订。此次标准的修订发布，是为了进一步贯彻落实《网络安全法》规定的个人信息收集、使用的"合法、正当、必要"基本原则，解决人民群众反映强烈的 App "强制索权、捆绑授权、过度索权、超范围收集"的问题。同时，针对当前 App 运营管理的一些不合理现象，如告知目的不明确、注销账户难、滥用用户画像、无法关闭个性化推送信息、第三方接入缺乏有效管理、内部管理职责不明等，进一步梳理完善条款，指导组织使用标准完善个人信息保护体系。修订后的标准，进一步契合了我国相关法律法规的要求，增强了指导实践的适用性，帮助提升了信息服务行业和平台经济的个人信息保护水平，推动了个人信息保护领域技术产品、咨询服务等方面产业化进一步发展，为我国信息化产业健康发展提供坚实保障。2021 年 1 月中国银保监会发布《中国银保监会监管数据安全管理办法（试行）》[46]，旨在建立健全监管数据安全协同管理体系，推动银保监会有关业务部门、各级派出机构、受托机构等共同参与监管数据安全保护工作，加强培训教育，形成共同维护监管数据安全的良好环境。2021 年 3 月国家市场监督管理总局出台的《网络交易监督管理办法》[47]，自 2021 年 5 月 1 日起施行，从网络交易经营者、网络交易平台经营者、监督管理、法律责任四个方面给出了明确规定，对在中华人民共和国境内，通过互联网等信息网络销售商品或者提供服务的经营活动以及市场监督管理部门对其进行监督管理。2021 年 7 月出台的《零信任系统技术规范》（T/CESA 1165—2021）[48] 是一项中华人民共和国团体标准，归口于中国电子工业标准化技术协会。规定了零信任系统用户在"访问资源"和"服务之间调用"两种场景下，应有的功能及性能技术要求和相应的测试方法，包括逻辑架构、认证、访问授权管理、传输安全、安全审计、自身安全等方面；适用于零信任系统的设计、技术开发和测试等阶段，对于引导产业技术发展以及企业开展零信任实践，都具有很强的借鉴意义和参考价值。

除以上内容外，我国各区域、各板块、各行各业有关网络信息安全的实施方案、规章制度等都在有条不紊地颁布与实施中；法律法规建设逐渐完善，平台参与各方的行为将受到更多的监管与约束，为我国网络平台外部信任机制奠定了坚实的基础。

（二）加快信息基础设施建设与地区间均衡

21 世纪以来国内外学者从不同的角度对电信基础设施的研究，肯定了电信基础设施对经济增长的作用。Seo 和 Lee（2006）对 20 世纪 90 年代 29 个国家的有关数据进行研究后，认为信息技术投资既促进发达国家的经济增长，也能对发展中国家起到同样的作用[49]。这是因为发展中国家可以利用发达国家在信息技术方面的知识溢出，抓住新兴产业的发展机会，缩小两者间的差距。这份研究结果还表明，只有在配套完善的经济性基础设施和开放型贸易体系条件下，信息技术投资在经济发展方面才会具有更积极的影响。Thomas Niebel（2018）使用由发达国家、发展中国家、新兴国家组成的 59 个国家 16 年的面板数据，分析得出以下结论，信息通信技术对经济增长具有正向联系；信息通信技术对这三类国家的经济增长贡献存在很小的差异；从信息技术投资的收益来说，发展中国家和新兴国家的收益低于发达国家[50]。这一结果表明，落后国家难以利用信息通信技术的外部性实现对发达国家的追赶，两者间的差距不能仅依靠信息基础设施实现缩小。国内学者对信息基础设施建设也进行了多方面的研究。孙琳琳（2012）将产业部门划分成 33 个行业，使用 1980~2005 年的面板数据，基于增长核算账户框架，定量分析信息通信技术对行业间全要素生产率的贡献，实证结果表明，我国的 ICT 投资水平占比较低，对经济增长的作用路径主要依赖于信息通信技术的资本深化，通过提高制造业全要素生产率进而产生推进作用[51]。万莉（2015）根据中国 1992~2012 年的省级面板数据，运用 VAR 模型，研究信息基础设施与工业化程度的相关性，研究结果显示，以长途光缆表示的信息基础设施在经济长期运行过程中与工业化存在均衡关系[52]。信息基础设施在企业的经营过程中，可以降低运营成本，促进产品质量的改善。

2013 年 2 月工业与信息化部、国家发展改革委联合印发了《信息产业发展规划》，提出我国信息产业发展的主要任务是：培育壮大新一代信息技术产业、调整和优化产业布局结构、推动产业融合互动发展、提升信息产业国际化发展水平、增强网络与信息安全保障能力。在《信息产业发展规划》中，信息基础设施建设主要聚焦了光纤宽带、新一代移动通信网、互联网、国际通信网络以及应急通信五个方面的建设。2013 年 8 月国务院发布"宽带中国"战略及实施方案。随着战略规划方案及相关政策的实施，我国信息基础设施规模不断提升。2016 年，由国家发展改革委与工业与信息化部联合印发的《信息基础设施重大工程建设三年行动方案》，明确指出信息基础设施是新时期我国经济社会发展的战略性公共基础设施。这之后，我国的信息基础设施建设步入高速发展阶段。随着互联网技术和平台经济的迅猛发展，信用信息基础设施建设的重要性逐渐凸显，尤其是以 5G、区块链、工业互联网和人工智能等新一代信息通信技术为基础形成的新型信息基础设施受到各界关注。全国信用信息共享平台和信用门户网站建设，是基于信息基础设施的整个社会信用体系建设的基石，也是信用建设服务社会的枢纽和窗口，更是各地信用建设工作水平的标志。因此，2017 年 11 月由国家发展改革委召开的首届全国信用信息共享平台和信用门户网站建设观摩培训班在北京举行，展示了国家和地方在平台和网站建设中的代表性、探索性经验。随着智慧城市信息基础设施的建设，可以实现基于统一的、高可靠性的公共信用服务平台的跨部门、跨行业、跨层级和跨系统的数据互联互通，建立数据资源的精准授权和可信访问，系统提供数字身份认证、电子签名、安全密码等一系列信任服务。

对于我国而言，中小城市是推进以人为核心的新型城镇化的发展重点，是承接产业转移、发展实体经济的重要载体。党中央、国务院高度重视以县城等中小城市为重要载体的新型城镇化建设。党的十九大报告指出，以城市群为主体构建大中小城市和小城镇协调发展的城镇格局。《中华人民共和国国民经济和社会发展第十四个五年规划和 2035 年远景目标纲要》进一步强调，要"深入推进以人为核心的新型城镇化战略"等。经过"十三五"时期的大力推动，我国建成了全球规模最大的光纤宽带和移动通信网络，为全面建成小康社会，支持数字经济蓬勃发展提供了坚实的网络支撑。2021 年以来，按照党中央、国务院决策部署，工业和信息化部会同有关部门持续加大政策供给，一方面，开展了"双千兆"网络协同发展行动、5G 应用"扬帆"行动、新型数据中心发展三年行动、IPv6 流量提升三年专项行动等系列工作，通过制定年度目标任务，引导企业更好发挥市场主体作用，加快推动新型信息基础设施建设发展，推动北京、上海、广州等大城市率先建成"千兆城市"；另一方面，联合财政部持续开展电信普遍服务，通过"中央资金引导、地方协调支持、企业主体推进"的总体思路，推动市场机制失灵的农村及偏远地区网络基础设施建设，历史性地实现了"村村通宽带"，有效缩小了城乡数字鸿沟。

在大城市和农村偏远地区信息基础设施加快发展的同时，我们也关注到，以县城为代表的中小城市，特别是中西部和东北地区的中小城市与大城市在信息基础设施部署进程、应用普及等方面还存在一定差距，亟须顺应云网融合发展趋势，统筹各方力量、加大投入，提升中小城市信息基础设施水平和服务能力。为此，工业和信息化部、国家发展改革委坚持问题导向，于2022年1月联合印发了《关于促进云网融合加快中小城市信息基础设施建设的通知》（以下简称《通知》），要求强化云网融合、产业协同、城际联动，着力提升中小城市信息基础设施水平。《通知》发布的目的是协调汇聚各级政府、各类企业和机构力量，共同推动中小城市宽带网络建设升级和应用基础设施按需部署，带动地区经济社会高质量发展。

总之，只有不断更新升级传统信息基础设施、提升新型信息基础设施建设水平，不断加强信息基础设施与数字经济产业的深度融合，才能够为平台经济发展提供数字信任的技术基础，才能够推动以信息基础设施建设为基础的平台经济信用机制的构建。

（三）提升数据处理效率与规模

陈玲（2022）通过研究发现，提升数据处理效率与规模、重构数字信任的技术工具包括隐私计算、大数据和零信任等[53]。

（1）基于数据的信任机制：隐私计算。隐私计算是从数据的产生、收集、保存、分析、利用、销毁等全生命周期对数据进行保护的可计算模型与公理化系统。隐私计算并不特指某一门技术，而是一种融合了密码学、数据科学、经济学、人工智能、计算机硬件、软件工程等多学科的综合技术应用。隐私计算包括一系列信息技术，如业界较早提出的安全多方计算（MPC）技术、以硬件技术隔离保护为主要特点的可信执行环境（TEE）技术、基于密码学和分布式计算实现多方协作机器学习的联邦学习（FL）技术，以及非对称加密、差分隐私等辅助性技术。隐私计算使得数据在流通过程中实现"可用不可见"，降低了由数据明文复制和非授权使用带来的风险，因而大大提高了系统的可信程度。隐私计算不改变现有组织边界和系统框架，而是通过技术手段加强了传统的制度信任。

（2）源于数据关联和聚合的信任机制：大数据。大数据不仅规模巨大，而且具有多源、异构、非结构化、低价值密度的特点，往往是由机器自动收集用户或对象动态行为所产生的数据。大数据对传统的信任机制产生冲突，塑造了一种新的信任机制。首先，大数据的关联和聚合产生新的价值和信息，这些价值和信息无法在单个个体信息被采集的时候事先知晓，自然也无法预期相应的损益。其次，个体数据进入大数据的信息洪流中，不断被访问、复制、提取和计算，经由算法训练形成新的数据模型，要将个体信息从信息洪流和数据模型中拆分、撤回或删除的难度极大，因此个体事实上失去了"后悔"的事后处置权利。

多源数据的关联和聚合作为一种新的信任机制，使得单次的算计和欺骗行为都失去了意义。例如，某社交平台通过分析用户的身份信息、社交网络、信贷消费、商旅出行、公益行动、水电付费等多种数据，形成用户画像的参数模型，使得任何欺骗行为都能够被轻易识别。不仅如此，用户特征画像的参数模型又被运用到各种智能决策中，如银行贷款发放、社会信用评价等多个场景，使得用户更为谨慎地对待每一次潜在的失信行为，从而提高了其可信度。

（3）基于主体的信任机制：零信任。"零信任"（Zero Trust）是近年来在系统软件架构设计中出现的新理念，即"从不信任，始终验证"。零信任设计包含一系列设计原则，如显式验证（Verify Explicitly）、使用最小权限访问（Use least Privileged Access），以及假定数据泄露（Assume Breach）等，从底层设计理念上确保了系统对用户身份、设备、应用程序、数据、网络和基础设施等基本要素的零信任，对任何位置的任何一次数据访问都进行验证，从而增强系统自身的可信度。

零信任本质上是将安全设计的关注对象由一个有边界的组织或系统架构，转变为流动的、无边界的数据。以往，通过界定组织或系统所在地理位置的边界、部门和层级，设立本地防火墙、访问控制来等确保安全，建立组织的信任机制。但在数字智能时代，云服务、物联网、移动计算的应用越来越多，组织和系统边界变得更加模糊和开放，针对数据层面任意交互行为的安全设计才具备普遍的安全意义。

三、平台共创的内部信任机制

不同于传统经济，以平台为核心的平台经济中参与主体相互之间都是陌生关系，交易不是面对面进行，双方之间的信任问题是交易进行的第一道障碍。平台经济作为一种新的资源配置方式，既不同于宏观市场也有别于微观企业，资源配置是通过数字化的网络协调机制来完成的。这个网络协调机制的外部环境主要靠政府或者行业的监管和治理，而内部使用环境的改善则依靠平台内部信任机制的建立[54]。从外部环境看，通过不断完善国家和各地方法律法规政策，加快信息基础设施建设并提升数据处理效率与规模等技术手段，可以不断完善平台经济外部信任机制。从内部环境看，要保证平台经济有效运行，需要基础客户群的确立，或基础客户群达到关键规模，因此，只有协调好各参与方的利益关系，才能确立基础的客户群，使拉动平台成长的引擎持续运转，保证平台有效运行，这就需要平台营造的内部信任环境，实现对平台消费者消费行为的直接影响。

（一）平台内部信任机制的内涵

随着无线通信技术的迅速发展和智能终端的日新月异，信任从传统购物环境向互联网环境，尤其是移动互联网环境的转移也引起了学者们的广泛关注。Stewart（2003）[55]、Hwang 和 Kim（2018）[56] 对消费者与电子商务企业间初始信任进行了研究，前者发现消费者对陌生网站的信任缘于所信任网站的链接作用，且链接网站间的互动程度和相似性促进消费者建立信任，后者发现朋友、家人、媒体三个维度的社会影响与消费者线上信任显著相关。消费者对陌生网站的信任可以由其信赖站点的超链接形成。

就互联网环境下平台内部信任机制本质而言：石岿然（2019）认为在互联网环境下"基于马歇尔的经济学理论认为劳动的主要动机是换取物质利益的欲望"这一本质并未发生变化[57]。平台经济行为参与者会根据已知信息进行判断，做出利益最大化的信任选择，而这一利己主义行为被经济学家认为是经济行为人的理性动机。Gambetta（2000）认为个体之间信任必须通过一定的计算将信任具象化，以此检验某一个体的可信任程度，并据此判断该个体是否是良好的交易对象，以及与其交易所需承担的风险水平[58]。例如，支付宝中的芝麻信用积分就是根据消费者的收入水平、消费习惯及失信记录，用积分的形式表现其信任风险，积分越高，说明消费者信任风险越低，从供给方处可获得的信用担保额度就越大。因此，平台内部信任机制就是平台经济参与各方主体借助网络信息技术与手段，结合顾客感知价值，以价值共创为目的，通过一定的运作方式计算信任、传递信任，沟通并协调各方主体在平台交易中发挥的作用，提高平台运行质量与效率。

（二）平台内部信任机制的影响因素

随着平台经济的快速发展，内部信任机制的相关问题成为平台经济发展壮大的"瓶颈"之一，因此从消费者角度出发研究如何建立平台内部信任机制也引起国内外学者的关注。消费者在平台上进行交易之前，对交易物、平台服务以及交易对象是无法实现接触式感知的，消费者的初始信任感大都来源于交易平台提供的信任线索。所以，最初电商平台的传统做法是通过提供商家交易量、用户的在线评论等信任线索，实施一些奖惩制度来降低交易中的信息不对称性和消费者的感知不确定性，进而获取消费者的信任。随着相关理论的发展，技术人员开始寻求利用算法、数据库等技术来解决。区块链技术由于其不可篡改、去中心化、公开透明等特点开始被应用于网络平台，以解决消费者信任机制问题。一些国际购物平台会利用区块链技术提供商品上游供应链以及生产源头，使得消费者可以查看商品的供应链全程信息，降低消费者的感知不确定性，增加消费者对该平台的信任度，进而使其产生交易的意愿。区块链技术的嵌入完善了平台内部信任机制，提高了平台进行信息或价值交易的可信度与效率。因此，区块链技术使平台内部信任机制更加规范，消费者对平台的信任度增强。

除以上奖惩制度与区块链技术的应用之外，学者们研究发现从消费者角度有四类信任线索可以影响到平台内部信任的建立，具体包括：基于交易之前交易伙伴提供的评估结果、平台的声誉等方面的信任线索；基于用户利用平台资源创建的档案信任线索；基于通过电子邮件或电话号码确认等电子方式进行身份认证的信任线索；基于某一商品的销售量、某一地区的搜索排行榜、某类产品的销售排行榜等隐性信息的不能随意篡改所提供的信任线索。以上四类线索集中于两方面：其一是平台企业通过运用先进计算机技术实现相关功能以便提高消费者对平台的信任；其二是从消费者在使用平台的社交互动过程中研究如何建立内部信任机制。

因此，在互联网经济环境下，帮助平台企业发现消费者信任的影响因素，通过对区块链技术的应用、平台服务模式创新、平台品牌声誉提升、多方参与主体社交互动等方面的改进，提高消费者对平台的信任，更有效地解决平台消费者的信任问题，吸引消费者参与平台价值共创，继而进一步提升平台企业获利能力与经济效益的研究是具有实践意义的。

参考文献

［1］Vargo S L, Lusch R F. Evolving to a New Dominant Logic for Marketing ［J］. Journal of Marketing, 2004, 68（1）：1-17.

［2］Vargo S L, Lusch R F. Service Dominant Logic：Continuing the Evolution ［J］. Journal of the Academy of Marketing Science, 2008, 36（1）：1-10.

［3］狄蓉，徐明. 服务主导逻辑下服务创新价值共创机理及对策研究［J］. 科技进步与对策, 2015, 32（7）：33-38.

［4］Lusch R F, Vargo S L. Service-Dominant Logic：Premises, Perspectives, Possibilities ［M］. Cambridge University Press, Cambridge, Uk, 2014.

［5］Vargo S L, Lusch R F. The Service-Dominant Logic of Marketing：Dialog, Debate and Directions ［M］. New York：Routledge, 2006.

［6］Jonas J M. Stakeholder Integration in Service Innovation ［M］. Springer Gabler, Wiesbaden, 2018.

［7］Lusch R F, Nambisan S. Service Innovation：A Service-Dominant Logic Perspective ［J］. Mis Quarterly, 2015（1）：155-175.

［8］Chandler J D, Vargo S L. Contextualization and Value-In-Context：How

Context Frames Exchange [J]. Marketing Theory, 2011 (1): 35-49.

[9] 刘林青，雷昊，谭力文. 从商品主导逻辑到服务主导逻辑——以苹果公司为例 [J]. 中国工业经济，2010 (9): 57-66.

[10] 谢卫红，林培望，李忠顺，等. 数字化创新：内涵特征、价值创造与展望 [J]. 外国经济与管理，2020，42 (9): 19-31.

[11] 陈晓颖，邱国栋. 从产品主导逻辑到服务主导逻辑：能力重构视角下企业的数字化转型研究 [J]. 研究与发展管理，2022，34 (1): 39-53.

[12] 陈冬梅，王俐珍，陈安霓. 数字化与战略管理理论——回顾、挑战与展望 [J]. 管理世界，2020，36 (5): 220-236.

[13] 杨善林，周开乐，张强，等. 互联网的资源观 [J]. 管理科学学报，2016，19 (1): 1-11.

[14] Porter M E, Heppelmann J E. How Smart, Connected Products Are Transforming Competition [J]. Harvard Bus-Iness Review, 2014, 92 (1-2): 24.

[15] Vargo S L, Lusch R F. Institutions and Axioms: An Extension and Update of Service-Dominant Logic [J]. Journal of the Academy of Marketing Science, 2016, 44 (1): 5-23.

[16] Grnroos C, Voima P. Critical Service Logic: Making Sense of Value Creation and Co-Creation [J]. Journal of the Academy of Marketing Science, 2013, 41 (2): 133-150.

[17] Payne A F, Storbacka K, Frow P. Managing the Co-Creation of Value [J]. Journal of the Academy of Marketing Science, 2008, 36 (1): 83-96.

[18] Mller K, Trrnen P. Business Suppliers' Value Creation Potential: A Capability-Based Analysis [J]. Industrial Marketing Management, 2003, 32 (2): 109-118.

[19] 尤建新，王岑岚. 价值共创的理论与实践：基于"共振"视角的综述 [J]. 上海管理科学，2018 (8): 1-5.

[20] 马婕，刘兵，张培. 价值共创与价值共毁整合框架：内涵、动因及形成机理 [J]. 管理现代化，2021 (4): 101-105.

[21] Liu Y, Wang F L. Research on the Value Co-Creation Mechanism of Platform Enterprises Based on Dynamic Capabilities [J]. Industrial Marketing Management, 2022 (2): 28-56.

[22] Xun Xu, Chieh Lee. Utilizing the Platform Economy Effect Through Ewom: Does the Platform Matter? [J]. Elsevier B. V., 2020 (227): 265-284.

[23] A. Douglas Melamed, Nicolas Petit. The Misguided Assault on the Consumer

Welfare Standard in the Age of Platform Markets［J］. Springer Us，2019，54（4）：65-74.

［24］刘键，邹锋，杨早立，等. 基于价值共创的群智能服务设计模型及实证分析［J］. 管理世界，2021，37（6）：202-213+13.

［25］Hinz，Otter，Skiera. Estimating Network Effects in Two-Sided Markets［J］. Journal of Management Information Systems，2020，37（1）：56-64.

［26］Alqayed Y，Foroudi P，Kooli K，Et Al. Enhancing Value Co-Creation Behaviour in Digital Peer-To-Peer Platforms：An Integrated Approach［J］. International Journal of Hospitality Management，2022（102）：103-140.

［27］Baier A. Moral Prejudices［M］. London：Routledge，1994.

［28］Bhattacharya R，Devinney T M，Pillutla M M. A Formal Model of Trust Based on Outcomes［J］. Academy of Management Review，1998，23（3）：459-472.

［29］［德］尼古拉斯·卢曼. 信任：一个社会复杂性的简化机制［M］. 瞿铁鹏，李强译. 上海：上海世纪出版集团，2005.

［30］Granovetter M. Economic Action and Social Structure：The Problem of Embeddedness［J］. American Journal of Sociology，1985，91（3）：481-510.

［31］张加春，嵌入性信任：网络社会下的信任关系［J］. 中州学刊，2016（6）：162-167.

［32］Mcknight D H，Cummings L L，Chervany N L. Trust Formation in New Organizational Relationships［J］. Dissertation Abstracts International，1998，66（8）：44-84.

［33］Wu J J，Tsang A S L. Factors Affecting Members' Trust Belief and Behaviour Intention in Virtual Communities［J］. Behaviour & Information Technology，2008，27（2）：115-125.

［34］潘煜，张星，高丽. 网络零售中影响消费者购买意愿因素研究——基于信任与感知风险的分析［J］. 中国工业经济，2010（7）：115-124.

［35］Kundu S，Datta S K. Impact of Trust on the Relationship of E-Service Quality and Customer Satisfaction［J］. Euromed Journal of Business，2015，10（1）：21-46.

［36］Yim H K，Swaminathan A S. Customer Relationship Management：Strategy，Process and Technology Customer Relationship Management：Its Dimensions and Effect on Customer Outcomes［J］. Journal of Personal Selling and Sales Management，2004，24（4）：263-278.

［37］K Holmes J G，Zanna M P. Trust in Close Relationships［J］. Journal of

Personality & Social Psychology，1985，49（1）：95-112.

［38］Das T K，Teng B S. Between Trust and Control：Developing Confidence in Partner Cooperation in Alliances［J］. Academy of Management Review，1998，23（3）：491-512.

［39］马婕，刘兵，张培. 价值共创与价值共毁整合框架：内涵、动因及形成机理［J］. 管理现代化，2021（4）：101-105.

［40］Liu Y，Wang F L. Research on the Value Co-Creation Mechanism of Platform Enterprises Based on Dynamic Capabilities［J］. Industrial Marketing Management，2022（2）：28-56.

［41］Xun Xu，Chieh Lee. Utilizing the Platform Economy Effect Through Ewom：Does the Platform Matter?［J］. Elsevier Besloten Vennootschap，2020（227）：265-284.

［42］新华社. 中华人民共和国网络安全法［EB/OL］. http：//www. cac. gov. cn/2016-11/07/c_1119867116. Htm，2016-11-07.

［43］中国人大网. 中华人民共和国数据安全法［EB/OL］. http：//www. npc. gov. cn/npc/c30834/202106/7c9af12f51334a73b56d7938f99a788a. Shtml，2021-06-10.

［44］中国人大网. 中华人民共和国个人信息保护法［EB/OL］. http：//www. npc. gov. cn/npc/c30834/202108/a8c4e3672c74491a80b53a172bb753fe. Shtml，2021-08-20.

［45］国家市场监督管理总局，国家标准化管理委员会发布中华人民共和国国家标准公告（2020年第1号）. GB/T 35273-2020《信息安全技术个人信息安全规范》［EB/OL］. https：//www. tc260. org. cn/piss/js1. htm，2020-03-07.

［46］银保监会. 中国银保监会监管数据安全管理办法（试行）［EB/OL］. http：//www. caheb. gov. cn/system/2022/05/16/030161671. Shtml，2021-01-20/2022-05-16.

［47］国家市场监督管理总局. 网络交易监督管理办法［EB/OL］. https：//www. bozhou. gov. cn/opennesscontent/show/1882188. html，2021-03-15/2022-04-19.

［48］腾讯安全. 零信任系统技术规范［EB/OL］. https：//www. sohu. com/a/476632460_121124365，2021-06-30/2021-07-10.

［49］Hwan-Joo Seo，Young Soo Lee，Jeong Hun Oh. Does Ict Investment Widen the Growth Gap?［J］. Telecommunications Policy，2009，33（8）：126-135.

［50］Thomas Niebel. Ict and Economic Growth-Comparing Developing，Emerging and Developed Countries [J]. World Development, 2018 (5)：93-104.

[51] 孙琳琳，郑海涛，任若恩. 信息化对中国经济增长的贡献：行业面板数据的经验证据 [J]. 世界经济，2012，35 (2)：3-25.

[52] 万莉，程慧平. 基于 Var 模型的信息基础设施与工业化关系研究 [J]. 信息资源管理学报，2015，5 (3)：109-113.

[53] 陈玲. 数字信任和技术秩序：重塑智能时代的信任 [J]. 装饰，2022 (1)：22-25.

[54] Kas，Judith. Trust and Reputation in the Peer-To-Peer Platform Economy [D]. Utrecht University，2021.

[55] Stewart K J. Trust Transfer on the World Wide Web [J]. Organization Science，2006，23 (1)：183-210.

[56] Hwang S Y，Kim S. Does Mim Experience Affect Satisfaction With and Loyalty Toward O2O Service？[J]. Computers in Human Behavior，2018 (82)：70-80.

[57] 石岿然. 基于提供者视角的共享经济参与者动机 [J]. 中国流通经济，2019 (10)：76-84.

[58] Gambetta D. Trust：Making and Breaking Cooperative Relations [C]. Oxford：University of Oxford，2000.

第四章 基于消费者视角的
平台内部信任机制

第一节 理论基础与国内外研究评述

一、研究背景与研究意义

（一）研究背景

"四新"经济使得数字经济飞速发展，为经济发展注入了活力，加快了经济转型和各行业的数字化发展，平台经济作为数字经济的重要组成部分开始被广泛应用于各行各业；人们的生活因各类平台的出现而更加便捷，经济活动因平台经济实现了联动。然而，数字经济时代使得信息传播速度加快，信息内容的真假难以辨别，成为平台经济发展的一大障碍。平台作为平台经济"去中心化"的通道，可信度越高，吸引的用户越多。但是，随着平台经济欣欣向荣的发展，国内发展较快的外卖和租车平台开始暴露出信任危机，一些负面事件导致消费者对平台经济信任水平急剧下降，对消费者参与平台价值共创的积极性造成了负面影响，也暴露了平台经济发展的一些问题。平台经济参与方之间只有建立充分的信任才可达成交易，消费者信任的形成可以提高其参与平台经济的意愿，信任对平台经济发展的重要作用也已受到学者们的高度肯定。平台最初尝试通过奖惩制度来维持平台的内部信任机制，随着相关理论的发展，学者开始寻求利用算法、数据库等技术来解决。区块链技术由于其不可篡改、去中心化、公开透明等特点开始被应用于网络平台中，以解决消费者信任机制问题。区块链技术的嵌入完善了平台内部信任机制，提高了平台进行信息或价值交易的可信度与效率。基于此，区块链技术可以规范平台的交易，使得平台内部信任机制更加规范，消费者对平台的信任度增强。

(二) 研究意义

本章研究旨在利用大数据、算法和模型分析来探究平台内部信任机制，揭示区块链技术应用下平台企业为消费者营造良好信任环境的规律。

(1) 理论意义。一方面，在区块链技术应用背景下探究平台内部信任机制，是当今平台经济研究的前沿方向之一；另一方面，以解决消费者对平台的信任危机为目的，对平台内部信任机制的研究是平台治理领域研究的热点之一。基于此，本章研究利用 BP 神经网络进行关系权重计算得出 DEMATEL 的直接影响矩阵，进而对消费者角度下的平台内部信任机制影响因素进行分析，为计算机算法用于管理学问题的研究提供了一定的技术支持；通过构建研究所需的结构方程模型，深入分析检验各个影响因素与结果变量之间的路径，从消费者角度出发提出了区块链技术应用下平台内部信任机制的理论模型；在理论层面不仅可以为进一步进行平台经济相关研究提供思路与方法，而且可以在一定程度上从理论层面弥补消费者行为学、心理学、社会学等其他学科在研究平台经济相关理论的不足，为交叉学科的研究提供一定的理论支持。

(2) 实践意义。可以帮助在互联网经济环境下的平台企业发现消费者信任的影响因素，通过对区块链技术的应用、平台服务模式创新、平台品牌声誉提升、多方参与主体社交互动等方面的改进，提高消费者对平台的信任，更有效地解决平台消费者的信任问题，吸引消费者参与平台价值共创，继而进一步提升平台企业获利能力与经济效益。

二、基于消费者视角的平台内部信任机制研究

(一) 国外研究动态评述

目前，平台内部信任机制的相关问题在国外开始受到关注。建立信任机制不仅会帮助平台建立在线信任，也有利于平台企业建立平台声誉，提升平台品牌价值。从消费者角度出发国外对平台内部信任机制的研究可分为两种：其一，从消费者在使用平台的社交互动过程中研究如何建立内部信任机制；其二，平台企业通过运用先进计算机技术实现相关功能以便提高消费者对平台的信任。国外学者目前研究成果更多地集中于"在消费者使用平台的社交互动过程中，通过社会治理、法律、技术等手段，建立内部信任机制"。通过总结研究成果发现，从消费者角度出发建立信任机制包括以下四种方法。

(1) 基于交易的信任线索。交易信任线索是指交易之前交易伙伴提供的评估，这些评估可以是数值型的（如星级评分表）或书面评估（如文字评论）[1]。另外，根据调查研究显示，有很大部分人会将平台的声誉作为信任线索[2]；有的

人会将社交媒体的广告或新闻作为交易的信任线索[3]；学者对 BlaBlaCar 或 Airbnb 等平台的研究也都证明了基于交易的信任线索是建立信任机制的一种方法[4-6]。

（2）基于用户档案创建的信任线索。平台的用户包括销售方、运营方、消费者，从供需双方出发，消费者属于需求一方，是平台运营的重要参与方。所有用户可以利用平台资源创建社交丰富、表现力强的用户档案[1]。典型的内容包括照片、个人资料图片、自我描述、视频信息或对外部资源的引用[7,8]。这些用户档案经常用于社交平台，随着社交活动深入会使得用户档案越来越丰富，降低了消费者个体与其他人之间的信息不对称性，提高了消费者对平台的可信度，进而使其产生价值共创的意愿[9]。

（3）基于身份认证的信任线索。身份验证是指通过电子邮件或电话号码确认等方式来检查平台用户的个人身份和信息真实性。此外，根据具体情况，身份验证可能包括提供身份证、许可证或与在线社交网络账户的链接[10]。平台若采取这种注册方式就会使得平台内部参与各方相互之间的信任度提高，是平台常见的解决信任问题的方法。

（4）基于隐性信息的信任线索。平台会提供参与各方不能随意更改的隐性信息，如某一商品的销售量、某一地区的搜索排行榜、消费者的搜索习惯、某类产品的销售排行榜等[1]。这些均可以作为平台为建立内部信任环境而增加的隐性信息。

平台的社交互动程度越高，使用和认为重要的信任线索就越多[1]。不同类型平台使用的方法也会不同，例如：用户档案创建的方法在社交互动程度高的平台上使用较多；相反，在租赁和电子商务平台等用户交互受限的平台上，表现力要低得多。在租赁和电子商务平台上，当消费者决定购买特定商品或向特定的商家进行预订或购买时，基于交易、身份验证信任线索会被更多使用，隐性信息的线索也很重要。

以上四种方法是从消费者角度出发研究如何建立平台内部信任机制的，但是每一类方法在平台运营中的具体实现都离不开强大的信息与数字技术。平台的技术质量对信任的诱导都有很大的作用，平台也可以将第三方技术加入平台的影响机制[11]。平台内部所嵌的算法、使用的技术是对消费者进行服务的基础，对信息匹配程度越高，服务质量越高，消费者体验越好，消费者对平台的感知不确定性越低、信任度越高。因此，部分学者侧重于研究平台内部所嵌的算法、使用先进数字技术。但是，这一类研究又往往注重技术层面，而忽略技术层与社交互动、参与各方内部信任的关系与作用机制研究。

（二）国内研究动态评述

通过分析国内的研究成果，发现研究范围都局限在为互联网经济中存在的信任危机寻求解决方法，在互联网经济范畴内未搜寻到对内部信任机制进行系统研究的成果。国内基于消费者角度对平台内部信任机制的研究主要集中于影响因素的研究，分别从以下两类研究视角进行研究。

（1）消费者信任演进视角：消费者信任是消费者进行交易的基础，数字经济时代交易方式的虚拟数字化使得信任更加重要，信息的不对称性和无接触式感知使得消费者对交易风险的敏感性感较强。石岩然等（2020）指出消费者对平台的初始信任是平台发展的重要基础，而平台的持续发展则离不开消费者对平台的持续信任，平台声誉在消费者信任演进的整个过程都发挥着重要作用[12]。基于消费者信任的演变过程，信任可以被分为"初始信任、消费者感知和持续信任"[13]。初步信任是指双方首次接触时产生的信任，随着消费者消费行为的发生产生了体验感知，进而根据体验感产生持续信任或信任感降低。平台经济中消费者的一切行为都围绕数据信息展开，平台作为平台经济中的集大成者在消费者信任演变的过程中发挥着很大的作用。平台企业若拥有高效的信任机制，在消费者第一次使用平台会降低感知风险，良好的声誉和品牌信任度会正向消费者产生初始信任，在消费者使用平台时会使消费者拥有良好的体验感，提高消费者黏性，进而使得消费者产生持续信任，提高消费者持续参与平台价值共创的意愿。

（2）消费者信任种类视角：消费者信任分为个人信任、系统信任、制度信任、技术信任等，学者指出网络信任的构建需要满足不同种类的消费者信任需求，平台经济中平台企业可以从这些角度出发考量构建平台内部信任机制，以增加消费者对平台的信任感[14]。孙玉玲等（2022）基于消费路径对共享住宿平台消费者的信任机制进行研究，发现平台评级机制、身份认证、平台服务质量、社交互动等会影响消费者对平台信任的形成，即该类平台满足消费者的关系、制度和系统信任需求，会对消费者对平台信任的形成产生积极影响[15]。徐峰等（2020）以民宿共享平台为研究对象，提出构建平台信任机制会有效提高消费者的参与度，在线评论、平台的服务保障、身份认证会正向影响平台的预定量，在线评论的影响尤为显著，即平台需要满足消费者的关系信任、技术信任、制度信任等需求[16]。闫慧丽等（2019）对社交电商平台的信任机制进行研究，发现信任会随着用户对平台认知的深入程度发生递进变化，平台需要根据消费者认知的递进满足消费者不同种类的信任需求[17]。陈万明等（2019）指出购物平台通过奖惩制度对供给方和消费者进行约束，即通过算法完善平台的功能设置，满足消费者的制度和技术信任需求，从而营造平台的信任环境[18]。汪旭晖等（2018）基于平台价值共创的视角对平台的声誉机制进行研究，表示平台满足消费者的个人信任需求即提高平台声誉，会促进平台消费者产生信任，进而促进其参与平台的价值共创[19]。

国内相关学者对平台内部信任机制的研究主要集中于国内发展迅速的平台领域，例如，网上购物平台、在线约车服务、在线民宿服务和在线借贷服务，研究过程集中于如何通过平台服务功能或使用规则的增强与改进，提升消费者对平台的信任。平台与信任相关研究大都围绕信任对消费者使用服务或交易的影响，鲜有文章从平台内部信任机制的构建角度来进行研究。从研究方法来看，大部分学者采用博弈论、结构方程、回归分析来进行定量分析。从研究角度来看，有学者从心理学、社会学、提高消费者满意度等角度出发，通过消费者行为研究寻找平台信任的影响因素，进而来解决平台的信任问题。

三、BP-DEMATEL 的应用

（一）BP 神经网络简介

BP 神经网络（Back Propagation Neural Network）是一种通过误差信号反向传递来进行误差校正的多层前馈式神经网络。输入值经过学习训练正向传播，学习误差反向传播，根据梯度下降法并嵌入不同的优化器来不断更新网络的权值和阈值，使最终得到的输出值更加接近真实值或期望值。由于有很好的多维函数映射能力、自学习、容错等，使得 BP 神经网络的普适性很高。

（二）BP-DEMATEL 简介

决策实验和评估实验室（Decision Making Trial and Evaluation Laboratory），简称"DEMATEL"，它通过科学的计算评估影响因素之间相互依赖的关系，能够通过一个视觉结构模型对影响因素进行分类。该方法是各影响因素之间评价识别的有效方法，被广泛应用于影响因素的分析研究、复杂系统评价等多个研究范畴。近年来，为了研究更加科学、客观，学者会将 DEMATEL 方法与其他方法相结合，例如将层次分析法、灰色关联度、BP 神经网络和模糊数与 DEMATEL 方法相结合进行研究。其中 BP 神经网络与 DEMATEL 方法结合的研究过程中，直接影响矩阵的获取不再依赖专家打分法和问卷法，而是会通过 BP 神经网络方法得到各个影响因素之间的权重关系。BP-DEMATEL 方法利用 BP 神经网络计算平台内部信任机制各个影响因素之间的关系权重，进而得到该研究的直接影响矩阵以便后续研究。引入 BP 神经网络方法并嵌入不同优化器进行改进，将指标之间的数字权重关系进行非线性映射，得到某一指标对另一指标的权重，最终可以得到科学客观的直接影响矩阵。

四、文献述评

综合上述研究可知，目前国内外学者对平台内部信任机制的研究随着平台经济的发展不断深入。已有研究主要从消费者信任角度出发分析其对平台上的交

易、社交等行为的影响，探析消费者参与平台价值共创的影响因素。但是，针对区块链技术的应用下平台如何构建内部信任机制这一问题，鲜有学者对其进行深入研究。从研究方法来看，利用 BP-DEMATEL 方法进行基于消费者角度下平台内部信任机制的研究是可行的。

（1）区块链技术应用背景下相关研究的缺失。随着区块链技术的出现与应用，国外有些学者在研究中开始探讨是否可以将区块链技术通过平台内置算法加入平台中来完善信任机制。在国内区块链技术已经被应用于阿里巴巴旗下的公益、天猫国际等平台领域内部信任机制的建立，而基于区块链技术的平台内部信任机制研究却是一片空白。虽然有学者针对某种具体平台（共享住宿、网约车平台、社交电商平台等）如何应用区块链技术进行研究，但都是基于技术视角进行分析，对区块链技术应用后解决信任问题的关注度极低。

（2）基于消费者角度下的平台内部信任机制影响因素。从消费者角度出发，国外关于平台内部信任机制的研究比国内成熟，提出了平台是如何构建其内部信任机制的。在构建平台内部信任机制的过程中，平台参与各方之间的社交互动是关键，也是学者们关注的焦点；学者在对平台的信任与社交互动关系进行研究后，提出基于社交互动可以建立声誉系统和信任机制兼备的平台。通过社交互动建立内部信任机制的影响因素有两类：一类是平台的声誉、消费者对平台的品牌信任会通过社交互动的相互影响构建平台内部信任机制；另一类是通过平台内置算法、数据库和平台内部各参与方之间实现交互的功能设置构建平台内部信任机制。在国内，存在理论研究晚于实际发展的问题，即使少量研究关注到了平台内部信任机制，也仅仅是针对内部信任存在的问题及其影响因素进行分析，并未形成对内部信任机制的系统研究。

在上述研究综述的基础上，从消费者角度出发整理得到平台内部信任机制影响因素主要有：区块链技术的应用、平台内置的算法和数据、社交互动、平台声誉和平台的品牌信任。

（3）BP-DEMATEL 方法的可行性。通过对 BP 神经网络的分析，发现 BP 神经网络的应用领域广，在非线性问题研究领域有很强的优势。国内外学者基于 BP-DEMATEL 方法的研究，发现 BP 神经网络应用于 DEMATEL 方法的直接影响矩阵的计算时，引入不同优化器会得到不同精度的权重，进而使得 BP-DEMA-TEL 的分析结果不同。本书从消费者角度出发研究平台内部信任机制，需要对该机制影响因素进行研究，基于前人 BP-DEMATEL 方法的应用结果，可以得出此方法可以应用于本书研究。BP 神经网络用于本书研究既有创新性又有可行性，前人在应用 BP 神经网络方法进行研究时，会根据研究的需要对 BP 神经网络进行优化，故本书也会根据研究需求对 BP 神经网络的算法进行相应的改进。

基于此，本章计划利用 BP-DEMATEL 方法对基于消费者角度下的平台内部信任机制影响因素进行分析，探析各影响因素之间的关系；最后基于影响因素的分析结果对该机制的作用路径进行分析，以期为平台企业构建平台内部信任机制提供管理启示。

第二节 基于消费者视角的平台内部信任机制影响因素分析

本节以提高消费者参与平台价值共创意愿为目的，探究消费者角度下的平台内部信任机制影响因素。首先，根据第三章的平台内部信任机制的国内外研究，对各影响因素进行定性分析，并为本章研究奠定理论基础；其次，利用 BP-DEMATEL 法，通过构建指标体系和优化 BP 神经网络研究各影响因素间的关系权重，进而计算评价各影响因素关键指标值；最后，依据计算结果对各影响因素进行分析。

一、影响因素

基于消费者角度下的平台内部信任机制影响因素中与"社交互动"高度相关的影响因素有两类，即上文提到的"平台声誉、消费者对平台的品牌信任"与"平台内置算法和数据库"，区块链技术又可以为这两类影响因素提供技术支持。

(一) 区块链技术的应用

从数据记录的角度来看，区块链可以看作一个公开的记录系统，记录着全网络所有的交易记录，而且是以分布式网络的形式进行记录[20]；从应用领域角度来看，区块链技术最开始是被用作比特币交易的一种底层技术架构，涉及密码学、数学、计算机等领域，支持比特币在无信任的环境下公开、透明地进行交易[21]。随着"5G 时代"的到来，区块链技术通过更加有效的技术支持对平台进行管理，以便构建更加有序、便利的平台经济环境，降低消费者对平台的感知不确定性，提升消费者对平台的信任度，提高消费者参与平台价值共创的意愿。

(二) 平台内置的算法和数据库

平台的技术质量对信任的诱导有很大的作用，平台也可以将第三方技术加入平台的信任机制，平台内部所嵌的算法、使用的技术是对消费者进行服务的基础，对信息匹配程度越高，服务质量越高，平台实力越好，消费者体验越好，消费者对平台的信任度就会越高。尤其是在消费者对平台的初始信任和感知阶段，平台的技术质量会获取消费者好感，大幅提升消费者对平台的信任感。

（三）社交互动

Hesse M（2021）认为平台的社交互动程度越高，使用和认为的信任线索就越丰富，消费者在社交互动中获取的信任线索可以降低消费者对平台的感知不确定性，使得消费者更容易对平台产生信任[9]；程远乐等（2020）肯定了高效的社交互动对促进消费者持续使用平台意愿的重要作用[22]；匡红云等（2019）同样指出消费者在社交互动中，对平台的交易和服务的感知不确定性降低，消费者的信任感增加，进而促进消费者参与平台价值共创的意愿[23]。

综上，一方面，社交互动可以降低消费者间的陌生感，是增加彼此信任的法宝。社交互动的层次越深入，社交互动的信息披露越全面，用户对彼此信息匹配程度越高，消费者之间产生信任的可能性越大。另一方面，消费者会在社交互动中获取到基于交易的信任线索、基于用户档案创建的信任线索、基于身份认证的信任线索和基于隐形信息的信任线索，会对平台产生认知，进而产生信任感并增强交易意愿，参与到平台的价值共创中。

（四）平台的品牌信任

品牌信任就是指消费者对某品牌下的产品或服务表示认可，进而愿意进行交易。胡志刚（2021）在研究平台顾客忠诚度时指出，品牌形象和信誉度正向促进顾客对平台的品牌信任，并正向影响顾客对平台的忠诚度；进而使得消费者参与平台价值共创的意愿得到进一步提升[24]。Christin 等（2019）基于社交平台进行研究后发现，消费者对平台的品牌产生信任后，会对平台价值共创参与态度产生正向影响，进而提高购买意愿[25]。

（五）平台声誉

随着互联网技术的发展，平台的一些用户利用技术手段进行违规操作，使得平台的负面新闻层出不穷，部分平台声誉受损，消费者的信任度下降。平台的声誉一旦受损就会对平台产生负面影响，降低平台消费者的增长率和参与平台价值共创的意愿。王俊豪等（2021）指出良好的平台声誉环境会促进平台产品质量的提高，进而促进平台的良性发展[26]。Xiaokun Shi 等（2019）对金融平台研究后指出：良好的平台声誉有助于消费者对平台产生信任，进而促进消费者参与平台的价值共创[27]。

综上，对消费者信任角度下平台内部信任机制影响因素进行定性分析后，可以得到："平台内置的算法和数据库"是平台设置功能、奖惩制度的技术基础；"区块链技术"为解决信任问题提供了技术支持，在陌生人之间搭建了可靠的"合作"通道；"社交互动"会减少消费者之间的陌生感，提高其对平台的认知度；"平台的品牌信任"和"平台声誉"是平台企业长期经营的结果，会在很大程度上影响大众对平台的好感和信任感；当消费者对平台产生信任后，会促进其产生参与平台价值共创的意愿。

二、构建影响因素的指标体系

（一）输入影响因素的选取

本书将辨析出的五个影响因素（平台内置的算法和数据库、区块链技术的应用、社交互动、平台的品牌信任、平台声誉）作为输入影响因素，设置不同的指标研究各影响因素间的关系权重，进而对基于消费者角度下的平台内部信任机制影响因素进行分析。

（二）输出影响因素的选取

平台内部信任机制构建质量的高低会影响平台消费者对平台的信任程度，进而会影响平台消费者在平台上的交易量和参与度。因此，平台交易量是商品交易类平台价值共创成功与否的直接表现之一，在一定程度上能够反映出消费者对平台的信任程度以及参与共创的意愿；并且这一因素受到其他影响因素的作用。基于以上原因，本书中将平台交易量作为结果度量指标。

（三）指标体系的构建

结合以上变量，构建影响因素的指标体系，如表 4.1 所示。将各影响因素：平台内置的算法和数据库、区块链技术的应用、社交互动、平台的品牌信任以及平台声誉的指标作为输入层；平台的交易量作为输出层。该影响因素指标体系每一个维度下具体指标的选取以相关学者研究成果中经典、高频的指标为本原，结合平台运行的实际情况为依据。

表 4.1　影响因素的指标体系

指标分类	影响因素	具体指标	单位
输出影响因素指标	结果度量指标	交易量（SV）	万条
输入影响因素指标	平台内置的算法和数据库	平台特色服务和规则的总数（AL）	个
	区块链技术的应用	是否将区块链运用于平台中（0~1变量）（BC）	—
	社交互动	平台用户评论数（CS）	万条
	平台的品牌信任	用户评论中涉及平台品牌信任的评论数（BT）	万条
	平台声誉	平台的好评率（PR）	%

资料来源：作者参考相关文献整理。

三、构建影响因素的分析模型

根据上文构建的基于消费者角度下平台内部信任机制影响因素的指标体系，确定被影响因素矩阵为 $y = (y_{fq})_{m*t}$，影响因素矩阵为 $x = (x_{fp})_{m*n}$。其中，t 表示被影响因素个数，n 表示影响因素的个数，m 表示样本的数量，其中 $f = 1$，2，$\cdots$，m；$p = 1$，2，$\cdots$，n；$q = 1$，2，$\cdots$，t。

搭建适用于本书的 BP 神经网络。设影响因素量化指标 p 所对应的数值输入量 x_p 从输入层某神经元输入网络，被影响因素量化指标 q 所对应的数值 y_q 为输出层期望输出量。参考式（4.1）计算隐含层神经元个数，基于神经网络的收敛速度和误差的基础上，经过对 α 取值的反复测试，确定隐含层中神经元的个数。

$$d = \sqrt{t+n} + \alpha \qquad\qquad\qquad 式（4.1）$$

式（4.1）中，d：隐含层神经元个数；n：输入层神经元个数；t：输出层神经元个数；α：1 到 10 之间的常数。

本书 BP-DEMATEL 方法的计算步骤如下：

（1）在 BP 神经网络的学习训练之前，首先要设置学习率、迭代次数等相关参数并选择适合本书的激励函数。其次将样本数据和激励函数代入神经网络进行学习训练，样本中测试集占 1/5，训练集占 4/5，经由权值和阈值的不断更新修正后，最终使得神经网络趋于稳定状态，得到该神经网络结构中各层之间的权重矩阵分别为 $(W_{pl})_{n*d}$ 和 $(w_{lq})_{d*t}$。

（2）计算整体权值向量 ω。

$$\omega = (|W| \, |w|)_{n*t}^T = (\omega_1, \omega_2, \cdots, \omega_n) \qquad\qquad 式（4.2）$$

式（4.2）中，$|W|$ 指输入层与隐含层之间的权值矩阵 $(W_{pl})_{n*d}$ 中每个元素值的绝对值，$|w|$ 指隐含层与输出层之间的权值矩阵 $(w_{lq})_{d*t}$ 中每个元素值的绝对值。

（3）计算影响因素指标体系的直接影响矩阵 C。

$$C = (c_{ij})_{n*n} = \begin{pmatrix} c_{11} & \cdots & c_{1n} \\ \vdots & \ddots & \vdots \\ c_{n1} & \cdots & c_{nn} \end{pmatrix} \qquad\qquad 式（4.3）$$

式（4.3）中，$c_{ii} = 0$，影响因素 i 对影响因素 j 的影响度为 $c_{ij} = \dfrac{\omega_i}{\omega_j}$，若 $\omega_j = 0$，则 $c_{ij} = 0$。

（4）对直接影响矩阵 C 进行归一化处理，得到该研究的规范直接影响矩阵 B。

$$B = (b_{ij})_{n*n} = \frac{1}{\max \sum_{j=1}^{n} c_{ij}} \cdot C \qquad 式（4.4）$$

式（4.4）中，i 的取值范围为 $1 \leqslant i \leqslant n$。

（5）计算综合影响矩阵 Z。

$$Z = B + B^2 + \cdots + B^n = \sum_{n=1}^{n} B^n = B(1-B)^{-1} = (z_{ij})_{n*n} \qquad 式（4.5）$$

式（4.5）中，$(1-B)^{-1}$ 为单位矩阵与 B 差值的逆矩阵。

（6）根据综合影响矩阵计算各影响因素的影响度（D）、被影响度（R）、中心度（M）和原因度（O）。

$$D = (z_{i.})_{n*1} = \left(\sum_{j=1}^{n} z_{ij} \right)_{n*1} \qquad 式（4.6）$$

$$R = (z_{.j})_{1*n} = \left(\sum_{i=1}^{n} z_{ij} \right)_{1*n} \qquad 式（4.7）$$

$$M = D + R \qquad 式（4.8）$$

$$O = D - R \qquad 式（4.9）$$

（7）根据上个步骤的计算结果，绘制原因—结果图，结合各影响因素间的关系图对各影响因素进行分析。

四、影响因素的实证分析

（一）数据来源

考虑到国内区块链技术大多应用于跨境购物商品原产地追溯，并尽可能涵盖所有影响因素的研究需求，从国内具有影响力的大型跨境网络购物平台收集数据；选取了来自京东、天猫、苏宁易购、考拉海淘以及唯品会 5 个网络平台的相关数据用于实证分析。利用 Python 爬虫技术随机从各个网站爬取近 10000 个商品的相关数据作为样本数据。根据平台商品数量多少以及区块链技术的应用范围，从各个平台爬取不同的商品数量完成研究。

（1）平台内置的算法和数据库是平台服务运行的基石，本书利用平台特色服务和规则来衡量平台内置的算法和数据库质量的高低。平台特色服务和规则是指该平台区别于其他平台的服务和规则，例如，京东国际中京东物流和放心购服务，天猫国际中的过敏包退服务、退货运费险和极速退款服务等，苏宁国际中贵就赔服务和超时赔付服务。平台会根据服务与商品的不同选择不同的特色服务与规则，本书对 10000 个商品的特色服务信息进行爬取统计。根据对 5 个平台的调研发现，"正品保证"和"售后服务"是每个平台都提供的服务，所以在统计特色服务指标时，并未将这两项服务计算在内。

（2）区块链技术是否应用于平台是通过设置 0~1 变量来表现的，若区块链技术应用于该平台商品服务则统计数则为 1，反之统计数为 0。

（3）评价影响因素社交互动时，将平台内统计商品的评论数作为评价指标，利用爬虫技术对随机爬取商品的评论进行爬取，对评论数进行统计。

（4）平台的品牌信任通过爬取并统计评论中涉及平台品牌信任的评论数来实现的。有些消费者会基于对平台品牌的信任产生交易愿望，将爬取到的所有商品评论利用 Python 与平台品牌信任的评论爬取关键词、句（见表 4.2）进行匹配，并统计匹配成功的评论数，即为平台品牌信任的指标的量化标准。根据表4.2中内容进行评论匹配时，将表中"该平台"具体表达为评价平台的名称，例如，在天猫上进行评论匹配时，将表 4.2 中"该平台"表达为"天猫"进行匹配统计。

表 4.2　平台品牌信任的评论爬取关键词、句

平台品牌信任的评论爬取关键词、句
相信（一直相信）该平台
该平台值得信赖
该平台很（非常、一直、特别）可靠
该平台一如既往……
是该平台的死忠粉（忠实用户）
一直在该平台上……
信任该平台（对该平台信任）
该平台上（都）是正品（质量好）
一直在这里买
该平台的东西和实体店（专柜、免税店）一样
该平台的服务（体验感）……
在该平台……

资料来源：作者参考相关文献整理。

（5）平台声誉通过爬取用户评价的好评率进行度量，好评率作为消费者对平台服务的认可，可以作为平台声誉好坏的象征。

（二）实证分析过程

将爬取的各个影响因素的指标样本数据输入 BP-DEMATEL 模型，按照以下步骤进行实证分析。

（1）对收集到的数据进行整理形成 CSV 格式的表格，并进行归一化处理，

使得数据能够被 Python 识别，将收集到的数据少部分作为测试程序试运行的输入。首先，阅览 GitHub 中相关代码后，根据相关经验设置系数，选择 Tanh 函数作为激活函数，分别搭建 SGD、Momentum、AdaGrad、RMSprop 和 Adam 优化器算法的运行程序及框架。其次，根据上述 BP-DEMATEL 方法的计算步骤经过训练测试后得到隐含层的神经元数为 3，进而搭建如图 4.1 所示的神经网络。最后，对代码进行试运行测试，经过反复修改测试后，确定最终运行的代码。

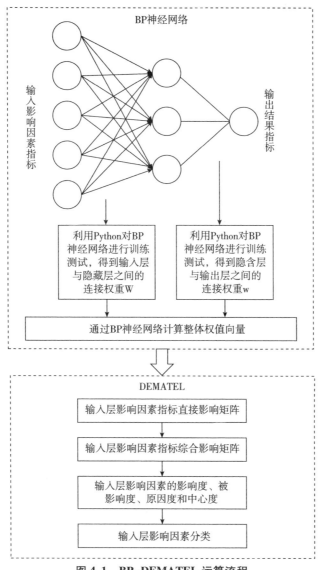

图 4.1　BP-DEMATEL 运算流程

资料来源：作者根据计算流程自行绘制。

（2）经过对 SGD、Momentum、AdaGrad、RMSprop 和 Adam 优化器算法效果的对比，最终发现 Adam 算法的效果最佳，误差最小。选用 Adam 作为优化器算法对该神经网络进行运行，参数设置为：学习率：0.01；迭代次数：5000；一阶矩估计的衰减率：0.9；二阶矩估计的衰减率：0.999；常数为默认值、测试集占样本量的 1/5，训练集占样本量的 4/5。经过不断迭代和修正参数后，神经网络达到了稳定状态，得到该神经网络中各层之间的连接权重分别为 $(W_{pl})_{n*d}$ 和 $(w_{lq})_{d*t}$。最后经过计算得到影响因素指标的直接影响矩阵、规范影响矩阵和综合影响矩阵，如式（4.10）、式（4.11）、式（4.12）所示。

$$\begin{pmatrix} 0 & 0.4586 & 0.2028 & 5.0409 & 1.8850 \\ 2.1841 & 0 & 0.4430 & 11.0098 & 4.1170 \\ 4.9307 & 2.2575 & 0 & 24.8551 & 9.2944 \\ 0.1984 & 0.0908 & 0.0402 & 0 & 0.3739 \\ 0.5305 & 0.2429. & 0.1076 & 2.6742 & 0 \end{pmatrix} \quad \text{式（4.10）}$$

$$\begin{pmatrix} 0 & 0.0105 & 0.0047 & 0.1157 & 0.0433 \\ 0.0501 & 0 & 0.0102 & 0.2526 & 0.0945 \\ 0.1131 & 0.0518 & 0 & 0.5703 & 0.2133 \\ 0.0046 & 0.0021 & 9.9370e-04 & 0 & 0.0086 \\ 0.0122 & 0.0056 & 0.0025 & 0.0614 & 0 \end{pmatrix} \quad \text{式（4.11）}$$

$$\begin{pmatrix} 0.0023 & 0.0113 & 0.0050 & 0.1245 & 0.0466 \\ 0.0539 & 0.0023 & 0.0109 & 0.2719 & 0.1017 \\ 0.1218 & 0.0558 & 0.0023 & 0.6139 & 0.2296 \\ 0.0049 & 0.0022 & 9.9370e-04 & 0.0023 & 0.0092 \\ 0.0131 & 0.0060 & 0.0027 & 0.0660 & 0.0023 \end{pmatrix} \quad \text{式（4.12）}$$

（3）根据直接影响矩阵得到各个影响因素之间的关系权重，绘制各影响因素间的关系权重图，如图 4.2 所示。

（4）计算影响度、被影响度、中心度和原因度，结果如表 4.3 所示。根据 DEMATEL 方法中原因度的计算，将基于消费者角度下的平台内部信任机制影响因素分为两类：原因型和结果型。原因度大于 0 的平台内部信任机制影响因素——"区块链技术的应用"和"社交互动"为原因型影响因素。原因度小于 0 的平台内部信任机制影响因素——"平台内置的算法和数据库"、"平台的品牌信任"和"平台声誉"为结果型影响因素。根据前人的研究成果和影响因素间的权重关系，原因型影响因素可以看作驱动型因素，结果型因素可以看作特征型因素。从表 4.3 可见，"社交互动"和"平台的品牌信任"这两个影响因素的中心度远远大于其他影响因素。根据前人的研究成果，将所有影响因素中心度的

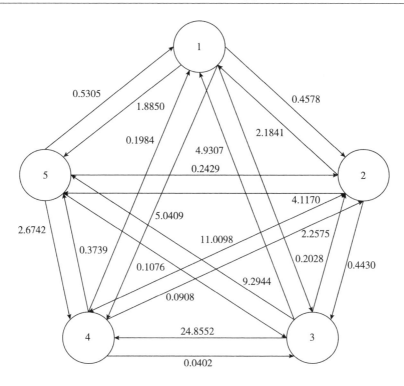

图 4.2 各影响因素间的关系权重

资料来源：作者利用 Matlab 软件分析整理绘制。

"均值和标准差之和"作为区分标准，将超过区分标准的原因型因素称为强驱动型影响因素，未超过区分标准的原因型因素称为驱动型影响因素；超过区分标准的结果型因素称为强特征型影响因素，未超过区分标准的结果型影响因素称为特征型影响因素。经计算所有影响因素中心度的均值和标准差之和为 1.0080，加入区分标准界限后，原因—结果如图 4.3 所示。

表 4.3 各影响因素的中心度和原因度

序号	名称	中心度	原因度
1	平台内置的算法和数据库	0.3857	−0.0063
2	区块链技术的应用	0.5183	0.3632
3	社交互动	1.0451	1.0014
4	平台的品牌信任	1.0983	−1.0590
5	平台声誉	0.4794	−0.0300

资料来源：作者利用 Matlab 软件分析整理。

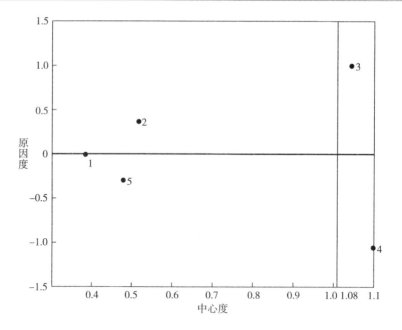

图 4.3 影响因素的原因—结果

资料来源：作者利用 Matlab 软件分析整理绘制。

（三）实证结果分析

基于消费者角度下平台内部信任机制影响因素间的相互作用系数如图 4.2 所示。影响因素的分类结果如图 4.3 所示，将影响因素根据原因度和中心度分为强驱动、驱动、强特征和特征型影响因素。结合图 4.2、图 4.3 得到以下结论：强驱动型影响因素对其他因素的影响系数较大，反之，其他因素对其影响程度较小；强特征型影响因素受其他因素的影响系数较大，反之，对其他因素的影响较小；驱动型影响因素对其他因素的影响程度低于强驱动型影响因素，特征型影响因素受其他因素的影响程度低于强特征型影响因素。

（1）强驱动型影响因素分析。由图 4.3 可以得到强驱动型影响因素为"社交互动"。该因素对其他因素产生较强的影响作用，结合图 4.2 可知，社交互动对其他影响因素的影响权重均大于 2，对"平台的品牌信任"产生的影响最大，对"平台声誉""平台内置的算法和数据库"的影响程度次之。分析表明：社交互动的功能和规则设置越合理，即有效的社交互动越多，消费者的认知度越高，其参与平台价值共创的意愿越高。尤其是目前平台之间形成联动，使得社交互动向跨平台的趋势发展。一方面，参与方之间的在线互动会影响品牌信任，积极的在线互动（例如：积极的在线评论）会正向促进平台的品牌信任和声誉，消极的在线互动会反向影响平台的品牌信任和声誉，因此社交互动可以影响平台的品牌信任和声誉；另一方面，社交互动会更多地暴露消费者的隐性信息，帮助平台补充用户数据库，例如，一些知识类平台会分析用户在平台中与他人的知识分享和交流，进而对用户进行画像，以便提高平台问题推送的匹配度。

（2）驱动型影响因素分析。由图4.3可以得到驱动型影响因素为"区块链技术的应用"，结合图4.2可知区块链对"平台的品牌信任"影响最大，对"平台声誉"和"平台内置算法和数据库"的影响程度次之。分析表明：平台将区块链技术应用于自己的服务中会增加消费者对平台的信任，提高消费者的体验感，形成平台的品牌信任感；信任度增加必将带来平台消费者积极的互动与评价，最终必将提升平台声誉度。将区块链技术应用于平台，完善了平台内置的算法和数据库。总之，平台企业将区块链技术应用于该平台商业生态系统中，为构建该平台信任环境增加了技术保障。

（3）强特征型影响因素分析。由图4.3可以得到强特征型影响因素为"平台的品牌信任"，结合图4.2可知"区块链技术的应用"和"社交互动"对"平台的品牌信任"影响最大。平台的品牌信任度高代表平台企业的可靠性高，是平台企业拥有品牌忠诚度的前提，是平台企业在行业中拥有竞争力的体现。分析可见：从外在表现看，基于其他消费者对平台的评价和描述，参与社交互动活动的消费者会产生共鸣或新的认知，进而产生对平台的信任感。从内部机理看，区块链技术应用于平台，提供产品原产地追溯等服务，从技术层面增加了消费者对平台的品牌信任，进而影响了消费者参与平台价值共创的意愿。

（4）特征型影响因素分析。由图4.3可以得到特征型影响因素为"平台声誉"和"平台内置的算法和数据库"。由图4.2可知"平台声誉"受"社交互动"影响较大，消费者一旦在社交互动中获取到平台声誉受损的线索，就会对平台的服务产生质疑，反之，就会产生好感。因此，消费者一旦在公开评论中表达出对平台声誉有损的信息线索，就会对平台声誉产生极大的影响。图4.3中"平台内置的算法和数据库"的原因度为-0.0063，接近于0，说明"平台内置的算法和数据库"受其他因素影响不大。虽然"平台内置算法和数据库"是平台企业运行的技术支撑，是平台内部信任机制中不可或缺的一部分；但对于消费者而言对"平台内置算法和数据库"不容易感知，反而"社交互动"、"追踪溯源服务及数据安全保护"、"平台的品牌信任"和"平台声誉"更容易被消费者感知，是影响消费者信任平台并积极参与平台价值共创的重要影响因素。

五、小结

经过分析整理，本节将基于消费者角度下的平台内部信任机制影响因素分为强驱动型因素、驱动型因素、强特征型因素和特征型因素。强驱动型影响因素为

"社交互动"，驱动型影响因素为"区块链技术的应用"，强特征型影响因素为"平台的品牌信任"，特征型影响因素为"平台声誉"和"平台内置的算法和数据库"。另外，"平台内置的算法和数据库"的原因度接近0，是所有影响因素中最不重要的。

综上，从消费者角度出发，一方面，本节验证了各影响因素的效应；另一方面，本节得到重要的平台内部信任机制影响因素包括区块链技术的应用、社交互动、平台的品牌信任和平台声誉。这为下一节基于消费者视角的平台内部信任机制路径的研究奠定了基础。

第三节　基于消费者视角的平台内部
信任机制路径分析

基于前文对消费者角度下平台内部信任机制影响因素的实证分析，验证了各影响因素的效应，得出各影响因素之间的关系，并得到重要的机制影响因素。基于此，首先，本节根据重要影响因素构建该机制的研究框架与路径假设；其次，运用结构方程模型对收集到的样本数据进行分析，根据分析结果判断研究框架和路径假设成立与否；最后，探究基于消费者角度下的平台内部信任机制路径。

一、模型与假设

（1）区块链技术的应用、感知不确定性和消费者对平台的信任。区块链技术因为具有储存信息的安全、透明、无法被随意篡改而被应用于为平台提供身份认证、追溯服务、信息记录和用户档案等服务，为消费者交易安全和信息安全提供技术支持，降低消费者对平台的感知不确定性，增加消费者对平台的信任感，使消费者参加平台价值共创的意愿更强烈[28]。基于此提出如下假设：

H_{1a}：区块链技术的应用会对消费者对平台的信任有显著正向影响。

H_{1b}：区块链技术的应用对感知不确定性降低有显著的正向影响。

（2）社交互动、感知不确定性和消费者对平台的信任。随着电子商务平台的社会化，社交互动功能的设置越来越重要，并逐渐呈现出跨平台发展社交互动态势，例如，电子商务平台利用小红书、抖音、知乎等分享类平台进行宣传，邀请网红通过发布文章、小视频或直播的方式在这些平台上分享消费者使用感受和评价，并与潜在消费者进行社交互动。社交互动需要随时根据相关策略进行相关功能的修改，以便消费者拥有互信的良好的双向交流平台，降低平台供需双方用户之间的信息不对称性，提高消费者的购买欲望[29]。黄思皓等（2020）指出平台的社交互动越高效，越容易获得消费者的好感，越容易使消费者对平台产生信任，进而促进消费者参与平台的价值共创[30]。基于此提出如下假设：

H_{2a}：社交互动会对消费者对平台的信任有显著正向影响。

H_{2b}：社交互动对感知不确定性降低有显著的正向影响。

（3）平台的品牌信任、感知不确定性和消费者对平台的信任。平台经营好品牌形象，提升大众对品牌的信任度，会提高消费者对平台的忠诚度，进而促进平台的发展。陈文军等（2020）基于虚拟品牌社区提出，在互联网时代品牌信任度的提升有助于品牌价值的提升，有助于消费者参与度提高[31]，进而产生信任感愿意参与平台价值共创。还有研究表明平台的品牌信任可以建立消费者对平台的初步信任，可以降低消费者对平台的感知不确定性[32,33]。基于此提出如下假设：

H_{3a}：平台的品牌信任会对消费者对平台的信任有显著正向影响。

H_{3b}：平台的品牌信任对感知不确定性降低有显著的正向影响。

（4）平台声誉、感知不确定性和消费者对平台的信任。学者认为构建平台声誉机制是很必要的，平台拥有好的口碑和声誉，消费者对其拥有较高的评价会降低消费者对其感知不确定性，促进消费者产生信任并参与平台的价值共创[34,35]。构建平台声誉机制，减少负面新闻对平台声誉的损害；有利于平台持续良性发展，提高消费者持续使用意愿。基于此提出如下假设：

H_{4a}：平台声誉会对消费者对平台的信任有显著正向影响。

H_{4b}：平台声誉对感知不确定性降低有显著的正向影响。

（5）感知不确定性和消费者对平台的信任。孙瑾等（2020）指出，在线评论可信度的提高有助于规避消费者对平台的不确定性，进而有助于消费者对平台产生信任[36]。崔占峰等（2021）认为规范有机农业追溯体系可以降低供需方用户间信息的不对称性，进而使得消费者的感知不确定性降低，对平台产生信任[37]。结合已有研究成果，本书认为感知不确定性在平台的"区块链技术的应用、社交互动、平台的品牌信任和平台声誉"四个影响因素与"消费者对平台的信任"之间会起到积极的中介作用。基于此提出如下假设：

H_{5a}：感知不确定性在区块链技术的应用和消费者对平台的信任之间起到中介作用。

H_{5b}：感知不确定性在社交互动和消费者对平台信任之间起到中介作用。

H_{5c}：感知不确定性在平台的品牌信任和消费者对平台信任之间起到中介作用。

H_{5d}：感知不确定性在平台声誉和消费者对平台信任之间起到中介作用。

（6）消费者对平台的信任和消费者参与平台价值共创的意愿。在平台价值共创机制中，消费者是主要参与方之一；消费者参与平台价值共创的意愿主要体现为：消费者有持续使用该平台的意愿，愿意向别人推荐该平台，愿意为平台的持续发展贡献自己的知识和技能（愿意为平台提出意见）。Shen H 等（2020）认为有效的在线互动正向影响消费者参与平台价值共创，而且这种作用是基于消费者产生良好的在线信任心理逻辑[38]。胡俊等（2021）发现共享服务平台通过提供高质量服务提升消费者感知度和信任度，进而提高消费者参与平台价值共创的意愿[39]。Shulga L V 等（2021）同样肯定了信任对价值共创的作用[40]。基于此提出如下假设：

H_6：消费者对平台的信任会对消费者参与平台价值共创的意愿有显著的正向影响。

综上所述，本节依照假设提出如图 4.4 所示的研究框架。在研究框架中用"+"表示它们之间的关系。

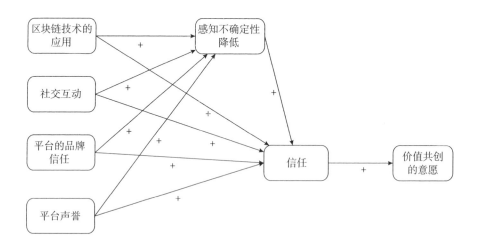

图 4.4　研究框架

资料来源：作者参考相关文献绘制。

二、问卷设计与发放

本节使用问卷调查法收集数据，并根据权威学者发表论文中的成熟量表来编写本书的量表。首先，发放 100 份问卷进行预调查以检验问卷设计的质量，通过甄别题和测试题剔除后，得到有效问卷 82 份。预调查发现"平台的品牌信任"和"价值共创的意愿"两个测量维度的信效度检验结果不佳，根据参考文献和实际情况增设题项完善量表，继续进行小范围的预调查以检验量表的质量，直至量表通过检验。其次，利用 Credamo 软件进行问卷的发放，因为研究的问题是消费者参与平台价值共创意愿的研究，所以对问卷调查对象的限制较少。将问卷发布于平台上，设置填写规则如下：一个 IP 只能填写一份；填写者在数据集中的采纳率要求在 85% 以上。最终，回收问卷 621 份，其中无效问卷为 20 份，有效问卷为 601 份。

三、数据分析

（一）信度、效度分析

根据调查结果进行信度与效度分析，以检查问卷调查结果是否可以进行研究。

（1）信度分析。用 SPSS25 进行统计分析，该问卷整体的 Cronbach's Alpha 系数为 0.940，各变量的 Cronbach's Alpha 系数范围为：0.824～0.918，均大于 0.8，证明该问卷的信度很好，数据的稳定性和集中程度较高。而且，各题项的题项校正的项总计相关性（CITC）均大于 0.5，题项不予以剔除。

（2）效度分析。首先，进行 KMO 与巴特利特球形检验，检验该问卷调查结果是否适合做因子分析。根据 SPSS25 计算结果得知：检验值为 0.914，大于 0.8，适合做因子分析。其次，进行探索性因子分析。根据分析结果，从量表题项中提取出 7 个影响因子，符合问卷的设计；旋转后的因子载荷系数均大于 0.6，符合标准；特征值分别为 4.962、4.251、3.920、3.629、3.372、3.139 和 2.978，收敛后累计方差解释率为 87.775%，符合解释率大于 60% 标准。最后，进行验证性因子分析，分别进行收敛效度与区分效度分析。收敛效度分析结果：各变量的组合信度（CR）取值范围为 0.845～0.918，各变量平均方差提取值（AVE）的取值范围为 0.562～0.691，证明该问卷具有良好的收敛效度。区分效度分析结果：各变量 AVE 平方根的取值范围为 0.750～0.831，各变量之间相关系数的取值范围为 0.111～0.678，满足 AVE 平方根大于相关系数的要求，即证明该问卷具有良好的区分效度。综上，该问卷具有良好的效度。

（二）描述性统计分析

利用 Credamo 软件对发放后回收的问卷结果进行统计分析，针对性别、年龄、学历、收入等特征进行分析统计。通过描述性统计结果（见表 4.4）可知，被调查者性别比例合理，年龄、学历分布符合平台消费者的一般规律。通过年龄、职业、收入、平台使用等数据分析可见：有一定经济能力和教育背景的中青年在平台消费者中占比较大，而且网络购物类平台、外卖、约车类平台和知识问答、分享类平台在平台经济中市场份额较大。

表 4.4　描述性统计结果

题项	类别	频次	百分数（%）
性别	男	297	49.42
	女	304	50.58
年龄	0~20 岁	15	2.57
	21~30 岁	402	66.88
	31~40 岁	146	24.29
	41~50 岁	27	4.5
	51~60 岁	11	1.76
	60 岁以上	0	0
学历	小学及以下	0	0
	初中	13	2.19
	普高/中专/技校/职高	23	3.86
	专科	79	13.18
	本科	356	59.16
	硕士及以上	130	21.61
职业	学生	157	26.05
	国有企业	89	14.79
	事业单位	77	12.78
	公务员	20	3.25
	民营企业	206	34.41
	外资企业	52	8.72
收入	1500 元以下	100	16.72
	1501~3000 元	72	11.93
	3001~6000 元	141	23.47
	6001~10000 元	214	35.63
	10001 元以上	74	12.25
使用平台频次（每周）	少于 2 次	41	6.79
	2~4 次	137	22.86
	4~6 次	172	28.62
	多于 6 次	251	41.73
使用平台类型	网络购物类平台	572	95.2
	知识问答、分享类平台	371	61.7
	外卖、约车类平台	483	80.4
	共享经济类平台	232	38.6
	旅游、住宿类平台	265	44.1
	教育、文学类平台	159	26.4
	其他	46	7.7

资料来源：作者根据问卷调查结果整理。

四、结构方程分析

（一）构建结构方程模型

以图 4.4 所示的研究框架和路径假设为基础，根据问卷调查中的 7 个潜变量和 34 个观测变量，利用 Amos26 软件绘制结构方程模型，如图 4.5 所示。根据结构方程绘制规则，外因潜变量：感知不确定、信任和价值共创的意愿设置残差项；内因潜变量：区块链技术的应用、社交互动、平台的品牌信任和平台声誉之间绘制相关线用双箭头表示。结构方程模型构建完成后，将样本数据导入结构方程，采用 Bootstrapping 重复抽样 5000 次进行后续分析。

（二）模型的检验和修正

（1）修正前拟合度检验。拟合度检验通过卡方自由度比值（χ^2/df）、拟合度指数（GFI）、测试值规范拟合指数（NFI）、比较拟合指数（CFI）、调整后简约规准拟合指数（PNFI）等指标进行检验，具体检验结果与检验标准如表 4.5 所示。

表 4.5　拟合度指标

适配类型	检验指标	标准	本模型值	结果
绝对拟合	卡方自由度比值（χ^2/df）	<3	1.117	接受
	拟合度指数（GFI）	>0.9	0.908	接受
	残差平方和的平方根（RMR）	<0.05	0.028	接受
	渐进残差平方和的平方根（RMSEA）	<0.05	0.029	接受
增值拟合	测试值规范拟合指数（NFI）	>0.9	0.899	不接受
	增值拟合指数（IFI）	>0.9	0.988	接受
	比较拟合指数（CFI）	>0.95	0.988	接受
简约拟合	简约拟合指数（PGFI）	>0.5	0.748	接受
	调整后简约规准拟合指数（PNFI）	>0.5	0.785	接受

资料来源：作者通过 Amos26 软件绘制。

（2）模型的修正。表 4.5 的结果显示，该模型的测试值规范拟合指数（NFI）值为 0.899，接近 0.9 但小于 0.9，为了更加准确地进行后续研究，将相关性较大的协方差项进行相关分析，以提高结构方程模型的质量。在协方差项 20 与 23、28 与 29、29 与 30 之间建立相关关系，修正后拟合度检验结果如图 4.6 所示。导入问卷调查样本数据后，拟合度检验结果如表 4.6 所示，证明修正后的结构方程模型拟合度理想。

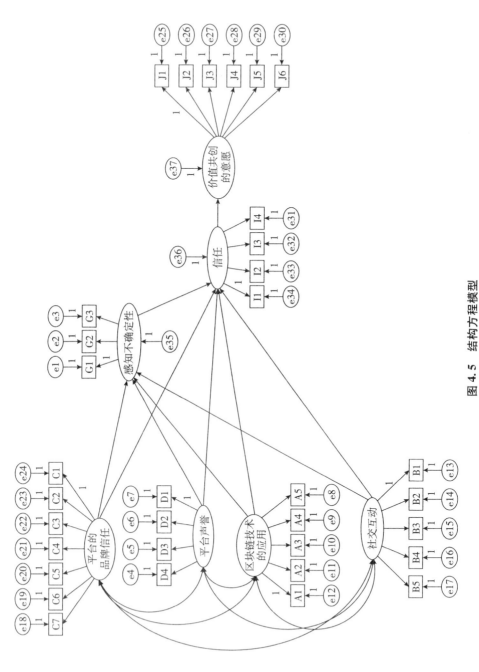

图 4.5　结构方程模型

资料来源：作者通过 Amos26 软件绘制。

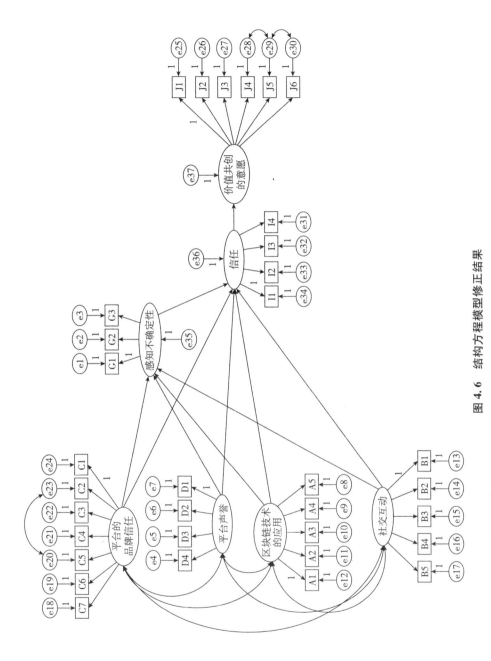

图 4.6　结构方程模型修正结果

资料来源：作者通过 Amos26 软件绘制。

表 4.6　修正后拟合度检验结果

适配类型	检验指标	标准	本模型值	结果
绝对拟合	卡方自由度比值（x^2/df）	<3	1.086	接受
	拟合度指数（GFI）	>0.9	0.911	接受
	残差平方和的平方根（RMR）	<0.05	0.027	接受
	渐进残差平方和的平方根（RMSEA）	<0.05	0.017	接受
增值拟合	测试值规范拟合指数（NFI）	>0.9	0.902	接受
	增值拟合指数（IFI）	>0.9	0.991	接受
	比较拟合指数（CFI）	>0.95	0.991	接受
简约拟合	简约拟合指数（PGFI）	>0.5	0.745	接受
	调整后简约规准拟合指数（PNFI）	>0.5	0.783	接受

资料来源：作者通过 Amos26 软件绘制。

（3）标准路径系数显著性检验。结构方程中路径系数越大，表示变量之间的因果关系越强。根据表 4.7 可知，该结构模型的每个标准化的路径系数均是显著的，决断值（C.R）均大于 1.96，p 值介于 0.01~0.001，显著性较理想。

表 4.7　标准路径系数

	Estimate	S. E.	C. R.	p
感知不确定性←区块链技术的应用	0.212	0.073	4.891	***
感知不确定性←社交互动	0.324	0.069	6.334	***
感知不确定性←平台的品牌信任	0.529	0.057	8.965	***
感知不确定性←平台声誉	0.171	0.076	3.545	**
信任←区块链技术的应用	0.246	0.072	5.249	***
信任←社交互动	0.192	0.074	4.327	**
信任←平台的品牌信任	0.366	0.064	7.143	***
信任←平台声誉	0.148	0.079	3.735	**
信任←感知不确定性	0.473	0.061	7.703	***
价值共创的意愿←信任	0.721	0.036	23.272	***
A1←区块链技术的应用	0.855	—	—	—
A2←区块链技术的应用	0.808	0.035	27.994	***
A3←区块链技术的应用	0.825	0.031	36.359	***
A4←区块链技术的应用	0.843	0.029	37.235	***
A5←区块链技术的应用	0.824	0.033	32.749	***

续表

	Estimate	S. E.	C. R.	p
B1←社交互动	0.777	—	—	—
B2←社交互动	0.813	0.051	12.114	***
B3←社交互动	0.856	0.056	9.944	***
B4←社交互动	0.855	0.056	9.854	***
B5←社交互动	0.804	0.052	10.537	***
C1←平台的品牌信任	0.775	—	—	—
C2←平台的品牌信任	0.803	0.035	26.414	***
C3←平台的品牌信任	0.764	0.039	19.197	***
C4←平台的品牌信任	0.778	0.037	21.879	***
C5←平台的品牌信任	0.710	0.045	16.016	***
C6←平台的品牌信任	0.750	0.041	18.202	***
C7←平台的品牌信任	0.724	0.043	17.026	***
D1←平台声誉	0.665	—	—	—
D2←平台声誉	0.812	0.034	29.435	***
D3←平台声誉	0.824	0.032	33.679	***
D4←平台声誉	0.766	0.039	19.548	***
G1←感知不确定性	0.860	—	—	—
G2←感知不确定性	0.775	0.038	20.372	***
G3←感知不确定性	0.772	0.038	20.081	***
I1←信任	0.918	—	—	—
I2←信任	0.654	0.050	14.783	***
I3←信任	0.623	0.051	13.061	***
I4←信任	0.909	0.019	46.352	***
J1←价值共创的意愿	0.772	—	—	—
J2←价值共创的意愿	0.685	0.047	15.964	***
J3←价值共创的意愿	0.677	0.048	15.205	***
J4←价值共创的意愿	0.878	0.023	42.219	***
J5←价值共创的意愿	0.717	0.045	16.717	***
J6←价值共创的意愿	0.750	0.041	18.264	***

注：** 表示 p<0.01；*** 表示 p<0.001。

资料来源：作者通过 Amos26 软件绘制。

（三）研究假设检验

（1）直接效应检验。直接效应假设检验结果如表4.8所示。通过表4.8中各假设的标准路径系数与p值可以看出，在p<0.001的显著水平下假设 H_{1a}、H_{1b}、H_{2b}、H_{3a}、H_{3b} 和 H_6 得到了实证数据的检验，在p<0.01的显著水平下假设 H_{2a}、H_{4a}、H_{4b} 得到了实证数据的检验。

表4.8　直接效应假设检验结果

假设陈述	路径系数	p 值	检验结果
H_{1a}：区块链技术的应用会对消费者对平台的信任有显著正向影响	0.246	＊＊＊	支持
H_{1b}：区块链技术的应用对感知不确定性降低有显著的正向影响	0.212	＊＊＊	支持
H_{2a}：社交互动会对消费者对平台的信任有显著正向影响	0.192	＊＊	支持
H_{2b}：社交互动对感知不确定性降低有显著的正向影响	0.324	＊＊＊	支持
H_{3a}：平台的品牌信任会对消费者对平台的信任有显著正向影响	0.366	＊＊＊	支持
H_{3b}：平台的品牌信任对感知不确定性降低有显著的正向影响	0.529	＊＊＊	支持
H_{4a}：平台声誉会对消费者对平台的信任有显著正向影响	0.148	＊＊	支持
H_{4b}：平台声誉对感知不确定性降低有显著的正向影响	0.171	＊＊	支持
H_6：消费者对平台的信任会对消费者参与平台价值共创的意愿有显著的正向影响	0.721	＊＊＊	支持

注：＊＊表示p<0.01；＊＊＊表示p<0.001。

资料来源：作者通过Amos26软件绘制。

（2）中介效应检验。采用重复抽样的方式进行统计分析使结果更加稳定，通过增加样本数据的方式使统计数据的可分析性更强，同时可以进行多个中介效应的检验和整体中介效应的检验，在检验结果中若间接效应系数在95%置信区间内不含零，则可以认为中介效应的点估计是显著的，即中介效应通过了检验。中介效应假设检验结果如表4.9所示。在95%的置信水平下，感知不确定性在区块链技术的应用与消费者对平台的信任、社交互动与消费者对平台的信任、平台的品牌信任与消费者对平台的信任、平台声誉与消费者对平台的信任之间中介效应检验的置信区间分别为［0.052-0.153］、［0.064-0.235］、［0.180-0.322］和［0.048-0.114］，且间接效应显著分别为0.100、0.153、0.250和0.081。证明感知不确定性在区块链技术的应用与消费者对平台的信任、社交互动与消费者对平台的信任、平台的品牌信任与消费者对平台的信任、平台声誉与消费者对平台的信任之间的中介作用通过了检验，即假设 H_{5a}、H_{5b}、H_{5c} 和 H_{5d} 成立。

表 4.9　中介效应假设检验结果

假设	中介路径	间接效应系数	95%置信区间		中介效果
			下界	上界	
H_{5a}	区块链技术的应用—感知不确定性—信任	0.100***	0.052	0.153	支持
H_{5b}	社交互动—感知不确定性—信任	0.153***	0.064	0.235	支持
H_{5c}	平台的品牌信任—感知不确定性—信任	0.250***	0.180	0.322	支持
H_{5d}	平台声誉—感知不确定性—信任	0.081**	0.048	0.114	支持

注：＊＊表示 $p<0.01$；＊＊＊表示 $p<0.001$。

资料来源：作者通过 Amos26 软件绘制。

五、路径分析结果

根据结构方程分析结果得到基于消费者角度的平台内部信任机制理论模型，如图 4.7 所示。

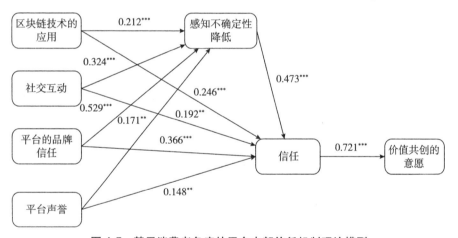

图 4.7　基于消费者角度的平台内部信任机制理论模型

资料来源：作者根据分析结论整理绘制。

（一）四因素对感知不确定性降低的影响及强度分析

区块链技术的应用、社交互动、平台的品牌信任和平台声誉四个影响因素均直接影响消费者对平台感知不确定性的降低。其中，平台的品牌信任、社交互动、区块链技术的应用三个因素对感知不确定性降低的影响是极其显著的（＊＊＊表示 $p<0.001$），平台声誉对感知不确定性降低的影响是显著的（＊＊表示 $p<0.01$）。

第一，平台的品牌信任影响强度最大（0.529＊＊＊）。说明如果平台企业良好的品牌背书效应，可以降低消费者在平台使用中对未来可能遭遇的不确定性所带来损失的感知风险。第二，社交互动对感知不确定性降低的影响强度次之（0.324***）。说明消费者依赖于与其他人在社交互动中了解、探讨，借鉴他人经验判断，以便降低感知不确定性可能带来的风险。第三，区块链技术应用的影响强度列第三位（0.212***）。分析原因，目前国内各平台尚未全面使用这一技术，消费者无法通过这一技术辅助判断分析不确定性，因此消费者做判断时更依赖于对平台的品牌信任和社交互动两个因素。第四，平台声誉的影响强度最小且显著性一般（0.171**）。平台声誉是平台在大众心中的口碑，一方面企业通过宣传与社会责任承担经营平台声誉，另一方面突发事件又会在短时间内影响平台声誉。在当今的大数据时代，消费者更加理性、批判地分析平台声誉信息的真伪，因此其对消费者感知不确定性降低的影响最弱。

（二）四因素对平台信任的直接影响及强度分析

区块链技术的应用、社交互动、平台的品牌信任和平台声誉四个影响因素均直接影响消费者对平台的信任。其中，平台的品牌信任、区块链技术的应用两个因素对平台信任的影响是极其显著的（***表示 $p<0.001$），社交互动、平台声誉两个因素对平台信任的影响是显著的（**表示 $p<0.01$）。

平台的品牌信任影响强度最大（0.366***）。可见，第一，对某平台品牌的信任，不仅可以降低消费者在平台使用中的感知不确定性；还可以提升消费者对平台的信任。第二，区块链技术的影响强度次之（0.246***）。区块链技术所提供的产品可追溯、信息透明性、多方维护、交叉验证等技术特性可以缩短消费者之间的信任距离，增强消费者对平台的信任度。第三，社交互动对平台信任的影响强度与显著性明显降低（0.192**）。社交互动中平台所有用户间的身份、信息真伪难辨，因此虽然对平台信任有正向影响，但影响强度受其社交互动有效性的限制。第四，平台声誉的影响强度与显著性最小（0.148**）。其原因与对消费者感知不确定性降低的原因分析一致。

（三）四因素通过感知不确定性降低（中介变量）对平台信任产生间接影响分析

将感知不确定性降低对平台信任产生的影响系数为 0.473***。结合表4.7，得到以下结论：第一，在四个因素通过感知不确定性降低（中介变量）对平台信任起作用的过程中，平台的品牌信任（0.250***）、社交互动（0.153***）、区块链技术的应用（0.100***）都产生了极其显著的影响；只有平台声誉（0.081**）仅仅产生了显著的影响。第二，通过表4.6和表4.7分析可见，四因素对平台信任的直接效应与间接效应均是显著的，由此判断：感知不确定性降低的中介作用是部分中介的，即区块链技术的应用、社交互动、平台的品牌信任和平台声誉对平台信任的影响，一部分是直接作用于消费者对平台信任的，另一部分是通过感知不确定性降低间接影响消费者对平台信任的。

（四）平台的信任对消费者参与价值共创意愿的影响强度分析

分析结果可见：消费者对平台的信任积极影响着消费者参与平台价值共创的意愿，影响系数高达 0.721***，且影响强度是极其显著的。说明消费者对平台信任度的提升会大幅增强消费者参与平台价值共创的意愿。

六、管理启示

（一）采取多种方式提高社交互动的有效性

首先，平台企业在构建平台内部信任机制时要注重社交互动的功能设置，设置更加公开、全面的社交互动，通过不断推出消费者喜爱的社交方式，鼓励消费者主动参与平台社交互动进行有效的信息交流。其次，平台通过设置相关的奖惩制度，鼓励消费者参加社交互动，使得消费者在使用平台时获取更多的信任线索和匹配信息，并提高消费者使用平台时的信息匹配度和用社交互动的效率。最后，平台企业要保证消费者参与社交互动时的信息和财产安全性，通过设置防火墙、规则等举措来建立安全的社交互动环境，尤其是要严防消费者隐私数据的泄露。

（二）深入挖掘区块链技术在平台经济中的应用

首先，平台企业要积极与生产商、物流公司、经销公司等建立区块链联盟，加深平台经济各参与方区块链技术合作，进而根据消费者需求设置平台的服务功能。区块链技术应用于平台后，提升了平台产品和服务品质溯源质量，尤其对于跨境商品和食品来说，该项服务是质量的保障。其次，将区块链技术创新地应用于平台的交易和服务，有效降低平台的相关成本，提高平台构建内部信任机制的效率。最后，平台企业应该挖掘区块链技术与平台经济中各种经济行为的关系，根据不同类型平台的不同需求设计算法，进行技术创新，降低消费者参与经济行为过程中的感知不确定性。

（三）树立良好平台形象以提升品牌背书效应

平台企业应该通过规范平台运营与承担社会责任，树立积极的品牌形象；并以消费者需求为先，履行服务承诺，优化全程服务，改进消费者在平台的体验感，创新性地为消费者提供差异化、精细化服务，提升平台的服务品牌形象，通过强大的平台品牌背书效应提升消费者对平台的信任感，进而增强消费者对平台的价值共创意愿。

（四）建立完善平台的声誉管理机制

首先，平台企业应该建立监督机构规范平台行为，保证平台不存在违反国家相关规定的行为。其次，应该建立公平公正的评级机制，即保证平台的评价是真实客观的，不存在捏造虚假信息。最后，平台企业要通过有效的平台管理尽量避免出现有损平台声誉的事件，并提升危机处理能力。

参考文献

［1］ Maik Hesse，Fabian Braesemann，David Dann，et al. Understanding the Platform Economy：Signals，Trust，and Social Interaction ［C］. Proceedings of the 53rd Hawaii International Conference on System Sciences，2020.

［2］ Hesse M，Teubner T . Reputation Portability－Quo Vadis? ［J］. Electronic Markets，2020，30（2）：331－349.

［3］ Geng S，Yang P，Gao Y，et al. The Effects of Ad Social and Personal Relevance on Consumer Ad Engagement on Social Media：The Moderating Role of Platform Trust ［J］. Computers in Human Behavior，2021（122）：106－118.

［4］ Akhmedova A，Vila－Brunet N，Mas－Machuca M. Building Trust in Sharing Economy Platforms：Trust Antecedents and Their Configurations ［J］. Internet Research，2021，32（4）：1463－1490.

［5］ Saxena D，Muzellec L，Trabucchi D. BlaBlaCar：Value Creation on a Digital Platform ［J］. Journal of Information Technology Teaching Cases，2020，10（2）：119－126.

［6］ Ert E，Fleischer A. The Evolution of Trust in Airbnb：A Case of Home Rental ［J］. Annals of Tourism Research，2019（75）：279－287.

［7］ C. Kobis N，Soraperra I，Shalvi S. The Consequences of Participating in the Sharing Economy：A Transparency－Based Sharing Framework ［J］. Journal of Management，2021，47（1）：317－343.

［8］ Wang M，Wang W，Chen W，et al. EEUPL：Towards Effective and Efficient User Profile Linkage Across Multiple Social Platforms ［J］. World Wide Web，2021，24（5）：1731－1748.

［9］ Hesse M. Essays on Trust and Reputation Portability ［J］. Digital Platform Ecosystems，2021，26（6）：11－19.

［10］ He M，Qin J，Wen M，et al. Sustaining Consumer Trust and Continuance Intention By Institutional Mechanisms：An Empirical Survey of Didi in China ［J］. IEEE Access，2021（9）：158185－158203.

［11］ Shin D D H. Blockchain：The Emerging Technology of Digital Trust ［J］. Telematics and Informatics，2019（45）：101－112.

［12］ 石岿然，赵银龙，宋穗 . 共享平台服务需求者信任演化的影响因素

[J]. 中国流通经济, 2020, 34 (7): 68-78.

[13] 吕秀琴, 曹建海. 社交商务背景下消费者信任演变的影响因素分析 [J]. 商业经济研究, 2021 (16): 69-72.

[14] 闫强, 胡承蓉, 张乐. 共享经济中消费者信任影响因素实证研究 [J]. 科研管理, 2020, 41 (10): 202-209.

[15] 孙玉玲, 方向, 李岸峰. 共享住宿平台消费者信任的形成机制——基于扎根理论的案例探究 [J]. 管理案例研究与评论, 2022, 15 (1): 1-9.

[16] 徐峰, 张新, 梁乙凯, 等. 信任构建机制对共享民宿预订量的影响——基于 Airbnb 的实证研究 [J]. 旅游学刊, 2021, 36 (12): 127-139.

[17] 闫慧丽, 彭正银. 嵌入视角下社交电商平台信任机制研究——基于扎根理论的探索 [J]. 科学决策, 2019 (3): 47-72.

[18] 陈万明, 田垭楠. 共享经济双边市场的信任机制博弈分析 [J]. 工业技术经济, 2019, 38 (3): 155-160.

[19] 汪旭晖, 郭一凡. 平台型电商声誉对平台卖家绩效的影响研究——基于顾客关系质量的研究视角 [J]. 西南民族大学学报 (人文社科版), 2018, 39 (11): 124-131.

[20] 曾诗钦, 霍如, 黄韬, 等. 区块链技术研究综述: 原理、进展与应用 [J]. 通信学报, 2020, 41 (1): 134-151.

[21] 韩璇, 袁勇, 王飞跃. 区块链安全问题: 研究现状与展望 [J]. 自动化学报, 2019, 45 (1): 206-225.

[22] 程远乐胡海. 移动社交互动对购买意愿的影响——自我品牌联系的中介作用 [J]. 商业经济研究, 2020 (11): 72-76.

[23] 匡红云, 江若尘. 旅游体验价值共创研究最新进展及管理启示 [J]. 管理现代化, 2019, 39 (1): 74-77.

[24] 胡志刚, 张露露. 电商平台品牌形象、产品涉入度与顾客忠诚度 [J]. 商业经济研究, 2021, 4 (10): 87-90.

[25] Christin Seifert, Wi Suk Kwon. SNS eWOM Sentiment: Impacts on Brand Value Co-Creation and Trust [J]. Marketing Intelligence & Planning, 2019, 38 (1): 89-102.

[26] 王俊豪, 单芬霞, 张宇力. 电商平台声誉机制的有效性与信用监管研究——来自"淘宝"和"京东"的证据 [J]. 财经论丛, 2021 (2): 103-112.

[27] Xiaokun Shi, Junjie Wu, Jane Hollingsworth. How Does P2P Lending Platform Reputation Affect Lenders' Decision in China? [J]. International Journal of Bank Marketing, 2019, 37 (7): 1566-1589.

[28] Trabucchi D, Moretto A, Buganza T, et al. Disrupting the Disruptors or Enhancing Them? How Blockchain Reshapes Two－Sided Platforms [J]. Journal of Product Innovation Management, 2020, 37 (6): 552-574.

[29] Rainer S, Kirchner K, Razmerita L. Leveraging Emergent Social Interactions for Value Co-Creation on Transaction Platforms [C]. Proceedings of the 55th Hawaii International Conference on System Sciences, 2022.

[30] 黄思皓, 肖金岑, 金亚男. 基于S-O-R理论的社交电商平台消费者持续购买意愿影响因素研究 [J]. 软科学, 2020, 34 (6): 115-121.

[31] 陈文军, 黄颖. 顾客参与品牌共创对品牌关系质量、品牌对抗忠诚的影响 [J]. 商业经济研究, 2020 (4): 74-77.

[32] 孙振杰, 冷莉娜. 缺陷产品召回策略与消费者对品牌态度的变化研究——基于品牌信任、品牌忠诚和品牌推荐意愿的维度 [J]. 财经问题研究, 2019 (6): 114-121.

[33] 张赟, 朱传进, 刘欣慧. 互联网银行品牌信任及客户使用意向影响因素研究 [J]. 商业研究, 2019 (3): 1-10.

[34] 李彩彩, 贺瑞娟, 韩燕雄, 等. 电商平台服务质量对企业声誉的影响实证研究 [J]. 商业经济研究, 2019 (9): 80-83.

[35] Aparicio M, Costa C J, Moises R. Gamification and Reputation: Key Determinants of e－Commerce Usage and Repurchase Intention [J]. Heliyon, 2021, 7 (3): 63-83.

[36] 孙瑾, 郑雨, 陈静. 感知在线评论可信度对消费者信任的影响研究——不确定性规避的调节作用 [J]. 管理评论, 2020, 32 (4): 146-159.

[37] 崔占峰, 徐冠清, 王瑾珑. 信任重建: 有机农业追溯——信任体系的区块链嵌入探索 [J]. 科技管理研究, 2021, 41 (16): 130-137.

[38] Shen H, Wu L, Yi S, et al. The Effect of Online Interaction and Trust on Consumers' Value Co-Creation Behavior in the Online Travel Community [J]. Journal of Travel & Tourism Marketing, 2020, 37 (4): 418-428.

[39] 胡俊, 胡飞. 共享服务系统体验价值共创行为的影响因素 [J]. 中国流通经济, 2021, 35 (3): 77-89.

[40] Shulga L V, Busser J A, Bai B, et al. The Reciprocal Role of Trust in Customer Value Co-Creation [J]. Journal of Hospitality & Tourism Research, 2021, 45 (4): 672-696.

第五章　商务交易类平台用户参与价值共创研究

第一节　理论基础与国内外研究评述

一、研究背景

商务交易类平台是为企业或个人提供网上交易洽谈的平台。商务交易类平台是建立在 Internet 网上进行商务活动的虚拟网络空间和保障商务顺利运营的管理环境，是协调、整合信息流、货物流、资金流有序、关联、高效流动的重要场所。企业、商家可充分利用商务交易类平台提供的网络基础设施、支付平台、安全平台、管理平台等共享资源有效地、低成本地开展自己的商业活动。目前，我国正在政府的支持下大力发展电子商务平台企业，如阿里巴巴、腾讯、美团点评、京东等，一大批商务交易类平台不断涌现并依托互联网技术快速发展，逐渐形成各具特色的平台生态系统，并成为行业新范式。商务交易平台生态系统以电子商务平台企业为系统核心，并集合各方交易主体，形成一种打破时空和地域界线的虚拟贸易环境，并以核心平台企业能否有效连接内外部各价值群体作为衡量其成功与否的重要标准和终极目标。我国网络零售市场保持稳步增长，成为稳增长、保就业、促消费的重要力量，为推动构建新发展格局做出了积极贡献。国家统计局数据显示，2022 年全国网上零售额 13.79 万亿元，同比增长 4%。其中，实物商品网上零售额 11.96 万亿元，同比增长 6.2%，占社会消费品零售总额的比重为 27.2%[1]。因此，研究平台生态系统成员之间的价值创造关系，实现系统成员间长期价值最大化和价值分配均衡稳定目标，成为研究重点。

二、商务交易类平台生态系统与价值共创的相关研究

（一）商务交易类平台生态系统的研究

Moore（1993）在《哈佛商业评论》中首次提出商业生态系统（Business Ecosystem）的概念，指出其为围绕核心企业形成的商业联合体，在这一商业生态系统中，虽由不同的利益驱动，但身在其中的组织和个人互利共存，资源共享，注重社会、经济、环境综合效益，共同维持系统的延续和发展[2]。胡岗岚等（2009）提出平台型电子商务生态系统是一系列关系密切的企业和组织机构，超越地理位置的界线，将互联网作为竞争和沟通环境，围绕核心的平台型电子商务企业，通过各种形式进行优势互补和资源共享，结成一个有机的生态系统[3]。Armstrong（2010）指出电子商务平台生态系统属于双边市场，即通过平台连接两边用户，且一边的加入所获收益能够影响另一边用户的规模[4]。Gordon（2019）从供应链角度，揭示了整个商业生态系统的演化过程以及系统中相互依存、相互影响的系统成员之间的协同进化现象[5]。Pekka（2020）研究了商业生态系统内部成员企业角色及相关战略研究[6]。王欢（2020）将电子商务平台生态系统界定为以计算机技术为基础，以核心互联网电子商务平台企业为主导，与其各方利益相关的企业共同参与形成的系统[7]。

（二）商务交易类平台价值共创的研究

价值共创是市场参与者之间的深度合作，相关学者认为价值创造通过资源共享、产品与服务交换以及共享制度等条件实现互利互惠，共同创造价值，在此过程中能够提升电子商务企业绩效。从服务主导视角，Vargo 和 Lusch（2004）将价值创造建立在服务普遍性的基础之上，认为价值创造是在使用和消费过程中产生的"使用价值"共创，价值网络所有价值创造主体都可分摊价值[8]。Payne（2008）提出价值共创过程发生在消费者使用产品或服务时，共创价值是生产者通过提供产品和服务，与顾客通过使用产品和服务而共同创造的价值[9]。Perrons（2009）指出价值创造的关键为创造用户消费，实现方式为价值网络成员之间的互动[10]。Ramaswamy 和 Gouillart（2010）指出满足用户需求的生产可创造价值并实现系统良性循环[11]。Adner（2010）指出技术可增加平台生态系统价值[12]。Lorenzo-Romero 等（2014）的研究证明了在产品和服务开发中，顾客对价值共创的态度会积极影响顾客共创行为[13]。汪怡（2014）指出用户价值由企业多元业务下的各类用户价值共同决定，且不是所有用户都能够创造价值[14]。赵哲等（2017）探究垂直电商企业价值共创的实现机制，供应商、消费者与电商企业之间的互动是企业整合资源、协同创新和共创价值的基础[15]。朱勤（2019）指出共享信息对提升系统价值的重要性[16]。叶盈莹（2021）认为合作共赢的价值共

创是用户与平台在价值交换中不断加强彼此的相互依存度[17]。

学者们通过对商务交易类平台的生态系统和价值共创所进行的研究，为基于用户视角分析商务交易类平台价值共创研究奠定了基础。学者的研究发现，在商务交易类平台的发展过程中也存在一些潜在问题。由于传统电子商务发展盈利模式单一化，随着市场环境的不断改变，其盈利增长速度将会放缓。为了进一步提升盈利增长速度，商务交易类平台需进一步增强平台服务价值以加强用户黏性。商务交易类平台服务价值的转变将会基于整个平台实现一种新的盈利模式。例如用户也可以以自身知识作为平台的资源，通过平台实现服务价值，不仅能实现自身收益，而且对于平台价值的转变也具有实质性作用。基于此，价值共创是平台、企业、用户等市场参与者通过组合、交换等方式充分发挥优势资源并获得共同利益的最优方式。

（三）商务交易类平台生态系统的价值体现

在体验模式营销环境下，各企业不仅需要提供服务以及产品，同时，还需要为用户提供一个参与企业价值创造的机会，从而令用户从被动的接受者转变成主动创造价值的人，从价值链的旁观者转变成参与者，完成企业和用户从产品的生产至消费的所有互动环节。实现商务交易类平台生态系统长期价值最大化和价值分配均衡稳定依赖平台架构设计与平台治理的相互协调，具体体现在：

（1）降低相关成本及费用的价值。平台生态系统中最重要的成员之一为核心平台企业，在整个生态系统中担任领导者的角色，因此平台生态系统的价值最先体现在核心平台企业的价值创造表现上。平台型企业具有标准化、模块化的技术结构特征及开放并行化的生产运作流程，其柔性化管理方式等可有效降低生产成本及相关费用。此外系统中成员围绕核心平台企业形成巨大的价值网，可提高成员间交易发生的频次，加强成员价值创造的联系，使之在一定程度上形成信息及资源共享的竞合利益共同体。

（2）维护市场公平及提高效率的价值。平台生态系统具有公共性和公平性的根本特征。商务交易类平台生态系统属于公共平台，其运作模式基本符合帕累托效率最优。开放性系统特征及多样性成员特征可实现协同效应及网络效应，可有效提升系统整体价值创造效率，快速达到规模经济，创造超额收益及价值。

（3）满足并创造个性多样需求的价值。商务交易类平台生态系统可依托共享性信息及柔性化架构快速且更精准地满足用户个性化需求，并产生良性循环创造新的需求，实现系统价值共同提升。核心平台企业模块化、动态化技术架构设计及运作，可创造公共产品及服务弹性、个性化及多样化的创新价值；而供应商作为连接到平台的公共品生产者和服务者，依托系统开放性特征，可快速获取大量用户需求信息，得以更好地从用户需求出发，实现有效产品和服务的生产及提供。

三、商务交易类平台的分类

商务交易类平台是为企业或个人提供网上交易洽谈的平台。企业电子商务平台的建设，不仅是初级网上购物的实现，它还能够有效地在 Internet 上构架安全的和易于扩展的业务框架体系，实现 B2B、B2C、C2C、O2O、B2M、M2C、B2A（即 B2G）、C2A（即 C2G）、ABC 模式等应用环境，推动电子商务的发展。商务交易类平台既可以帮助中小企业甚至个人自主创业，独立营销一个互联网商城，达到快速盈利的目的，又可以帮助同行业中已经拥有电子商务平台的用户，提供更专业的电子商务平台解决方案。商务交易类平台按其不同服务对象和不同交易商品分成不同的种类。

（一）按服务对象分类

按不同的服务对象，商务交易类平台可以分成 B2B 平台、B2C 平台和 C2C 平台。

（1）B2B 平台。B2B 平台是企业与企业之间通过互联网进行产品、服务及信息的交换。B2B 电子商务网站有"阿里巴巴""慧聪网"等。B2B 平台的服务对象大多是中小型企业，主要面向各类企业提供产品的采购、信息和销售等方面的服务。

（2）B2C 平台。B2C 平台指的是企业针对个人开展的电子商务活动的平台，如企业为个人提供在线服务咨询、在线商品购买等。B2C 平台有：天猫、京东、亚马逊、苏宁易购、聚美优品、国美、当当网、1 号店、美团、糯米等。

（3）C2C 平台。C2C 平台是为买卖的用户双方提供一个在线交易平台，使卖方可以在上面发布待出售的物品的信息，而买方则可以自行选购自己中意的商品，同时为便于买卖双方交易，提供交易所需的一系列配套服务。即用户对用户的网站，如淘宝、拍拍等。C2C 平台的服务对象主要是个人用户，买卖双方在网上讨价还价、买卖商品，平台作为第三方起监督双方买卖、保证公平交易的作用。

（二）按交易商品分类

商务交易类平台按其平台上不同的交易商品可以分成综合型平台模式和专业型平台模式两类。

（1）综合型商务平台。综合型商务平台上的交易商品不受任何限制，可以是工业品、消费品等有形商品，也可以是科学技术成果、有效信息等无形商品。任何能够提供的产品服务都可以通过网上平台实现交易，如阿里巴巴、淘宝、有啊等都属于综合性商务平台。

（2）专业型商务平台。专业型电子商务平台上的交易商品集中在某一行业或某类特定商品。例如孔夫子旧书网，这一网络交易平台专门针对旧书交易，为二手书交易提供一个 24 小时运营的市场。又如盛大在线，专为无物流的文化和虚拟产品的数字出版提供服务，是中国领先的互动娱乐内容运营平台。另外，古玩、玉器、邮票、土特产品等都各自有专业的电子商务交易平台，这些看似局限于有限的市场空间，随着互联网的出现，相同兴趣的消费者能聚集在一起并相互影响，使其有稳定增长的客户群。

第二节 用户对商务交易类平台信任度的影响因素研究

伴随着我国电子商务的发展，网络交易信任成为商务交易类平台发展的主要障碍。C2C 平台作为商务交易类平台的主要模式之一，近几年来发展迅速，但网上欺诈行为大量出现以及信用管理方面的不足，成为制约 C2C 电子商务健康发展的"瓶颈"。在 C2C 电子商务信用体系建立的过程中，相比大量的买家和卖家，电子商务平台成为解决信用问题的关键一方，因而电子商务平台的参与和相关职责是信用体系建立的核心。

作为 C2C 电子商务的新模式 C2B2C，电子商务平台通过有效的检验程序和评判准则，减少了在 C2C 模式下掺假、买卖双方互不信任等现象，在提升自身口碑的同时，也为消费者建立了安全、放心、满意的交易平台。提高用户对商务交易类平台的信任度是非常重要的，因为信任是用户选择使用平台的关键因素之一。本节以网购交易平台得物为例，通过对得物平台消费者对平台信任度影响因素的研究，提高平台信任度维持用户的使用意愿，为平台吸引更多的用户增加平台利益，为商务交易类平台价值共创提出合理化建议。

一、研究假设与模型

（一）研究变量的确定

目前，学者的研究文献多是对社交电子商务平台以及共享经济类平台的消费者信任和平台信任的研究，绝大部分文献探究的是消费者信任对购买意愿的影响或是社交电商平台和共享经济平台的信任机制研究，而对网购交易平台信任度影响因素的研究文献较少。董纪昌等（2017）研究发现，在初始信任的影响因素中，社会声誉、管理能力、安全性财务状况、技术能力均对初始信任产生显著影响，而感知风险则会对用户的持续信任产生显著影响[18]。贺明华等（2018）从消费者感知视角研究证实共享经济平台的制度机制对消费者对平台的信任度具有显著正向影响，制度机制包括反馈机制、隐私保证机制、认证与审核机制、争议解决机制四个维度[19]。李立威等（2020）基于服务提供方的视角探究感知制度保障因素对分享平台信任和平台服务使用方的信任两种信任的影响作用，研究结果表明：感知人身安全制度、感知财产安全制度、感知在线点评制度对平台信任具有显著的正向影响[20]。

通过借鉴国内外学者关于平台型企业信任影响因素的研究，以消费者视角，从消费者自身外部因素和内部因素两个方面探究网络交易平台信任度的影响因素，根据得物平台的现实情况，进行归纳总结。结合参考文献，最终选取外部因素的社交影响、平台质量、制度保障和内部因素的信任倾向为原因变量。具体见表 5.1。

表 5.1　模型中变量的定义

变量	定义
社交影响	消费者由于人际交往和社交生活对平台信任的影响
平台质量	平台的功能、界面设计以及产品服务机制的质量
制度保障	平台的价格机制、隐私保护及商家审核认证的保障
信任倾向	消费者自身对平台的认可程度
感知风险	消费者使用平台风险的感知程度
平台信任	消费者对于平台的信任程度

资料来源：笔者自制。

（二）研究假设的提出

（1）关于外部因素与信任之间的假设。在早期，社交影响并未对消费者的购买决策和使用倾向的决定起到举足轻重的作用，然而随着互联网时代的飞速发展，人们的社交生活逐渐多元化，接收到产品和品牌信息的数量和速度不同以往，社交因素的影响力已经渗透到了人们的日常生活，决定着人们的消费行为习惯。消费者往往会因为身边好友的推荐或崇拜认可的意见领袖的宣传而对某品牌产品或平台产生信任。而在关于社交影响因素的研究中，张景安和刘军（2009）在其研究电子商务市场客户信任度评估的文章中，在信任影响因素分析中将消费客户因素作为影响因素之一，朋友或权威的第三方组织机构对商家的认可和宣传会显著提升用户对商家的信任[21]。而王慧敏（2020）在社交电商中意见领袖对消费者购买意愿的影响研究中，得出意见领袖信息特征会显著提高消费者的购买意愿的结论。消费者由于意见领袖的权威性或知名度，会对其推荐的产品产生信任，认为推荐的产品质量高，进而产生购买意愿[22]。

另外，平台质量的好坏也是影响消费者对平台方产生信任的重要因素。高质量是赢得顾客信任的先决条件。Kim（2013）研究的内容表明社会化电商的规模、信息质量以及交易安全会对客户信任产生影响，并分析了信任对消费者购买和推荐行为的影响[23]。王优（2017）研究结论显示平台的界面友好、信息丰富、服务高效以及互动渠道多样能够积极提高消费者对平台的满意度和信任度，增强用户对平台的黏性[24]。

制度保障是用户决定在该平台消费的基础保障前提。Pavlou 和 Gefen（2004）认为用户对于平台的信任是通过平台提供的各种结构性保障因素所建立的制度信任[25]。目前第三方交易平台中的制度保障主要包括支付安全、隐私保护、用户及商家审核认证及产品服务保障等。而 Schaft（2014）通过案例研究，也提出支付安全、隐私保护与安全，客服政策及保险会影响消费者对分享经济平台建立信任[26]。因此根据以上学者的研究结论，提出如下假设：

假设 H1a：社交影响正向作用于消费者对网购交易平台信任。

假设 H1b：平台质量正向作用于消费者对网购交易平台信任。

假设 H1c：制度保障正向作用于消费者对网购交易平台信任。

（2）关于内部因素与信任之间的假设。消费者内部因素对于平台信任产生影响的主要从个人信任倾向因素探究，根据国外学者研究，Mayer（1995）发现信任倾向会显著作用于信任的形成，并且对信任特征影响信任建立的过程起到了调节作用[27]。Kim（2004）认为信任倾向是个人的一种特定表现，并不会轻易地受到外界因素影响而发生改变[28]。而国内的研究中，张劲松等（2020）在研究共享出行平台和服务方信任机制中，指出共享领域中，用户信任他人的程度取决于个人的心性和品格[29]。据此，提出如下假设：

假设 H2a：信任倾向正向作用于消费者对网购交易平台信任。

（3）关于感知风险与平台信任的关系假设。在平台型企业的消费过程中，感知风险是比较重要的障碍因素。在平台上进行交易，消费者需要承担一定的风险，不确定因素过多，而感知风险与消费者信任度和购买意愿存在明显的关系。感知风险与信任之间的作用关系一直被许多学者研究，但二者之间谁影响谁，至今也未有定论。不同的学者研究出的结果由于研究环境和研究对象的不同，得出的结果也存在着差异。部分学者从信任倾向的多个维度探究信任与感知风险的影响关系，从平台信任倾向、个人信任倾向等角度验证其对于感知风险的作用[30,31]。杨翾（2016）研究表明个人信任倾向高的人会比信任倾向较低的个体更容易对新事物产生信赖感[32]。贺明华等（2018）通过实证研究监督机制对感知风险、消费者信任和持续共享意愿的作用机理，结论显示政府监督对消费者感知风险起负向作用[19]。因此引入感知风险变量，希望探究平台质量、制度保障和个人信任倾向是否会通过影响感知风险对平台信任度产生影响，据此提出如下假设：

假设 H3a：平台质量显著负向作用于消费者感知风险。

假设 H3b：制度保障显著负向作用于消费者感知风险。

假设 H3c：信任倾向显著负向作用于消费者感知风险。

假设 H3d：感知风险与平台信任呈显著负相关。

（三）研究模型构建

根据上述研究假设进行整理归纳，构建研究模型。设计出影响网购交易平台信任度的初步理论模型，从消费者视角的外部因素（包括社交影响、平台质量、制度保障）和内部因素（个人信任倾向）两个大方面，以得物为主要研究对象，以平台信任为切入点，研究用户对网购交易平台信任的构成基础，并尝试探索消费者对平台型企业使用意愿的关键性因素以及感知风险是否会对平台信任度产生影响。

具体模型见图 5.1。

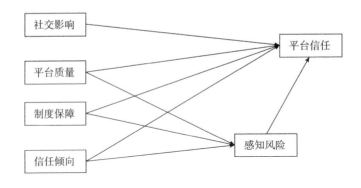

图 5.1 理论模型

资料来源：笔者自制。

二、问卷设计与数据分析

（一）调查问卷的设计

结合相关文献的研究以及得物的实际发展状况，调查问卷主要分为两部分：第一部分主要是掌握被调查者的个人信息和对得物平台的熟悉程度，限定未使用过得物的消费者填写问卷；第二部分则是收集用户对得物平台信任度影响因素的调查，探究消费者在使用得物平台时的具体感受。第二部分的问题均采用了李克特五级量表的形式，问卷中"1"表示非常不同意，"5"表示非常同意。

各研究变量对应的测量题项如表 5.2 所示。

表 5.2　各研究变量对应的测量题项

变量	编号	测量题项
社交影响	SJ_1	身边的亲朋好友向我提及或推荐过得物平台
	SJ_2	关注的博主宣传过得物或者入驻了得物平台
	SJ_3	在短视频平台或其他第三方平台刷到得物的宣传广告
平台质量	ZL_1	得物平台具有的功能可以满足我的大部分需求
	ZL_2	我可以快速从平台找到自己所需的产品归类区
	ZL_3	平台的产品服务机制是有保障的（鉴定服务、闲置交易等）
制度保障	BZ_1	我认为该平台能保护我的隐私不被泄露
	BZ_2	我认为在该平台提供银行卡号、身份证等敏感信息是安全的
	BZ_3	我认为在该平台审核认证通过的卖家是有保障的
信任倾向	QX_1	我相信平台的大部分商家是诚信可靠的
	QX_2	我相信平台会维护好消费者的权益
	QX_3	我相信平台有实力满足消费者的需求
	GZ_1	从得物购买的商品不会被身边人质疑产品的真假
	GZ_2	得物平台提供的服务结果能够让我满意
	GZ_3	得物平台的鉴定服务能帮助我打消对产品的质疑
	GZ_4	从得物购买的商品让我觉得物有所值
	XR_1	总体来说，得物是值得信赖的潮流网购平台
	XR_2	得物平台提供的服务是诚信可靠的
	XR_3	我愿意使用得物平台购买潮流穿搭品

资料来源：笔者自制。

（二）数据收集

问卷收集通过问卷星以问卷链接形式发放到微信、QQ 等社交平台中，共收集了 426 份问卷，其中最终统计未使用过得物平台的问卷共计 67 份，选项单一不合理的无效问卷数量共计 47 份，有效问卷收回共 310 份，问卷回收有效率为72.8%。随后通过 SPSS26.0 及 AMOS26 对这 310 份有效问卷进行数据处理与分析。

（三）描述性统计分析

本次调查的描述性统计主要是对用户的性别、年龄、职业、收入、文化程度等基本情况进行分析，调查对象的基本信息见表5.3。

表5.3 调查对象的基本信息

统计量	类别	样本数	百分比（％）
性别	男	135	43.67
	女	175	56.33
年龄	18岁以下	6	1.9
	18~25岁	198	63.92
	26~35岁	85	27.53
	36~55岁	20	6.33
	55岁以上	1	0.32
学历	高中以下	12	3.8
	高中/中专/技校	40	12.97
	大学专科	49	15.82
	本科	185	59.81
	研究生以上	24	7.59
收入	2000元以下	114	36.71
	2001~4000元	105	33.86
	4001~6000元	62	20.25
	6001~8000元	20	6.65
	8001元以上	9	2.53
职业	学生	175	56.33
	公务员或事业单位人员	26	8.54
	公司职员	60	19.62
	工人	21	6.96
	农民	12	3.8
	退休人员	5	1.58
	自由职业者	9	2.53
	其他	2	0.63

资料来源：笔者自制。

本次调查的群体中，男女比例合理；年龄分布在18~25岁的数量占比为63.92%，符合"得物"用户大多是热爱潮流文化的年轻群体的用户特征。收入水平比较均匀地分布在2000元以下至4001~6000元的区域内，符合年轻人的收入水平与消费能力；各项数据与"得物"这一平台的用户画像一致，符合研究需要。

三、实证分析

（一）信度检验

信度检验是对问卷量表的可靠性检验，可以反映出问卷数据的结果是否真实可靠。本书采用 Cronbach's α 系数法对数据的可靠性进行检验，通常 Cronbach's α 系数越接近 1 越好，当系数大于 0.7 时则认为本次测量结果具有较高的可信度，能够继续进行效度分析。

通过 SPSS26.0 对收集的 310 份有效样本数据的分析，得到问卷的 α 系数值为 0.923，整体信度较高。此外，还对各个维度的量表的信度进行了检验，分析结果如表 5.4 所示。

表 5.4　各维度量表信度相关系数

变量名称	测量项数	α 系数	总体信度 α 系数
社交影响	3	0.828	
平台质量	3	0.842	
制度保障	3	0.822	0.923
信任倾向	3	0.786	
感知风险	4	0.816	
平台信任	3	0.766	

资料来源：笔者经 SPSS26.0 分析整理所得。

由表 5.4 可得，各变量的 Cronbach's α 系数值均在 0.7 以上，总体 α 系数为 0.923，具有较高的可信度和内部一致性，可以进行下一步的分析与验证。

（二）效度检验

效度检验主要分为内容效度、结构效度与准则效度三种。本节所采用的是结构效度检验，通过 SPSS26.0 进行探索性因子分析，并且利用 AMOS26.0 进行验证性因子分析。

（1）探索性因子分析。在进行因子分析之前，先通过 SPSS 软件对样本数据进行 KMO 效度检验和巴特利特球形检验。测得问卷整体数据 KMO 值为 0.928，大于 0.7，并且巴特利特球形检验 Sig. 值为 0.000，低于 0.01。表明样本整体数据有很高的聚合程度，非常适合进行因子分析。之后，提取 4 个公因子，累计方差解释度为 73.9%，能够较好地对整体数据进行解释；通过旋转成分矩阵探究各自变量的维度划分是否与预期的一致，具体的旋转成分矩阵如表 5.5 所示。划分出的 4 个公因子分别代表社交影响、平台质量、制度保障与信任倾向四个维度。

表 5.5　旋转成分矩阵

变量	成分			
	1	2	3	4
SJ_1	0.777			
SJ_2	0.814			
SJ_3	0.868			
ZL_1		0.771		
ZL_2		0.821		
ZL_3		0.807		
BZ_1			0.784	
BZ_2			0.770	
BZ_3			0.807	
QX_1				0.799
QX_2				0.745
QX_3				0.774

资料来源：笔者经 SPSS26.0 分析整理所得。

（2）验证性因子分析。验证性因子分析用于验证因子与量表测量项的对应效果，检验量表的效度，在确定量表效度后，后续可进行路径分析来进一步探究变量间的影响关系。本节运用 AMOS26.0 软件对测量指标进行验证性因子分析。

1）结构效度检验。先对模型的拟合效果进行检验，在构建的结构方程模型中，包含了社交影响、平台质量、制度保障、信任倾向、感知风险与平台信任等变量。最终的拟合效果检验结果如图 5.2 所示。

表 5.6 显示的为模型拟合结果，本节选取了 CMIN/DF、CFI、TLI、RMSEA、IFI、NFI 6 个指标。这六个指标均满足要求，其中 CFI、TLI、IFI、NFI 值均大于 0.9，CMIN/DF 的值为 1.673，0~3 数值越小表明拟合程度越好；RMSEA 值为 0.047，小于 0.05。综上可知，该六个指标均能表示本节所研究结构模型的拟合程度良好，可以继续进行结构模型的路径分析探究变量间的影响关系。

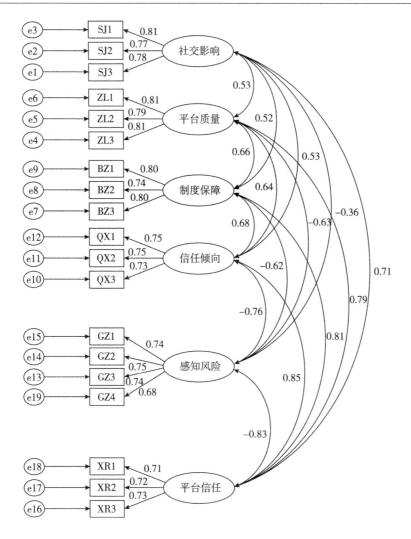

图 5.2 验证性因子分析结果图

资料来源：AMOS26.0 分析整理所得。

表 5.6 模型拟合结果

模型拟合指数	CMIN/DF	CFI	TLI	RMSEA	IFI	NFI
拟合结果	1.673	0.968	0.960	0.047	0.969	0.925

资料来源：AMOS26.0 分析整理所得。

2）聚合效度和组合信度检验。模型的聚合效度与组合信度检验如表 5.7 所示。

表 5.7 聚合效度与组合信度检验

路径			Estimate	AVE	CR
SJ$_3$	←	社交影响	0.776		
SJ$_2$	←	社交影响	0.771	0.616	0.828
SJ$_1$	←	社交影响	0.807		
ZL$_3$	←	平台质量	0.806		
ZL$_2$	←	平台质量	0.786	0.639	0.842
ZL$_1$	←	平台质量	0.806		
BZ$_3$	←	制度保障	0.801		
BZ$_2$	←	制度保障	0.738	0.609	0.823
BZ$_1$	←	制度保障	0.8		
QX$_3$	←	信任倾向	0.727		
QX$_2$	←	信任倾向	0.747	0.551	0.787
QX$_1$	←	信任倾向	0.753		
GZ$_4$	←	感知风险	0.679		
GZ$_3$	←	感知风险	0.736	0.529	0.818
GZ$_2$	←	感知风险	0.746		
GZ$_1$	←	感知风险	0.745		
XR$_3$	←	平台信任	0.734		
XR$_2$	←	平台信任	0.72	0.521	0.766
XR$_1$	←	平台信任	0.712		

资料来源：笔者经 AMOS26.0 分析整理所得。

由表 5.7 可知，量表各变量的测量题项所对应的标准因子载荷数除个别大于 0.6 低于 0.7 外，其余均在 0.7 以上；平均方差抽取量 AVE 均在 0.5 以上；组合信度 CR 值均大于 0.7。表明问卷量表的聚合效度良好。

3）共同方法偏差检验。将社交影响、平台质量、制度保障、信任倾向、感知风险、平台信任六个维度下的所有观测变量合成单因子模型，将单因子拟合后的验证性结果与基准模型拟合结果进行比较。共同方法偏差检验结果如表 5.8 所示。

表5.8　共同方法偏差检验结果

	CMIN	DF	TLI	CFI	RMSEA	ΔCMIN	ΔDF
原模型	229.192	137	0.96	0.968	0.047		
单因子模型	818.361	152	0.742	0.771	0.119	589.169	15

资料来源：笔者经 AMOS26.0 分析整理所得。

结果显示，单因子模型的拟合指标远低于原模型的拟合结果指标，原模型的 TLI、CFI 拟合值均大于单因子模型，同时 ΔCMIN 为 589.169，ΔDF 为 15。对比结果可得出，原模型并不存在严重的共同方法偏差问题。

（三）结构方程模型修正

基于上述的信度和效度分析，可以继续进行下一步对模型相关假设的验证。通过 AMOS26.0 对初始模型进行构建，结合路径分析对初始模型进行修改；得到修正后的模型，如图 5.3 所示。

修正后的模型路径系数显著性如表 5.9 所示，能够明显看出，修改后的模型路经系数的显著性整体有所增强，由此也可以对假设进行验证得出实证研究的结论。

表5.9　修正后的模型路径系数显著性

路径			Estimate	S. E.	C. R.	p
感知风险	←	信任倾向	−0.757	0.115	−6.577	***
感知风险	←	平台质量	−0.279	0.090	−3.112	0.002
平台信任	←	社交影响	0.253	0.051	4.915	***
平台信任	←	平台质量	0.133	0.061	2.158	0.031
平台信任	←	制度保障	0.194	0.064	3.029	0.002
平台信任	←	感知风险	−0.258	0.066	−3.919	***
平台信任	←	信任倾向	0.197	0.094	2.098	0.036

资料来源：笔者经 AMOS26.0 分析整理所得。

（四）假设检验

通过描述性统计分析、信度与效度分析、模型拟合程度检验及修正等方法构建出了良好的模型，基于此模型的分析得出了具有可靠依据的研究结果，将结果与前文的研究假设进行对比，得到假设检验结果，如表 5.10 所示。

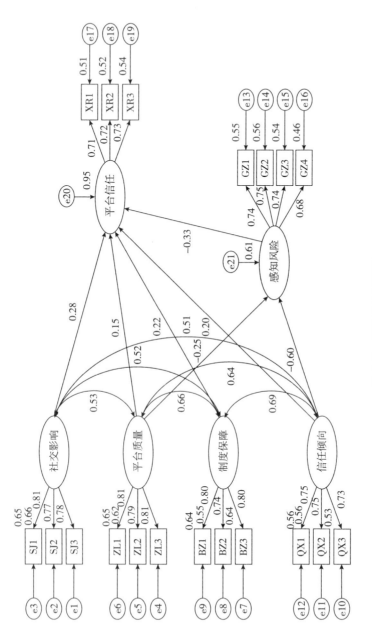

图 5.3　修正后的模型图

资料来源：笔者经 AMOS26.0 分析整理所得。

表 5.10　假设检验结果

编号	假设	结果
H1a	社交影响正向作用于消费者对网购社区平台信任	成立
H1b	平台质量正向作用于消费者对网购社区平台信任	成立
H1c	制度保障正向作用于消费者对网购社区平台信任	成立
H2a	信任倾向正向作用于消费者对网购社区平台信任	成立
H3a	平台质量显著负向作用于消费者感知风险	成立
H3b	制度保障显著负向作用于消费者感知风险	不成立
H3c	信任倾向显著负向作用于消费者感知风险	成立
H3d	感知风险与平台信任呈显著负相关	成立

资料来源：笔者自制。

由表 5.9 修正后的模型路径系数显著性和表 5.10 假设检验结果可得出如下结论：社交影响、平台质量、制度保障和信任倾向对平台信任均产生显著正向影响；消费者感知风险与平台信任呈显著负相关；平台质量与信任倾向对消费者的感知风险起显著负向影响，并通过感知风险对平台信任产生影响；制度保障对平台信任有直接显著影响，但对感知风险的影响并不显著。

四、管理启示

根据前文的研究结论，结合得物平台的实际发展现状，针对得物平台及其他相同的潮流网购平台型企业，主要从外部因素（社交影响、平台质量、制度保障）和感知风险等方面提出以下合理建议。

（一）提高平台整体质量，营造平台良好声誉

研究假设表明平台质量和社交影响是平台信任中的显著正向影响因素，因此，可以从这两点入手来提升平台信任度。良好的平台形象是平台声誉最直观的体现。通过提升平台的服务质量、信息质量和产品质量以及优化平台界面设计，使平台操作简易，提高便利性等策略为平台建立良好的口碑效应。要确保平台运作透明，在交易前向用户提供清晰的产品或服务信息，避免虚假宣传和误导，并提供有效的客服支持解决潜在的问题和纠纷。增加知名企业或机构与平台合作，利用其声誉来增强平台信任度。

互联网时代下，人们的社交领域从线下拓展到线上，用户可以凭借社交媒体了解到他想了解的商品或信息。而平台用户在社交媒介中所分享的平台使用经历和体验等信息描述也会影响消费者对于平台的初始印象和信任。平台可以创建一个活跃的社区环境，让用户能够分享经验、提出问题，同时平台也积极参与回应

用户需求。通过用户的社交圈层产生正向积极的社交影响，也可以提升平台的老用户和新用户对于平台的满意度，进而提高用户对平台的信任程度。

（二）完善制度规范，提高平台保障

制度保障的完善是用户使用平台进行消费行为的前提，只有保护好用户在平台上的隐私、财产和权益安全，用户才会放心地在平台消费。近年来，得物平台频频出现客户退款协商不满的投诉事件，部分得物客户的隐私信息甚至暴露出去被用来实施诈骗，对得物平台的信誉度造成了严重影响，导致得物流失了一部分用户。这不仅是得物遭遇的问题，诸如 Nice、识货等同类平台也出现过类似的问题。因此，电商平台必须监督并完善内部的制度保障机制，时常检测可能存在的安全隐患，增强的支付安全、隐私信息安全、审核认证机制和商品质量保障机制，保护用户的权益不受损害，提高用户对平台的信任度。

（三）降低用户感知风险，提升平台信任

研究结果表明感知风险可以显著影响用户对平台信任的产生，而平台质量对感知风险起显著负向作用。因此平台可以通过提升平台质量来降低用户的风险感知，如提供担保服务或交易保障措施，例如托管支付、退款保证等，以增加用户对交易的信心；使用技术手段来防范欺诈行为，例如反欺诈算法、人工智能监测等。除此之外，平台还可以借助展示平台的整体规模、优化平台互动社区、改进平台的页面设计、简化平台购物过程等措施降低用户对平台功能和操作的风险感知，进而提高用户对平台的信任度。

综合考虑以上措施，平台要与用户建立长期的信任关系，不断收集用户反馈，改进平台的服务和用户体验，提高用户对平台的信任度，吸引更多用户加入并提升交易活跃度。

第三节　商务交易类平台用户参与价值共创行为意愿的影响因素研究

平台经济模式下，价值共创的方式发生了重大变化，用户开始更加积极和主动地参与平台的价值创造过程，逐渐成为价值创造的核心动力。随着共享经济的深入发展以及 C2B、C2C 等新商业模式的出现，平台企业不再作为价值创造的主体，开始成为资源用户和消费用户之间价值连接和传递的桥梁。本节从顾客感知价值角度出发，以小猪民宿平台为例，首先研究商务交易类平台消费用户感知价值方面展开调研，其次加入关系质量这个中介，研究消费用户感知价值，通过关系质量这个中介影响到价值共创行为意愿，采用问卷调查法和构建结构方程模型，对影响因素模型进行实证分析，得出相关结论与建议，为平台提供促进价值共创发展的策略。

一、研究假设与模型构建

（一）研究模型

在用户价值共创研究中，互动和对话被认为是最重要的行为。从服务逻辑视角来看，用户之间互动，或用户与其他资源互动，在提升自身价值的同时，通过相互提供服务而提升了其他各方的价值[33]，实现价值共创。随着互联网、电商平台等数字媒介参与到用户互动中，用户价值共创行为呈现出新的特点。Gruen（2000）首次把"公民行为"概念引进到研究价值共创行为的研究中，而且清楚定义了价值共创公民行为，并指出用户参与消费是价值共创的前提条件[34]。杨学成（2016）将参与行为与公民行为应用在共享经济背景下的动态价值共创框架模型中[35]。唐方成（2018）认为消费功能、社交与自我成就以及享乐收益会明显正向影响顾客反应行为，社交与自我成就收益、享乐收益显著正向影响公民行为[36]。毛倩（2021）提出顾客公民行为是指消费用户主动自愿地为公司提供非必要的角色外行为[37]。综上，研究用户价值共创行为方面可以从用户参与行为与用户公民行为两个维度考察价值共创行为。

此外，影响平台消费用户参与价值共创的因素有很多，有用户认知作为影响因素的，还有平台提供的质量，以及平台提升用户的感知价值也可以影响用户价值共创，具体如表5.11所示。

表5.11　用户价值共创动因研究

研究者	年份	研究内容
王海花和熊丽君	2018	消费者参与行为和顾客公民行为是功能价值、社交价值和利他价值促进的[38]
杨学成和涂科	2018	平台支持质量的信任、平等、角色明确的三个层次，对自我决定感（自主感、胜任感、归属感）有正向作用；自我决定感正向推动着消费用户价值共创的公民行为[39]
徐嘉徽	2019	考虑共享服务平台双边用户价值共创影响因素，研究消费用户方面主要从平台的服务入手[40]
左文明	2020	顾客价值对顾客价值共创参与行为产生的作用最大，顾客价值和社会影响对顾客参与价值共创意愿具有正向影响[41]
张洪	2021	消费用户参与价值共创的最重要的前因是顾客认知，而顾客情感和体验会强化顾客的参与行为，顾客行为也会推动消费者价值创造[42]

资料来源：根据相关研究自制。

综上所述，影响用户价值共创的动因有很多，学者多是从消费用户角度，研究用户认知或用户感知，认为顾客良好的感知会促进用户价值创造，进而为企业带来价值。本节从消费用户自身感知出发，构建资源共享服务平台消费用户参与价值共创行为意愿的研究框架。研究模型采用"认知—情感—行为"为基础模型，认知部分主要是感知价值，情感部分是关系质量，关系质量所包含信任与承诺，行为是消费用户参与价值共创行为。因此，本书以感知价值的经济、功能、情感三个维度为自变量，关系质量信任与承诺为中介变量，以价值共创行为的顾客价值共创参与行为和顾客价值共创公民行为为因变量。提出的研究模型如图5.4所示。

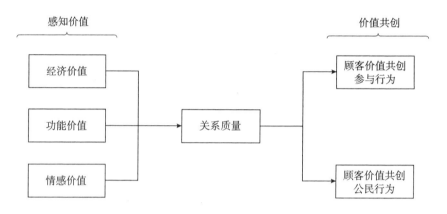

图 5.4　研究模型

资料来源：根据相关研究自制。

（二）研究假设

（1）感知价值与关系质量。研究感知价值与关系质量的相关方面，谢雪梅和石娇娇（2016）以房屋共享领域"小猪短租"为例，证明了预定历史和房客点评会影响共享信任的建立；短租日记会影响共享信任的建立[43]。张烨（2021）感知价值正向调节了顾客关系对价值共创行为的影响[44]。本节的顾客感知价值从经济、功能、情感价值三方面进行考量。感知经济价值方面：消费用户在使用过小猪民宿平台后，享受到的价格比传统服务所提供的价格更低，更物美价廉并且高性价比，消费用户认为平台对于自己而言是有用的。因为小猪民宿平台是在共享经济背景下将闲置的资源再次分配到市场上进行再次利用，缩减了资源用户的成本，所以为消费用户提供的价格也会降低，消费用户会因此对平台和平台资源产生依赖，从而加强与平台的关系质量。感知功能价值方面：感知功能价值是指消费用户在使用小猪民宿平台后对平台所提供的功能的感知，主要是通过平台的操作，认为平台可以提供准确的信息，顾客可以更加便捷地享受服务获得满足感。平台的功能为顾客解决了信息不对称性的问题，进而促进消费用户对平台更加依赖，提升两者之间的关系质量。感知情感价值方面：主要是顾客在使用小猪民宿平台后的感受，对于整个使用过程的体验，是否使用起来让消费用户感到容易。平台让消费用户在其中感受到认同感和归属感，进而激发消费用户对于小猪民宿平台的依赖，提高之间的关系质量。基于以上论述，提出以下假设：

H1a：小猪民宿平台消费用户感知经济价值对关系质量具有正向影响。

H1b：小猪民宿平台消费用户感知功能价值对关系质量具有正向影响。

H1c：小猪民宿平台消费用户感知情感价值对关系质量具有正向影响。

（2）关系质量与价值共创。李立威（2019）分享经济中的信任构成可以分成对平台的信任、对人的信任[45]。张新圣和李先国（2017）揭示了消费者对虚拟品牌社区信任的中介作用正向影响其价值共创参与意愿[46]。张艳霞（2017）认为，品牌关系的改善能够明显提高消费用户参与价值共创的意愿[47]。由此可以看出，关系质量会对消费用户参与价值共创的行为有所影响。

国内较多文献研究表明，消费用户对平台和资源用户的信任程度越高，消费用户参与到价值共创的活动中越高，当消费用户对平台和资源用户有较高的信任时，消费用户会主动积极投入价值共创的活动，例如主动搜寻该共享平台的信息，积极配合平台人员，遵守平台的要求，为他人推荐该共享平台等。基于以上论述，提出以下假设：

H2a：关系质量正向影响小猪民宿平台消费用户价值共创参与行为。

H2b：关系质量正向影响小猪民宿平台消费用户价值共创公民行为。

（3）关系质量的中介作用。通过研究假设得出，本节假设关系质量在消费用户感知经济、功能和情感价值部分与顾客价值共创的参与行为和公民行为之间存在着中介作用。所以提出以下假设：

H3a：关系质量在消费用户感知经济价值与价值共创参与行为间起中介作用。

H3b：关系质量在消费用户感知功能价值与价值共创参与行为间起中介作用。

H3c：关系质量在消费用户感知情感价值与价值共创参与行为间起中介作用。

H4a：关系质量在消费用户感知经济价值与价值共创公民行为间起中介作用。

H4b：关系质量在消费用户感知功能价值与价值共创公民行为间起中介作用。

H4c：关系质量在消费用户感知情感价值与价值共创公民行为间起中介作用。

笔者根据对消费用户感知价值、关系质量、价值共创行为之间的关系进行论证，按照相关维度划分，其中感知价值到关系质量部分为三个假设，关系质量到价值共创行为部分为两个假设，关系质量作为中介因素为六个假设。

二、研究设计

（一）变量的测量

通过文献梳理选择研究变量和测量题项。变量维度是依据共享经济下资源共享服务平台消费用户的实际情况与研究需求划分，题项采用李克特五维度量表进行测量，变量汇总具体如表5.12所示。

表5.12　变量汇总

变量	题项编号	测量题项	参考文献
感知经济价值（EV）	EV_1	我认为小猪民宿平台的民宿与服务是物美价廉的	陈楠[48]
	EV_2	我认为小猪民宿平台民宿和服务对我而言是有用的	
	EV_3	我认为可以在小猪民宿平台找到性价比更高的住宿	
感知功能价值（FV）	FV_1	我认为在小猪民宿平台所花费的钱是值得的	
	FV_2	我认为使用小猪民宿平台可以及时准确地获取服务和房源的信息	
	FV_3	我认为使用小猪民宿平台能为我的生活增加乐趣	
	FV_4	我认为使用小猪民宿平台能够让我更加便捷地享受服务	
	FV_5	我认为使用小猪民宿平台能够让我获得满足感	
感知情感价值（SV）	SV_1	我认为使用小猪民宿平台是令人愉快的体验	柳秀[49]
	SV_2	我认为使用小猪民宿平台App/网站很容易	
	SV_3	我认为使用小猪民宿平台的过程中我是很享受的	
关系质量（RQ）	CT_1	我相信小猪民宿平台有能力满足我的需求	
	CT_2	我相信小猪民宿平台是善意的，不会故意损害我的利益	
	CT_3	我关心小猪民宿平台的未来发展	
	CC_1	我相信小猪民宿平台是诚信经营的	
	CC_2	我认同该平台所代表的价值观和生活方式	
	CC_3	我相信资源用户（房东）是诚信经营的	
顾客价值共创参与行为（VPB）	VPB_1	我会提前查询小猪民宿平台内容的相关信息	李翠微[50]
	VPB_2	我会提供必要的信息以使小猪民宿平台可以完成其服务	
	VPB_3	我会遵守小猪民宿平台提供服务时的指导和要求	
	VPB_4	我会感受到优质的服务后在小猪民宿平台上进行积极的评价	
顾客价值共创公民行为（VCB）	VCB_1	我会主动向小猪民宿平台提供有利于改进服务的意见	
	VCB_2	我会积极地与小猪民宿平台和资源用户（房东）沟通互动	
	VCB_3	我会向其他人推荐小猪民宿平台	
	VCB_4	我会谅解该平台提供服务过程中造成的失误	

资料来源：根据相关研究自制。

（二）问卷的发放与收集

本书主要是采用问卷调查的方式收集原始数据，笔者所采用的收集方法为线上问卷星和线上 Credamo（见数）平台，在两个平台上共同发布问卷并进行收集，发放对象为使用过小猪民宿平台的消费用户，并且发布地区遍布全国大部分省市，对于各行各业都有所涉及，以确保样本具有可调查性。调查共收集到 355 份问卷。最终剔除 52 份无效答卷，实际的有效答卷为 303 份，总体回收率为 85.4%。

三、数据分析

（一）样本人口统计特征分析

本书针对使用过小猪民宿的消费用户进行问卷发放，并且对有效样本进行人口统计特征描述，对于有效样本的描述主要从性别、年龄、教育程度、职业、每月可支配收入以及使用频率方面进行调查，样本人口统计特征符合调查需要（具体情况见表 5.13）。

表 5.13　样本人口统计特征

样本特征	类型	频次	百分比（%）
性别	男	127	41.9
	女	176	58.1
年龄	20 岁及以下	12	4.0
	20~25 岁	78	25.7
	25~30 岁	60	19.8
	30~35 岁	60	19.8
	35~40 岁	33	10.9
	40~45 岁	41	13.5
	45 岁及以上	19	6.3
受教育程度	高中及以下	47	15.5
	专科	75	24.8
	大学本科	140	46.2
	研究生及以上	41	13.5
职业	学生	85	28.1
	公务员	15	5.0
	事业单位工作人员	41	13.5
	企业职工	108	35.6
	个体经营者	28	9.2

续表

样本特征	类型	频次	百分比（%）
职业	自由职业者	23	7.6
	农民	3	1.0
月可支配收入	1000 元及以下	18	5.9
	1000~2000 元（包括 2000 元）	50	16.5
	2000~3000 元（包括 3000 元）	32	10.6
	3000~4000 元（包括 4000 元）	47	15.5
	4000~5000 元（包括 5000 元）	53	17.5
	5000~6000 元（包括 6000 元）	38	12.5
	6000~7000 元（包括 7000 元）	24	7.9
	7000 元以上	41	13.5
使用小猪民宿平台频率	一天一次	38	12.5
	一周 1~2 次	50	16.5
	半个月 1~2 次	71	23.4
	一个月 1~2 次	68	22.4
	半年 1~2 次	42	13.9
	一年 1~2 次	32	10.6
	几乎没有使用过	2	0.7

资料来源：根据相关研究自制。

（二）信度分析

信度分析也就是可靠性分析，多采用系数来检验。普遍来说，信度系数 Cronbach's α 大于 0.9 为优秀，0.8 为良好；0.7~0.8 属于可接受，如果 Cronbach's α 系数低于 0.6 则说明该问卷或研究部分信度较差，不能用于实证分析。本书用 SPSS26.0 软件，首先是问卷整体的信度分析，其次是感知价值、关系质量和价值共创行为三部分的信度分析，可靠性统计量如表 5.14 所示。

表 5.14　可靠性统计量

部分	克隆巴赫 Alpha	基于标准化项的克隆巴赫 Alpha	项数
问卷整体	0.850	0.904	31
感知价值	0.860	0.860	11
关系质量	0.758	0.760	6
价值共创行为	0.800	0.801	8

资料来源：根据相关研究自制。

由表 5.14 可知，问卷整体、感知价值部分、关系质量部分以及价值共创行为部分的 Cronbach's α 的值都大于 0.7，说明整体测量模型有比较好的信度。

（三）效度分析

效度分析是检测量表工具能否准确测量事物的一种分析方法，也就是真实性。本书主要使用的是结构效度，也就是因子分析法对问卷效度进行分析。

通过使用 SPSS26.0 软件，需要采用 KMO 检验和 Bartlett 球形度检验对数据进行探索性因子分析。当 KMO 值低于 0.5 时，表示不适合因子分析；当 KMO 在 0.6 以上，Bartlett 球形度检验显著性（Sig.）值小于 0.05 时，表示适合做下一步因子分析，当 KMO 值越接近 1，且 Bartlett 球形度检验显著性（Sig.）值小于 0.05 时，表明整体的效果越好；接下来采用主成分分析法，选择抽取公共因子，通过最大方法进行因子旋转，最后得到相应的结构维度。

（1）感知价值结构效度。先是对感知价值部分进行 KMO 检验和 Bartlett 球形度检验，三个维度九项问题被统一到感知价值维度中，感知价值结构效度如表 5.15 所示。

表 5.15　效度统计量

KMO 和巴特利特球形检验		
KMO 取样适切性量数		0.893
巴特利特球形度检验	近似卡方	842.361
	自由度	45
	显著性	0.000

资料来源：根据相关研究自制。

感知价值的 KMO 值为 0.893，在 0.7 以上，Bartlett 球形检验近似卡方值为 842.361，显著性为 0.000，说明适合做下一步因子分析。

第一步运用主成分分析法，第二步需要利用最大方差法进行因子旋转，最后各个测量项的因子载荷都超过了 0.5，说明所测的因子全部为显著；3 个因子的总方差解释比例为 59.858%，说明解释状况较为良好。结果见表 5.16 所示。

表 5.16　效度统计量

变量	测量问项	成分		
		1	2	3
经济价值	EV$_1$		0.646	
	EV$_2$		0.803	
	EV$_3$		0.697	

续表

变量	测量问项	成分		
		1	2	3
功能价值	FV_1	0.736		
	FV_2	0.775		
	FV_3	0.617		
	FV_4	0.598		
	FV_5	0.621		
情感价值	SV_1			0.740
	SV_2			0.684
	SV_3			0.616
总方差解释比例		59.858%		

资料来源：根据相关研究自制。

（2）关系质量结构效度。关系质量部分进行 KMO 检验和 Bartlett 球形度检验，两个维度六项问题被统一成关系质量维度中，关系质量结构效度如表 5.17 所示。

表 5.17　效度统计量

KMO 和巴特利特球形检验		
KMO 取样适切性量数		0.838
巴特利特球形度检验	近似卡方	343.104
	自由度	15
	显著性	0.000

资料来源：根据相关研究自制。

关系质量 KMO 值为 0.838，Bartlett 球形检验近似卡方值为 343.104，显著性为 0.000，可以进行主成分分析法。

第一步运用主成分分析法抽取固定 2 个因子，第二步需要利用最大方差法进行因子旋转，总汇成 2 个有效因子，最后各个测量项的因子载荷都超过了 0.5，说明所测的因子全部为显著；2 个因子的总方差解释比例为 58.285%，说明解释状况较为良好。因此测量量表具有良好的结构效度，结果如表 5.18 所示。

表 5.18 效度统计量

变量	测量问项	成分	
		1	2
信任	CT$_1$		0.725
	CT$_2$		0.805
	CT$_3$		0.582
承诺	CC$_1$	0.556	
	CC$_2$	0.819	
	CC$_3$	0.724	
总方差解释比例		58.285%	

资料来源：根据相关研究自制。

（3）价值共创行为效度。价值共创行为部分进行 KMO 检验和 Bartlett 球形度检验，两个维度八项问题被统一成价值共创行为维度中，价值共创行为结构效度如表 5.19 所示。

表 5.19 效度统计量

KMO 和巴特利特球形检验		
KMO 取样适切性量数		0.866
巴特利特球形度检验	近似卡方	535.067
	自由度	28
	显著性	0.000

资料来源：根据相关研究自制。

价值共创行为的 KMO 值为 0.866，在 0.7 以上，Bartlett 球形检验近似卡方值为 535.067，显著性为 0.000，通过了显著性检验。

第一步运用主成分分析法抽取固定 2 个因子，第二步需要利用最大方差法进行因子旋转，各个测量项的因子载荷都超过了 0.5，说明所测的因子全部为显著；2 个因子的总方差解释比例为 53.174%，说明解释状况较为良好。因此因变量价值共创行为的测量量表具有良好的结构效度，结果如表 5.20 所示。

表 5.20　效度统计量

变量	测量问项	成分	
		1	2
价值共创参与行为	VPB₁	0.664	
	VPB₂	0.540	
	VPB₃	0.832	
	VPB₄	0.556	
价值共创公民行为	VCB₁		0.769
	VCB₂		0.545
	VCB₃		0.526
	VCB₄		0.770
总方差解释比例		53.174%	

资料来源：根据相关研究自制。

（四）相关性分析

运用皮尔逊相关性分析法对七项之间探索相关关系，当相关性系数的绝对值越大时相关性越显著，正值为正相关、负值为负相关，当相关性系数趋近于 0 时说明相关程度越低，当显著性小于 0.05 时说明显著性越好，结果如表 5.21 所示。

表 5.21　相关性汇总

	感知经济价值	感知功能价值	感知情感价值	关系质量（信任）	关系质量（承诺）	价值共创参与行为	价值共创公民行为
感知经济价值	1						
感知功能价值	0.628**	1					
感知情感价值	0.519**	0.557**	1				
关系质量（信任）	0.620**	0.674**	0.616**	1			
关系质量（承诺）	0.584**	0.676**	0.561**	0.573**	1		
价值共创参与行为	0.683**	0.691**	0.578**	0.648**	0.680**	1	
价值共创公民行为	0.632**	0.666**	0.575**	0.623**	0.596**	0.614**	1

资料来源：根据相关研究自制。

注：*** 表示 $p<0.001$；** 表示 $p<0.01$；* 表示 $p<0.05$。

从表 5.21 可知，感知经济价值、感知功能价值、感知情感价值、价值共创参与行为、价值共创公民行为、关系质量的信任和承诺七项全部呈正相关关系，并且可以看出，感知功能价值和价值共创参与行为的相关程度最高，可以说明顾客在使用小猪民宿平台时所感知到的功能方面的感觉对参与价值共创有很大的影响，好的功能可以促进顾客参与价值共创。

（五）假设检验

（1）直接效应检验。本节所有测量量表都具有比较良好的信度和效度，并且因子分析也比较完整，没有进行任何问题的删除与修改，适合进行下一步整体结构方程模型分析。

1）主效应初始结构方程模型。主效应模型中包含 6 个变量，经济价值、功能价值、情感价值、关系质量、顾客价值共创参与行为、顾客价值共创公民行为，变量均为一阶变量。主效应初始结构方程模型的路径如表 5.22 所示。

表 5.22 主效应初始结构方程模型的路径

第一指标	第二指标	观测指标测量
感知价值	经济价值	EV_1、EV_2、EV_3
	功能价值	FV_1、FV_2、FV_3、FV_4、FV_5
	情感价值	SV_1、SV_2、SV_3
关系质量	信任、承诺	CT_1、CT_2、CT_3、CC_1、CC_2、CC_3
价值共创行为	顾客价值共创参与行为	VPB_1、VPB_2、VPB_3、VPB_4
	顾客价值共创公民行为	VCB_1、VCB_2、VCB_3、VCB_4

资料来源：根据相关研究自制。

使用 AMOS26.0 绘制主效应初始结构方程的模型图，图中的椭圆代表潜变量，方框为观察变量，圆圈代表测量误差，并且将误差依次命名为 e1～e28，单向箭头表示变量间的因果关系，具体如图 5.5 所示。

2）模型拟合及假设检验。将样本数据输入 AMOS26.0 中，采用极大似然法进行估计，模型运行各路径，最后结果如图 5.6 所示。

根据模型运行可以计算出，卡方值为 338.570，自由度为 267，其中卡方与自由度的比值为 1.2681，小于 3，RMSEA 值为 0.030，小于 0.08，GFI、CFI、TLI 值分别为 0.918、0.973 和 0.969，大于 0.9 标准，拟合良好，该测量模型是有效的。

对于路径分析，主效应初始结构方程模型的路径分析结果如表 5.23 所示。

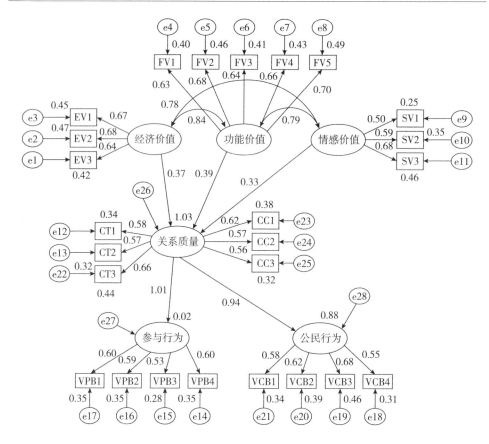

图 5.5　主效应初始结构方程模型

资料来源：根据相关研究自制。

表 5.23　主效应初始结构方程模型的路径分析结果

假设序号	假设路径	路径系数	C. R.	检验结果
H1a	经济价值→关系质量	0.099	3.165	成立
H1b	功能价值→关系质量	0.096	3.451	成立
H1c	情感价值→关系质量	0.140	3.013	成立
H2a	关系质量→参与行为	0.116	8.675	成立
H2b	关系质量→公民行为	0.112	7.831	成立

资料来源：根据相关研究自制。

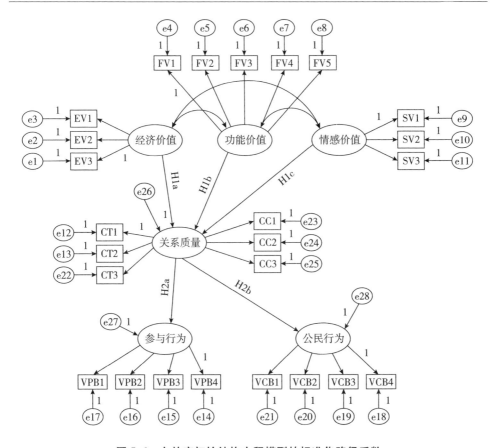

图 5.6　主效应初始结构方程模型的标准化路径系数

资料来源：根据相关研究自制。

由表 5.23 可知，小猪民宿平台的消费用户，顾客感知经济价值（路径系数 = 0.099，C. R. = 3.165，p = 0.002）感知功能价值（路径系数 = 0.096，C. R. = 3.451，p<0.001）和情感价值（路径系数 = 0.140，C. R. = 3.013，p = 0.003）均对关系质量有显著的正向影响。关系质量（路径系数 = 0.116，C. R. = 8.675，p<0.001）对顾客参与行为有显著的正向影响，关系质量（路径系数 = 0.112，C. R. = 7.831，p<0.001）对顾客公民行为有显著正向影响。假设 H1a、H1b、H1c、H2a、H2b 成立。

（2）中介效应检验。Bootstrap 检验法通过模拟抽样分布过程，能得到比常规的逐步回归法和 Sobel 法更为精确的置信区间，本书使用 Bootstrap 方法对中介模型进行验证。在 AMOS 软件中设置样本量 5000，置信区间 95%，在这一标准上进行检验，判断中介效应是否显著。中介效应路径分析结果如 5.24 所示。

表 5.24　中介效应路径分析结果

假设	中介影响路径	Effect	Lower	Upper
H3a	经济价值→关系质量→参与行为	0.316	0.097	0.697
H3b	功能价值→关系质量→参与行为	0.333	0.064	0.634
H3c	情感价值→关系质量→参与行为	0.425	0.103	0.618
H4a	经济价值→关系质量→公民行为	0.274	0.092	0.637
H4b	功能价值→关系质量→公民行为	0.288	0.064	0.573
H4c	情感价值→关系质量→公民行为	0.368	0.092	0.568

资料来源：根据相关研究自制。

表 5.24 结果显示，经济价值→关系质量→参与行为的这条路径的效应值为 0.316，在置信区间 ［0.097，0.697］ 之间，经济价值→关系质量→公民行为的这条路径的效应值为 0.274，在置信区间 ［0.092，0.637］ 之间，功能价值→关系质量→参与行为的这条路径的效应值为 0.333，在置信区间 ［0.064，0.634］ 之间，功能价值→关系质量→公民行为的这条路径的效应值为 0.288，在置信区间 ［0.064，0.573］ 之间，情感价值→关系质量→参与行为的这条路径的效应值为 0.425，在置信区间 ［0.103，0.618］ 之间，情感价值→关系质量→公民行为的这条路径的效应值为 0.368，在置信区间 ［0.064，0.568］ 之间，以上六条路径的置信区间没有包含零，关系质量在经济价值与顾客参与行为、顾客公民行为之间的中介效应显著，关系质量在功能价值与顾客参与行为、顾客公民行为之间的中介效应显著，关系质量在情感价值与顾客参与行为、顾客公民行为之间的中介效应显著。假设 H3a、H3b、H3c、H4a、H4b、H4c 成立。

（六）检验结果汇总

通过实证检验，本书模型涉及的假设检验结果如表 5.25 所示。

表 5.25　检验结果汇总

序号	研究假设	检验结果
1	H1a：资源共享服务平台消费用户感知经济价值对关系质量具有显著正向影响	成立
2	H1b：资源共享服务平台消费用户感知功能价值对关系质量具有显著正向影响	成立
3	H1c：资源共享服务平台消费用户感知情感价值对关系质量具有显著正向影响	成立
4	H2a：关系质量正向影响资源共享服务平台消费用户价值共创参与行为	成立
5	H2b：关系质量正向影响资源共享服务平台消费用户价值共创公民行为	成立
6	H3a：关系质量在消费用户感知经济价值与价值共创参与行为间起中介作用	成立
7	H3b：关系质量在消费用户感知功能价值与价值共创参与行为间起中介作用	成立

续表

序号	研究假设	检验结果
8	H3c：关系质量在消费用户感知情感价值与价值共创参与行为间起中介作用	成立
9	H4a：关系质量在消费用户感知经济价值与价值共创公民行为间起中介作用	成立
10	H4b：关系质量在消费用户感知功能价值与价值共创公民行为间起中介作用	成立
11	H4c：关系质量在消费用户感知情感价值与价值共创公民行为间起中介作用	成立

资料来源：根据相关研究自制。

（七）分析结论

从使用小猪民宿平台的消费用户的感知价值出发，探讨了经济价值、功能价值和情感价值三个维度对顾客价值共创行为意愿的影响。

实证结果表明，感知价值中的经济价值、功能价值、情感价值对关系质量的临界比值（C.R.）分别是 3.165、3.451、3.013，可以看出，感知价值的经济、功能、情感三个维度均对关系质量有显著正向影响。从三个维度来看，功能价值是对关系质量影响最大的，可以说明消费用户在使用小猪民宿平台进行浏览和在线预订民宿的时候看重使用的功能，软件不卡顿、支付无问题等功能可以提升顾客的感知功能价值，进而提升消费用户对平台和资源用户的关系质量。关系质量对价值共创参与行为的临界比值（C.R.）为 8.675，关系质量对价值共创公民行为的临界比值（C.R.）为 7.831，可以看出关系质量对于价值共创参与行为影响更高，当消费用户对平台和资源用户信任后，更愿意使用平台，并且提供相应的信息和遵守平台规则。

从实证的结果可以看出，关系质量的中介效应较为明显，经济价值→关系质量→参与行为这条路径的效应值为 0.316，在置信区间 [0.097，0.697] 之间，经济价值→关系质量→公民行为这条路径的效应值为 0.274，在置信区间 [0.092，0.637] 之间，功能价值→关系质量→参与行为这条路径的效应值为 0.333，在置信区间 [0.064，0.634] 之间，功能价值→关系质量→公民行为这条路径的效应值为 0.288，在置信区间 [0.064，0.573] 之间，情感价值→关系质量→参与行为这条路径的效应值为 0.425，在置信区间 [0.103，0.618] 之间，情感价值→关系质量→公民行为这条路径的效应值为 0.368，在置信区间 [0.064，0.568] 之间，可以看出关系质量对使用小猪民宿平台的消费用户的价值共创行为有显著影响，关系质量对价值共创两种行为的影响程度相差不大。消费用户在感知到平台的经济、功能并且使用后产生情感，就会对平台产生信任并且产生喜爱和依赖心理，进而促进消费用户更加积极地参加到价值共创中。

四、管理启示

作为共享经济背景下的新兴平台，共享的创新模式一直吸引人们进行探索。本节通过对小猪民宿短租平台数据分析得出相关结论，针对平台存在的不足提出相关的管理启示。

（一）功能方面

感知功能价值在感知价值三个维度中所占比重最大，说明平台使用的功能性对于消费用户参与价值共创行为意愿的影响最大。对于消费用户而言，使用资源共享服务平台这类平台最为在意的就是个人安全，包括资产安全、人身安全、信息安全等。无论是消费用户在浏览平台还是在平台上进行消费，都需要平台保证消费用户的财产安全和信息安全。同时，平台需要在前期十分认真地审核入驻资源用户的资质，对其信用和服务能力进行评价，保证消费用户在消费前中后期所有的权益。此外，平台界面清晰简洁，核心功能一目了然，操作简便，发布信息及时准确等平台功能的优化也可以使用户感知到自己通过参与交易获得需要实现的功能和需求的满足，进一步建立消费用户对平台的信任。

（二）经济方面

从研究结论来看，消费用户的感知经济价值的临界比值和感知功能价值和情感价值相比，位列第二，也就是说消费用户对于经济感知方面也比较敏感。平台要注重消费用户对于价格的敏感程度，对共享产品的费用进行合理定价，注重消费用户的性价比。同时，推出一些促销及优惠措施，并通过提高平台口碑宣传，增加用户认同感和满意度等方面使平台对用户赋能，提高用户转换成本，让用户更加依赖平台，并且带来更多的感知价值。

（三）情感方面

在共享经济中，每位用户都可能成为价值创造的主体，平台可以加入消费用户互相评价询问等机制，推出更多的"个性化"服务与套餐，满足消费用户的多样化需求。重视消费用户每一次消费过后的评价与感受，及时进行回访与反馈，对于消费用户在平台使用后提出的合理化建议要及时回复与整改。通过文案、视频等故事性形式较强的传播和推广方式从而增强与用户的情绪联结，可以强化用户对使用共享平台而非传统平台进行交易的认同。在进行营销时，以真实感受为前提可以建立好与用户情感的联结，以此获取用户更多的信任和承诺，从而让消费用户更加积极地参与到价值共创中来。

（四）其他方面

从研究结果可以看出，关系质量在感知价值和价值共创行为之间起到了一定的中介作用，说明消费用户只有在对平台和资源用户产生信任，并且认同平台的价值观才会促进消费用户更加积极地参与价值共创。因而，可以推出用户参与平台推广海报设计等活动，以及将环保、健康、节能等理念融入共享平台的日常运营，让用户有心理上的认同等措施。同时，在资源共享平台上引入第三方，延长平台产业链，提升平台的附加值，提高消费用户黏性。

参考文献

［1］中华人民共和国商务部．2022 年中国网络零售市场发展报告［EB/OL］．https：//dzswgf. mofcom. gov. cn/news_ attachments/173846f6450aa4454f9c45b5d345cb6e74c525ce. pdf.

［2］Moore J F. Predators and Prey：A New Ecology of Competition ［J］. Harvard Business Review, 1993, 71（3）：75-86.

［3］胡岗岚，卢向华，黄丽华．电子商务生态系统及其协调机制研究——以阿里巴巴集团为例［J］．软科学，2009，23（9）：5-10.

［4］Armstrong M. Competition in Two-sided Markets ［J］. Rand Journal of Economics, 2010, 37（3）：668-691.

［5］Gordon Liu, Lukman Aroean, Wai Wai Ko. A Business Ecosystem Perspective of Supply Chain Justice Practices ［J］. International Journal of Operations & Production Management, 2019, 39（9）：1122-1143.

［6］Pekka Leviäkangas, Risto Öörni. From Business Models to Value Networks and Business Ecosystems-What Does It Mean for the Economics and Governance of the Transport System ［J］. Utilities Policy, 2020, 64.

［7］王欢．电子商务平台生态系统价值创造的博弈研究［D］．哈尔滨工业大学，2020.

［8］Nicholas S P Tay, Robert F. Lusch. A Preliminary Test of Hunt's General Theory of Competition：Using Artificial Adaptive Agents to Study Complex and Ill-Defined Environments ［J］. Journal of Business Research, 2004, 58（9）：1155-1168.

［9］Payne A F, Storbacka K, Frow P. Managing the Co-Creation of Value ［J］. Journal of the Academic Marketing Seience, 2008, 36（1）：83-96.

［10］Perrons R K. The Open Kimono：How Intel Balances Trust and Power to Maintain Platform Leadership ［J］. Research Policy, 2009, 38（8）：1300-1312.

［11］Ramaswamy Venkat, Gouillart Francis. Build the Co-Creative Enterprise. ［J］. Harvard Business Review, 2010, 88（10）：100-110.

［12］ADner R, Kapoor R. Value Creation in Innovation Ecosystems：How the Structure of Technological Interdependence Affects Firm Performance in New Technology

Generations［J］. Strategic Management Journal, 2010, 31（3）: 306-333.

［13］Lorenzo-Romero C, Constantinides E, Brünink L A. Co-creation: Customer Integration in Social Media Based Product and Service Development［J］. Procedia-Social and Behavioral Sciences, 2014（148）: 383-396.

［14］汪怡, 刘晓云, 何军. 基于商业生态视角的电子商务服务平台竞争力评价研究［J］. 情报科学, 2014, 32（6）: 39-42+50.

［15］赵哲, 贾薇, 程鹏, 张博. 垂直电商的服务创新与价值共创实现机制研究——基于服务主导逻辑的视角［J］. 大连理工大学学报（社会科学版）, 2017, 38（4）: 64-73.

［16］朱勤, 孙元, 周立勇. 平台赋能、价值共创与企业绩效的关系研究［J］. 科学学研究, 2019, 37（11）: 2026-2033+2043.

［17］叶盈莹, 刘杰, 胡西斌. 共享经济视角下乐享资源交互平台的价值共创模式分析［J］. 技术与市场, 2021, 28（1）: 128-129.

［18］董纪昌, 王国梁, 沙思颖, 苗晋瑜, 李秀婷. P2P 网贷平台信任形成机制研究［J］. 管理学报, 2017, 14（10）: 1532-1537.

［19］贺明华, 梁晓蓓. 共享平台制度机制能促进消费者持续共享意愿吗?——共享平台制度信任的影响机理［J］. 财经论丛, 2018（8）: 75-84.

［20］李立威, 王伟. 分享经济中的制度保障、平台信任与人际信任研究: 服务提供方视角［J］. 科技促进发展, 2020, 16（6）: 618-626.

［21］张景安, 刘军. C2C 商家信任度动态分类机制研究［J］. 计算机工程与应用, 2009, 45（19）: 217-219+235.

［22］王慧敏. 社交电商场景下意见领袖信息特征对消费者购买意愿的影响研究［D］. 河南工业大学, 2020.

［23］Kim S, Park H. Effects of Various Characteristics of Social Commerce（S-Commer? ce）on Consumers' Trust and Trust Performance［J］. International Journal of Information Management, 2013, 33（2）: 318-332.

［24］王优. 社会化电商平台质量对顾客行为意向的影响研究［D］. 北京交通大学, 2017.

［25］Pavlou P A, Gefen D. Building Effective Online Marketplaces With Institution-Based Trust［J］. Information Systems Research, 2004, 15（1）: 37-59.

［26］Schaft S V D. Collaborative Trust: The Two-Way Process of Building Trust Within the Sharing Economy［D］. Rotterdam: Erasmus University Rotterdam, 2014.

［27］Roger C Mayer, James H Davis, F. David Schoorman. An Integrative Model of Organizational Trust［J］. The Academy of Management Review, 1995, 20（3）:

344-354.

[28] Kim K K, Prabhakar B. Initial Trust and the Adoption of B2C e-Commerce [J]. ACM SIGMIS Database: The Database for Advances in Information Systems, 2004, 35 (2): 50-64.

[29] 张劲松, 郑攀, 周林缝. 消费者对共享出行平台和服务方的信任机制研究 [J]. 首都经济贸易大学报, 2020, 22 (2): 101-112.

[30] 杜群阳, 项丹. 信任倾向、感知风险与购买意愿的内在作用机理研究——基于跨境进口零售电商平台的实证分析 [J]. 市场论坛, 2019 (5): 12-22.

[31] 吕小静. B2C 中消费者信任影响因素研究 [J]. 物流工程与管理, 2019, 41 (2): 114-115+60.

[32] 杨翾. 感知风险和信任对互联网理财产品消费行为的影响机理研究 [D]. 南昌大学, 2016.

[33] Vargo S L, Lusch R F. Service-dominant Logic: Continuing the Evolution [J]. Journal of the Academy of Marketing Science, 2008, 36 (1): 1-10.

[34] Gruen T W, Summers J O, Acito F. Relationship Marketing Activities, Commitment, and Membership Behaviors in Professional Associations [J]. Journal of Marketing, 2000, 64 (3): 34-49.

[35] 杨学成, 涂科. 共享经济背景下的动态价值共创研究——以出行平台为例 [J]. 管理评论, 2016, 28 (12): 258-268.

[36] 唐方成, 蒋沂桐. 虚拟品牌社区中顾客价值共创行为研究 [J]. 管理评论, 2018, 30 (12): 131-141.

[37] 毛倩. 价值共创文献综述 [J]. 现代营销 (学苑版), 2021 (11): 144-145.

[38] 王海花, 熊丽君. 共享经济背景下顾客参与价值共创的影响因素研究 [J]. 商业经济研究, 2018 (21): 43-45.

[39] 杨学成, 涂科. 平台支持质量对用户价值共创公民行为的影响——基于共享经济背景的研究 [J]. 经济管理, 2018, 40 (3): 128-144.

[40] 徐嘉徽. 共享服务平台双边用户价值共创过程及影响因素研究 [D]. 吉林大学, 2019.

[41] 左文明, 黄枫璇, 毕凌燕. 分享经济背景下价值共创行为的影响因素——以网约车为例 [J]. 南开管理评论, 2020, 23 (5): 183-193.

[42] 张洪, 鲁耀斌, 张凤娇. 价值共创研究述评: 文献计量分析及知识体系构建 [J]. 科研管理, 2021, 42 (12): 88-99.

［43］谢雪梅，石娇娇．共享经济下消费者信任形成机制的实证研究［J］．技术经济，2016，35（10）：122-127．

［44］张烨，高素英，王羽婵．互动导向共享经济平台用户的价值共创——一个混合效应模型的检验［J］．兰州学刊，2021（4）：78-95．

［45］李立威．分享经济中多层信任的构建机制研究——基于 Airbnb 和小猪短租的案例分析［J］．电子政务，2019（2）：96-102．

［46］张新圣，李先国．虚拟品牌社区特征对消费者价值共创意愿的影响——基于满意与信任中介模型的解释［J］．中国流通经济，2017，31（7）：70-82．

［47］张艳霞．虚拟品牌社区特征对顾客价值共创意愿的影响机制分析［J］．商业经济研究，2019（9）：58-61．

［48］陈楠．在线短租特性、消费者感知对消费者使用意愿的影响研究［D］．天津师范大学，2020．

［49］柳秀．分享经济背景下顾客感知价值对其价值共创行为的影响研究［D］．上海大学，2020．

［50］李翠微．"新零售"模式对消费者价值共创行为的影响研究——基于 SOR 理论［J］．市场周刊，2020（3）：80-83．

第六章 泛知识类平台短视频用户参与价值共创研究

第一节 理论基础与国内外研究评述

一、研究背景与研究意义

（一）研究背景

在移动互联网和大数据背景下，平台经济成为全面整合产业链和提高资源配置效率的一种新型经济模式[1]。随着京东、Amazon、阿里巴巴等新经济体的涌现，平台经济不仅改变了企业传统的价值创造方式，也改变了人们的消费方式。截至 2022 年 12 月，我国网民规模达 10.67 亿，较 2021 年 12 月增长 3549 万，互联网普及率达 75.6%[2]。网民利用各类平台来获取信息，借助网络购物、网上外卖解决日常所需，不断享受平台经济带来的数字红利。平台经济已成为互联网经济时代下所有经济活动和经济关系的总和，有利于创造多元的企业模式，提升经济运转的效率[3]。其中，互联网技术的快速发展催生了网络音频、视频信息传播方式的日新月异；尤其是短视频平台近些年发展迅速，可谓天然的流量池。随着移动网络的广泛应用，2022 年 12 月网络视频（含短视频）用户规模达 10.31 亿，较 2021 年 12 月增长 5586 万，占网民整体的 96.5%，其中，短视频用户规模达 10.12 亿，较 2021 年同期增长 7770 万，占网民整体的 94.8%[2]。对于视频平台企业来说，企业未来的发展方向已从吸引新用户转变为在原有的用户基础上创造新的增值点。因此，本章仅针对占网络视频用户 94.8% 的短视频展开泛知识类平台的价值共创研究。

随着 5G 技术的发展，在线学习已成为获取知识的重要途径之一。"泛知识"

短视频则是借助视频媒介进行内容呈现的一种实践；它能够释放更多的知识潜能，让人们可以实现利用碎片化时间获取信息和知识。网络用户对科普、学习、纪实等知识讲解类内容的关注程度增幅达到16.7%[4]。泛知识类短视频的流行，使社会正在形成热爱知识的时代浪潮。《2020年中国在线知识问答行业白皮书》提到，2020年中国泛知识内容行业已经成长为千亿级别的市场，而线上泛知识内容平台移动端网民渗透率已达到86%以上[5]。哔哩哔哩、抖音、快手等互联网平台不断丰富泛知识类短视频内容，不断将泛知识类进行专业化细分拓展，泛知识成为了短视频平台内容构建的重要领域。对于泛知识短视频而言，传统的价值创造模式已经不再适用。然而，泛知识生产、传播的门槛相对较低，容易出现同质化严重、质量参差不齐等问题，重视泛知识视频内容的建设以提升用户的感知体验仍是获取用户的关键手段。为了规范网络信息传播，相关部门纷纷出台政策，例如：2019年11月，为促进网络音视频信息服务健康有序发展，保护公民、法人和其他组织的合法权益，维护国家安全和公共利益，国家互联网信息办公室、文化和旅游部、国家广播电视总局制定了《网络音视频信息服务管理规定》；2021年9月，中共中央　国务院发布了《知识产权强国建设纲要（2021-2035）》，提出打造传统媒体和新兴媒体融合发展的知识产权文化传播平台，拓展社交媒体、短视频、客户端等新媒体渠道。随着业务下沉，全国各地方政府也纷纷出台针对短视频企业营销、短视频平台质量的相关监管政策。国家各部委和各省市管理部门通过政策法规制定，规范平台视频发布行为，并鼓励生产精品"泛知识"产品；在政策扶持、用户知识需求驱动下，平台企业的"泛知识"短视频不断推陈出新；既满足了用户需求，也提升了知识的社会覆盖度。在新的竞争形势下，泛知识短视频平台需要重视顾客参与，将顾客体验纳入价值创造之中，真正理解用户参与价值共创的意义。只有这样，泛知识短视频领域才能保持活力，随着用户需求不断自我发展。

（二）研究意义

（1）理论意义。目前学术界对"泛知识"短视频还没有一个明确的定义，余胜泉等（2021）提出"泛在学习"的概念，他认为，泛在学习就是在自然的生活场景中，学习者能通过智能知识主题，交互、共享及构建个体认知与社会认知的过程[6]。刘泽晋（2021）提出知识类短视频的定义，他认为知识类短视频的主要目的是分享知识，通过内容的讲解，使用户从中收获知识[7]。通过以上定义，本章研究推演出泛知识短视频是学习者能够利用可感知的移动设备随时随地通过视频讲解形式获取简单易懂的信息知识。目前，泛知识类短视频的研究集中于短视频的传播特征，泛知识用户需求的演变；泛知识类短视频的内容创作及类型研究[8]。目前，很少有学者从价值共创的角度出发对泛知识短视频做实证性的研究。因此，基于服务主导逻辑，以泛知识短视频作为研究背景，通过实证分析研究用户参与价值共创意愿的影响因素与作用机理，丰富了有关平台经济以及泛知识短视频领域的理论研究。

另外，现有的顾客参与价值共创理论大多围绕将品牌策略、顾客忠诚，鲜少有将顾客感知、体验价值、容忍度、情绪唤醒、持续浏览意愿等变量与价值共创联系起来，很少将可穿戴生理记录仪器、眼动追踪仪器等实验设备用于消费者参与价值共创的客观行为捕捉与分析。因此，本章的研究基于神经营销学，在发放并定量分析消费者调查问卷的基础上，尝试将问卷与可穿戴生理记录仪器、眼动追踪仪器等实验设备、分析软件相结合，拓展问题研究的变量与方法，提高数据分析的真实性与可信度，从影响顾客参与价值共创意愿的影响因素出发，深入探讨用户参与平台价值共创的行为机理，进一步丰富价值共创的研究成果。

（2）实践意义。近年来，泛知识类短视频备受平台用户青睐，抖音、B站、头条、快手等互联网平台也不断丰富泛知识类短视频内容，从泛娱乐类向知识类等专业细分化的方向拓展，泛知识成为短视频平台内容构建的重要领域。

通过研究所得到的管理启示，将针对性地为泛知识短视频平台企业提出基于服务主导逻辑视角的管理建议与营销策略，以便提高企业内部运作效率；在为消费者提供方便快捷、值得信赖的服务价值的同时，更好地提升平台企业的核心竞争力，增强企业的获利能力与经济效益；最终实现平台与消费者价值的共同创造，促进泛知识短视频平台保持活力、健康发展。

二、泛知识类平台短视频用户价值共创的研究维度

（一）短视频用户浏览动机

动机是用户结合自身需求与外在诱因，形成的激发兴趣及行为促进因素，也是触发行为的内部驱动力。在基本生理需求动机的基础上，随着消费水平的提升，好奇、求知渴求[9]、放松[10]、逃避生活[11]等因素已成为衡量消费动机的重要维度。随着"互联网+"的蓬勃发展，新兴商业模式带给顾客前所未有的购物体验，直播带货、短视频营销拓宽了学者的研究范围，学者对消费动机的研究逐渐开始关注网络浏览动机，从个性化推荐[12]、品牌观念、从众购买[13]等角度对顾客网络购买动机进行的研究逐渐丰富。更深层次的研究发现：提升自我认知、增强社交互动、信息寻求、消磨时间成为用户移动阅读的普遍动机[14]；伴随着微博、微信等社交网络的推广，用户使用动机又增加了人际交流与沟通、自我展示[15]的需求。

学者基于网络浏览动机的研究取得了一定的成果，但基于短视频的浏览动机研究相对薄弱。虽然，需要和刺激是动机产生的两个主要原因[16]，但现有的短

视频浏览动机的研究成果，多数从情感满足、接受服务、娱乐消遣等某一方面进行分析，包括基于同伴影响、逃避现实等浏览动机探究短视频过度使用行为[17]，证实用户的个人倾向及娱乐性需求正向作用于浏览行为[18]等研究；而将用户需求与外部刺激有机结合对用户浏览动机进行研究的成果较少。

基于此，将用户自身需求与外部刺激的影响因素进行梳理与总结，以此作为研究用户感知体验的影响因素。此外，从移动短视频整体用户使用动机出发的相关研究较多[19,20]，通过对某一类短视频或某一个短视频账号进行用户浏览（使用）动机研究的较少[21]，在所搜集到的基于泛知识短视频进行用户浏览动机研究的成果更少。因此，本章的研究选取泛知识短视频类平台来探究用户浏览动机。

（二）感知体验与情绪唤醒

"感知"是外部事物依靠人体感官，在大脑中形成的直接反应；感知体验[22]则是在外界环境的图形、声音等因素对人体感官产生刺激后，人们对外部环境所做出的体验性评价。感知体验程度的高低不仅会改变用户对产品或服务的看法[23]，也会对顾客回购意愿是否有效提升产生影响[24]。同类型的用户有着不同的浏览偏好[25]，例如：视频呈现给用户的首先是视觉与听觉的体验，部分用户更加注重视频背景音乐及视觉的冲击；对于其他用户则会根据短视频信息内容带来的使用价值权衡利弊。在对泛知识视频做出初步评价之后，视频用户会根据自己的评价结果，来作为是否继续进行视频浏览的重要依据。而用户体验包括"效价"和"唤醒度"[26]，效价是用来评价用户感知体验的正负性，唤醒度则是用来描述用户体验正负性感知的强烈程度，进一步将用户卷入再浏览（或停止浏览）。

人的决策判断很大程度上会受情绪影响，情绪在用户行为产生过程中起关键作用[27]，情绪的形成源于对某一事物或想法的思考过程，而情绪又会反作用于机体，驱使机体做出反应。情绪唤醒是用来研究情绪与认知行为关系的手段，在实验室环境中利用图片、音频、视频等方式能有效激发被试者相应的情绪体验，被启动的情绪会影响后续认知行为。在认知负荷重和可利用决策时间少的情况下，人们可利用加工的资源有限，消费者更有可能基于情感反应（而非认知反应）做出决策[28]。引发的情绪是正向时，消费者更可能倾向选择；引发的情绪是负向时，消费者更可能倾向拒绝[29]。由此可见，情绪唤醒与消费者冲动意愿及行为存在着密切关系。而情绪与生理是同时发生的，生理信号是评测情绪唤醒的重要方法，目前有学者通过对被试人员肌电、皮电、瞳孔反应等生理指标进行捕捉，来验证情绪唤醒的积极或消极作用。例如，通过 ERP 实验探讨员工情绪对任务绩效影响，分析脑电波幅获取情绪反应[30]；以生理电作为情绪唤醒测量指标，研究网页延时与用户感知体验的关系[31]；基于眼动指标研究负面情绪对视觉注意影响[32]。

在移动互联网飞速发展的时代，人们利用零散时间观看视频的需求越来越强烈，同时对短视频的质量要求也越来越高[33]；同时，更大程度地提升用户的娱乐感知更能促进用户对短视频平台的使用意愿[34]。因此，用户在泛知识短视频浏览过程中，可能会针对视频的内容生成、娱乐程度、互动交流[35] 等来衡量利弊，做出体验性评价，以此作为持续浏览观看的依据。此外，"情绪"与用户的感知密不可分，已有成果通过捕捉生理信号，研究用户感知对情绪唤醒的影响，为本章后续实验设计提供了思路。因此，本章内容基于用户感知体验，借助皮电、心率变异性、眼动等指标，对用户浏览泛知识短视频过程的情绪进行测量，并用于顾客参与价值共创的研究。

（三）浏览意愿及其影响因素

网民规模的扩大、互联网普及率的增加，为数字经济发展打下了坚实的用户基础，同时，用户浏览意愿也备受学术界关注。针对浏览意愿，国外相关学者基于社交媒体、线上购物等情景展开研究。Mark Brown 等（2003）认为产品类型、优先购买等条件相较于便利性等基本购物取向对购买意愿更有显著影响[36]；Essi Pöyry 等（2013）基于网络社区使用动机研究，发现享乐动机更倾向于参与社区，而功利动机更倾向于浏览社区页面[37]。国内对浏览行为的研究相对较多，对于浏览意愿的相关研究则较为薄弱。

随着移动短视频的迅猛发展，学者们利用短视频平台能够快速获取信息和知识，通过深度访谈等方式获取原始资料，并对其进行逐级编码来分析短视频用户使用行为的因素[38]；庞立君等立足于虚拟品牌社区互动的特点，探究信息交互对用户参与行为的影响[39]；张星等在短视频用户浏览的影响因素分析过程中发现，视频的娱乐价值正向促进浏览行为[18]。

（四）眼动追踪和生理技术

（1）眼动追踪技术。眼睛是人体最为重要的信息接收器官，通过对检索到的中外文献整理归纳发现，视觉体验已成为探究用户感知、行为意愿的重要途径。近年来，认知心理学领域的眼动技术不断被视觉营销领域的专家学者们应用，基于眼动实验的研究范围越来越广泛，相关研究成果也越来越丰富。

基于搜索界面研究的眼动追踪一直是研究的热门领域。学者借助眼动追踪技术对新闻类、学习类及电子购物等网站进行研究：分析被试者在 12306 网站购票过程中的眼动数据，对网站界面进行改良[40]；对新闻移动端界面的图文结构、字体、信息集中度等因素进行眼动分析，得出信息低密度、上图下文最优的视觉搜索效果[41]；此外，图形、颜色差异[42]、布局[43] 等都是评价界面的重要指标，基于眼动追踪探究界面构成要素，为分析用户感知、网站界面优化提供指导。基于营销设计，有学者认为食品包装袋中的产品标签说明[44]，有助于加强消费者的购买意愿；并通过解码货架注意力，对香水[45] 及水果[46] 销售货架进行管理，实现更好的营销效果。随着动态广告及视频的发展，基于动态感知的眼动研究也越来越多：Meng-Jung Tsai 等（2019）利用眼动技术与访谈法对用户体验进行研究，发现动态的插画比静态的插画对文本和图形的感知更加有效[47]；Weiyin Hong 等（2021）通过捕获动态的横幅广告注意力，分析发现不同的动画特征（不断运动、若隐若现）对消费者的吸引效果不同[48]；Schüler Anne 等（2020）则通过对照实验来研究短视频音频与视频内容一致性与否对学习者注视行为进行观察[49]。

（2）生理指标。生理指标包含皮电（EDA）、心率变异性（HRV）等。本书着重研究皮电（EDA）和心率变异性（HRV）这两类指标。

皮电反应指皮肤电导率随汗腺活动而变化的过程，当人体的神经系统处于积极活跃状态时，汗腺活动也会相应增强。因此，皮电指标可以直接反映人体交感神经的活跃度，例如情绪唤醒[50]、人体负荷等。Hsiu 等（2020）探讨智能手机用户基线和干预后皮肤电导反应（SCR）差异，并通过自我评估焦虑量表和智能手机成瘾量表评分，分析有问题的智能手机使用水平、焦虑水平和 SCR 变化之间的关系[51]；对恐惧获得和消退过程中皮肤传导和瞳孔的变化进行分析，为追踪学生学习提供对策建议[52]；皮电技术还可以用来探索用户与车载设备进行交互时的认知负荷和感知[53]。此外，皮电还可以作为网页界面设计的重要指标，通常结合界面满意度问卷、系统使用等。

人体情绪的客观测量方法一直备受关注，以往的情绪测量研究多采用皮电、心率、呼吸等[54]。由于心率变异性方法的日渐成熟，心率变异性（HRV）发展成为反映交感神经客观的测量指标，广泛应用于情绪的研究。汪磊等（2020）对风险情境中飞行冒险行为及其生理指标变化特征进行分析，发现 EDA 与 HRV 表征的心理负荷程度反映冒险行为的兴奋程度，并以其作为飞行冒险行为的预测指标[55]。彭婉晴等（2019）通过对照实验并进行 HRV 数据收集分析，得出工作记忆训练对易患抑郁症大学生情绪调节有显著作用[56]。通过对相关研究总结发现，心率变异性的测量大多适用于临床技术和工程设计，对于移动界面操作过程的情绪测量不多，因此，研究试图将皮电、心率变异性与眼动进行整合，对泛知识短视频浏览行为进行研究。

通过梳理眼动技术及皮电、心率变异性等生理指标的相关研究，为后续研究的顺利开展提供方法支持。基于泛知识短视频平台，结合眼动追踪与问卷访谈法，对用户感知体验及其浏览意愿的全过程进行探究，在一定程度上改进传统实验法的研究范式，使得测量结果更加准确、推广度更高。同时，记录实验过程中的生理指标（心率、皮电等），来反映被试的情绪波动，能做出更加合理、客观的评价。

综上，本章从神经营销角度出发，基于用户体验与感知价值视角，对泛知识短视频用户行为进行客观测量，并辅助问卷访谈法，在一定程度上弥补传统问卷的主观性；对于泛知识短视频实践发展研究将起到一定的推进作用。

根据以上各类文献与研究成果的梳理，发现针对平台泛知识短视频实践过程中用户参与价值共创的影响因素与作用机理研究所涉及的变量较多，影响过程复杂，无法通过一个作用机理模型展开研究。因此，在接下来几节中，分别针对影响用户参与价值共创的不同研究视角，结合不同方法、多因素，进行泛知识短视频用户参与平台价值共创研究。

第二节　泛知识类平台短视频用户持续浏览意愿研究

根据泛知识短视频特征，本节对顾客体验、感知价值对用户价值共创的影响因素进行细分，将持续浏览意愿作为因变量提出研究假设及模型框架，并对泛知识短视频用户感知与持续浏览意愿之间的路径进行检验。

一、研究假设提出与模型构建

（一）博主特征对感知价值的影响

短视频博主通常被称为意见领袖（KOL），是指拥有强大粉丝或流量，善于信息传播且对某一领域有影响力的群体。研究发现，消费者认为博主具有较丰富的经验、较高的知识储备，对于产品或服务的了解强于非专业人士，更具有借鉴价值；知名度高、口碑好的博主更受消费者信赖[57]；此外，博主展现产品或服务的形式也逐渐多元化，研究认为博主将信息表达得越真实，对产品介绍得越详尽、越细致，会进一步增强用户对产品价值的感知，更好地让用户沉浸其中[58]。因此，本节将专业性、知名度、视觉搜索作为博主特征测量维度，以探究对感知价值的影响，并提出如下假设：

H1：博主特征对感知价值会产生正向影响。

（二）信息特征对感知价值的影响

信息特征是评价用户感知的重要因素，对社交媒体信息的传播具有一定的影响作用[59]；且信息质量是信息特征的一个重要参考维度。田晓旭等（2022）基于政务短视频探究用户持续浏览的作用路径，发现信息质量对感知有用性有显著的正向影响作用[60]；信息内容的完整性、可理解性会影响用户的感知，用户感知价值的程度也会反映出信息质量[61]。此外，标题等文本特征在用户阅读过程中起重要作用，例如标题的类型、句式、情感倾向等会影响信息的浏览量；通过挖掘用户偏爱的主题类型，进一步满足用户信息需求，提升体验感[62]。因此提出如下假设：

H2：信息特征对感知价值会产生正向影响。

（三）感知风险对感知价值的影响

感知风险也是解释用户感知的重要变量[63]，是用户使用产品或服务时，由于风险不确定性而产生的消极影响，包括感知到的隐私安全、交易风险等[64]。对于泛知识短视频平台来说，视频用户的风险感知很可能影响感知价值。因此，本书将感知风险作为测量维度来探究其对感知价值的影响，并提出如下假设：

H3：感知风险对感知价值会产生负向影响。

（四）感知价值对持续浏览意愿的影响

"感知"是外部事物依靠人体感官，在大脑上形成的直接反应；感知价值是用户对产品或服务的质量、功能等做出的综合性体验评价。感知价值程度的高低不仅会改变用户对产品或服务的看法[65]，而且会增强（或削减）用户忠诚度或增加（或减少）对该产品或服务的回购率[66]。用户对短视频娱乐、内容和互动的感知价值感越高，其浏览泛知识短视频的意愿越大；因此短视频用户会将自身感知价值作为是否继续浏览的重要依据。因此提出如下假设：

H4：感知价值对持续浏览意愿会产生正向影响。

（五）心流体验的中介作用

心流体验指顾客积极参与活动的情感体验，是长时间保持专注、实现心情愉悦、达到忘我境界的生理或心理状态[67]，是一种主观的感受；处于心流状态时，个体往往感觉不到时间的改变，或失去自我意识而沉浸其中，因此，心流体验也常被叫作沉浸式体验[68]。

目前，心流体验已成为国内外研究消费心理与行为的热点；划分维度也逐渐多元化，虽然维度的划分没有统一，但大部分涉及感知愉悦、时间扭曲、专注度等维度[69,70]。基于此，本书选用这三大测量维度展开研究。消费者的心流体验会影响其购物态度，当消费者获得愉悦感知并不由自主地沉浸其中时，会产生购物行为[71]。有研究发现用户的感知价值通过影响其内在生理状态进而影响行为，从而影响用户的决策行为[72]。因此基于泛知识短视频提出如下假设：

H5：心流体验在感知价值与持续浏览意愿之间起中介作用。

基于上述文献梳理与假设，构建泛知识短视频用户感知与浏览意愿之间的理论模型（见图6.1）。

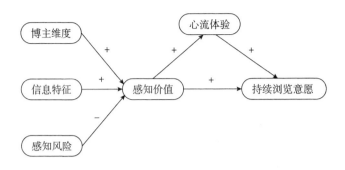

图 6.1　用户感知与浏览意愿之间的理论模型

二、问卷设计、数据收集与描述性统计分析

（一）问卷设计与数据收集

本书在梳理文献的基础上，借鉴已有的成熟量表，并根据泛知识短视频的特点进行问卷设计。为确保问卷质量，对前测问卷进行信效度检验，并对问题题项进行删减与补充。修正后的变量维度与问题题项如表 6.1 所示，共 29 个题项。正式问卷于 2022 年 8 月通过 Credamo 进行网络发放，最终共收集问卷 530 份，有效问卷 476 份，有效率为 89.81%。

表 6.1　量表设计内容

测量维度	测量题项
博主特征	a1 我认为知识博主应具备该领域的相关知识和一定的专业能力
	a2 我认为知识博主应具备丰富的视频讲解经验
	a3 我认为知识博主在该领域应具有一定的影响力
	a4 我认为知识博主在社会上应具有一定的名声
	a5 我认为博主推荐的商品应有详尽、细致的文字说明
	a6 我认为博主推荐的商品应有直观、真实的视频讲解
信息特征	b1 内容质量较低的短视频无法满足我的浏览意愿
	b2 视频内容的可理解性会影响我的浏览意愿
	b3 视频内容的完整性会影响我的浏览意愿
	b4 视频的主题或类型会影响我的浏览意愿
	b5 视频信息中不同的情感倾向会影响我的浏览意愿

测量维度	测量题项
感知风险	e1 我担心短视频内容与封面描述的严重不符，浪费时间
	e2 我担心个人的隐私信息会被泄露
	e3 我担心平台推送单一且相似的短视频
	e4 在流量不充裕的时候会有放弃继续浏览的想法
感知价值	c1 竖屏短视频 App 使用简单，更容易上手操作
	c2 我能快速地在该类短视频上搜索到想要的视频
	c3 观看该类短视频，能为我提供有用的知识信息
	c4 通过交流互动，能提升我的知识获取效率
	c5 点赞、评论等交流方式能增加我与其他用户的互动
心流体验	d1 观看该类短视频时，我会集中注意力
	d2 观看该类短视频时，我会暂时忘却其他的事情
	d3 观看该类短视频时，我会感到时间过得很快
	d4 观看该类短视频时，我能感受到短视频带给我的乐趣
	d5 观看该类短视频时，我感觉自己沉浸其中
持续浏览意愿	f1 我会继续使用该类短视频
	f2 我愿意推荐他人使用该类短视频账号
	f3 我会经常使用该类短视频
	f4 我会因为某一个短视频继续浏览博主的其他视频

（二）描述性统计分析

利用 Credamo 软件对发放后回收的问卷结果进行统计分析，对被调查者的性别、年龄、受教育程度、观看泛知识视频的目的进行分析，如表 6.2 所示。被调查者的年龄符合用户年轻化特征；受教育程度也符合用户学历水平（据《2021 中国网络视听发展研究报告》统计）；对泛知识短视频用户使用特征分析得出：大多数被调查者为泛知识短视频的活跃用户，针对观看目的，觉得"图文＋音乐"呈现形式有趣、有效且快速了解内容的观看动机占比较大。通过分析可见，此次发放调查问卷的群体是与泛知识短视频实际用户群体有较好符合度的。

表 6.2　描述性统计结果

题项	类别	频次	百分比（%）
性别	男	195	41
	女	281	59

续表

题项	类别	频次	百分比（%）
年龄	0~18 岁	9	1.8
	18~25 岁	288	60.5
	26~35 岁	95	20.0
	36~45 岁	45	9.5
	45 岁以上	39	8.2
学历	高中以下	39	8.2
	高中或中专	49	10.3
	大专	84	17.7
	本科	212	44.6
	硕士及以上	92	19.2
职业	学生	198	41.5
	国有企业	32	6.7
	事业单位	72	15.1
	民营或外资企业	49	10.3
	自由职业	51	10.8
	其他	74	15.6
浏览原因	"图文+音乐"呈现形式有趣	331	69.5
	有效且快速了解内容	304	63.8
	已习惯用短视频来获取各种信息	227	47.7
	可以增加一定的娱乐性	225	47.2

三、数据分析与模型验证

（一）信、效度分析

（1）信度分析。首先，对问卷的总体信度进行检验，结果显示 α 系数为 0.960，问卷整体具有较高的可靠性与稳定性。其次，6 个变量 Cronbach's α 均在可接受范围内，这说明量表题项之间具有不错的内部一致性。

（2）效度分析。首先，进行 KMO 与巴特利特球形检验，检验该问卷调查结果是否适合做因子分析。根据SPSS23.0计算结果得知：检验值为 0.956，适合做因子分析。其次，利用该软件进行探索性因子分析，从量表题项中提取出 6 个影响因子，符合问卷的设计；旋转后的因子载荷系数均大于 0.6，符合标准；收敛后累计方差解释率为 75.857%，符合解释率大于 60% 标准。最后，利用

AMOS24.0 软件进行验证性因子分析（见表 6.3）。各变量的平均提取方差（AVE）大于 0.5，组合信度（CR）大于 0.7；且各个变量的 AVE 平方根都高于变量间的相关系数，说明量表具有较好的收敛效度和区分效度。即验证性因子分析通过。综上，该问卷具有较好的效度。

表 6.3　探索性因子分析

变量	题项	成分					
		1	2	3	4	5	6
博主特征	a1		0.644				
	a2		0.749				
	a3		0.784				
	a4		0.761				
	a5		0.713				
	a6		0.665				
信息特征	b1	0.811					
	b2	0.824					
	b3	0.764					
	b4	0.809					
	b5	0.733					
感知风险	e1						0.809
	e2						0.808
	e3						0.739
	e4						0.647
感知价值	c1			0.697			
	c2			0.766			
	c3			0.718			
	c4			0.724			
	c5			0.674			
心流体验	d1				0.687		
	d2				0.729		
	d3				0.675		
	d4				0.651		
	d5				0.738		

续表

变量	题项	成分					
		1	2	3	4	5	6
持续浏览意愿	f1					0.714	
	f2					0.782	
	f3					0.781	
	f4					0.699	
方差解释率（%）		14.604	14.342	12.757	12.349	11.433	10.371
累计方差解释率（%）		14.604	28.947	41.704	54.053	65.486	75.857

提取方法：主成分分析法。旋转方法：凯撒正态化最大方差法。a 旋转在 7 次迭代后已收敛。

（二）假设检验

（1）假设模型检验。利用 AMOS24.0 进行模型拟合，并对提出的研究假设进行检验。通过对其进行标准化发现，假设中除了信息特征对感知价值不显著（假设 H_2），其他路径都为显著性水平，如表 6.4 所示。

表 6.4 原始标准化路径系数

路径	标准化路径系数	S. E.	C. R.	p	结论
感知价值←博主特征	0.520	0.056	8.604	***	支持
感知价值←信息特征	0.094	0.048	1.497	0.134	不支持
感知价值←感知风险	0.272	0.047	4.618	***	支持
心流体验←感知价值	0.819	0.058	15.501	***	支持
持续浏览意愿←感知价值	0.149	0.081	2.203	*	支持
持续浏览意愿←心流体验	0.717	0.080	9.830	***	支持

注：*** 表示 $p<0.001$；** 表示 $p<0.01$；* 表示 $p<0.05$。

通过原始结构模型的分析，将表 6.4 中感知风险对感知价值的路径删除，为了更加准确地进行后续研究，提高结构方程模型的质量，将相关性较大的协方差项进行 MI 修正，得到图 6.2，经验证得到表 6.5 结构方程各路径系数。

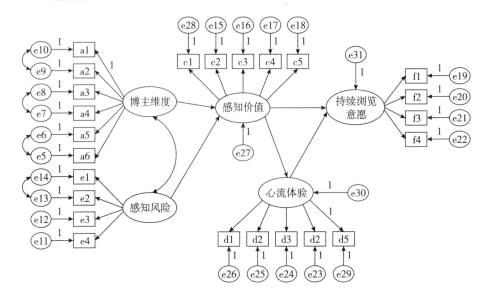

图 6.2　结构方程模型修正结果

表 6.5　修正后标准化路径系数

	Estimate	S. E.	C. R.	P
感知价值←博主特征	0.565	0.060	9.425	＊＊＊
感知价值←感知风险	0.300	0.040	5.651	＊＊＊
心流体验←感知价值	0.820	0.058	15.466	＊＊＊
持续浏览意愿←感知价值	0.152	0.082	2.229	＊
持续浏览意愿←心流体验	0.715	0.081	9.767	＊＊＊
a1←博主特征	0.745			
a2←博主特征	0.806	0.065	17.284	＊＊＊
a3←博主特征	0.800	0.075	15.026	＊＊＊
a4←博主特征	0.714	0.078	13.328	＊＊＊
a5←博主特征	0.762	0.077	14.230	＊＊＊
a6←博主特征	0.761	0.073	14.203	＊＊＊
e1←感知风险	0.759			
e2←感知风险	0.730	0.054	18.075	＊＊＊
e3←感知风险	0.850	0.068	15.270	＊＊＊
e4←感知风险	0.753	0.070	14.086	＊＊＊
c1←感知价值	0.810			

续表

	Estimate	S. E.	C. R.	P
c2←感知价值	0.823	0.059	18.867	***
c3←感知价值	0.871	0.055	20.504	***
c4←感知价值	0.854	0.059	19.903	***
c5←感知价值	0.802	0.064	18.201	***
d1←心流体验	0.832			
d2←心流体验	0.816	0.053	19.459	***
d3←心流体验	0.855	0.048	20.942	***
d4←心流体验	0.863	0.047	21.256	***
d5←心流体验	0.843	0.050	20.460	***
f1←持续浏览意愿	0.907			
f2←持续浏览意愿	0.830	0.045	22.815	***
f3←持续浏览意愿	0.880	0.040	25.866	***
f4←持续浏览意愿	0.848	0.040	23.866	***

因此，H_1、H_3、H_4 和 H_5 得到检验，假设成立；H_2 的假设不成立。

（2）中介变量检验。参照 Preacher 和 Hayes（2004）提出的 Bootstrap 方法进行中介检验（见表 6.6），可知心流体验作为感知价值与持续浏览意愿的中介效应是成立的，且起到部分中介作用。

表 6.6　中介效应检验

	Estimate	SE	Bias-corrected95%CI		p
			Lower	Upper	
间接效应	0.706	0.104	0.532	0.951	***
直接效应	0.183	0.101	0.008	0.408	*
总效应	0.889	0.081	0.712	1.034	***

（三）实证分析结果

通过构建用户体验与持续浏览意愿的机理模型，以泛知识短视频作为样本进行假设验证，结果显示：博主特征对感知价值具有正向影响；感知风险对感知价值具有负向影响；感知价值能够正向影响用户持续浏览意愿；此外，心流体验在感知价值与持续浏览意愿之间发挥部分中介作用。最终根据定量研究结果，将用户体验与持续浏览意愿理论模型（见图 6.1）修改如图 6.3 所示，并附上影响强度。

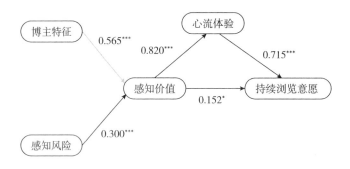

图 6.3　用户感知与持续浏览意愿最终理论模型

四、管理启示

（1）平台加强对博主的身份认证与审核，提高博主声誉和影响力。通过对博主真实身份、专业能力进行筛选，保障博主以专家、学者、业内专业人士为主，至少擅长某种技能，确保视频质量有保障，以提升短视频用户的感知价值体验。

（2）降低用户风险感知。完善用户隐私服务措施，针对用户隐私泄露容忍度，泛知识短视频平台要对用户敏感数据进行特殊保护，尽量减少用户的隐私泄露；对标题夸大其词或文题不符的视频进行甄别并严格监管，保证用户对观看视频的不确定性在合理的容忍区间内，使用户更愿意浏览泛知识短视频。

（3）重视用户浏览体验。研究发现，用户心流体验起部分中介作用影响用户的持续浏览意愿，为泛知识短视频用户提供更为人性化的情感体验，更有针对性地迎合用户需求，充分调动用户的心流体验。

第三节　用户浏览情绪唤醒与点击意愿的神经营销实验

实验研究的特点，就是必须聚焦于顾客行为；通过穿戴试验设备，对客观存在的、真实发生的顾客行为进行信息捕捉和分析，并得到研究结论。因此，本节选取"樊登读书"抖音账号为研究案例，分析用户选择偏好及影响因素，对该类短视频平台的页面设计、布局，以及对用户需求的精准定位进行研究是具有实践价值的。

《2020 年度中国数字阅读报告》显示：数字阅读产业规模达 351.6 亿元，增长率达 21.8%，人均电子书阅读量 9.1 本，而人均纸质书阅读量仅为 6.2 本。因为数字阅读借助视觉画面与音乐效果，以新颖的制作手法突出阅读的重点，易于用户消化与传播；所以从纸质阅读到数字阅读，用户可以获取更多的社交价值、功能价值以及情感价值[73]。随着现代社会的发展和信息传播媒介的变化，移动短视频成为数字阅读平台进行内容呈现的一种实践。同时，短视频内容创作者数量也不断增加，KOL（关键意见领袖）逐渐成为短视频内容创作者的主力。因此"樊登读书""喜马拉雅"等电子阅读类 APP 不仅借助短视频平台进行数字阅读推广，而且通过 KOL 的影响力进一步扩大用户群体，在短视频用户中形成较大的社会影响力，其中，"樊登读书"作为阅读类短视频的流量网红，粉丝数高达954.2 万。因此，选取"樊登读书"抖音账号为研究案例是具有代表性和实践意义的。

一、理论基础与研究问题的提出

（一）理论基础

视觉浏览亦称视觉搜索，指用户通过眼睛实现信息收集与目标定位，搜索有效需求信息的视觉行为[74]。随着短视频平台逐渐成为消费者快速获取信息和知识、便捷购买产品与服务的重要渠道，对短视频用户参与意愿、使用与购买行为的实证研究也逐渐增多。例如，基于用户视觉浏览行为探究界面构成要素（网站界面的图形、颜色差异、布局等）对消费者感知与购买意愿的影响，为网站界面优化提供指导。用户在数字阅读类短视频浏览过程中，可能会针对视频的内容生成、娱乐程度、互动交流等做出体验性评价，以此作为持续浏览观看的依据。而诸多研究成果显示：通过捕捉生理信号，研究用户感知对情绪唤醒的影响是可行的；因此本节将页面设计的主要元素作为刺激材料，借助眼动、皮电、心率等指标，对用户浏览数字阅读类短视频过程的情绪进行捕捉与分析，对用户感知体验展开研究。

（二）研究问题的提出

本节以"樊登读书"抖音账号为研究案例。把视频封面页的三类元素（标题类型、背景颜色、点赞数量）设置为自变量，通过实验捕捉被试者观看视频封面页时的眼动、皮电、心率等生理数据，研究三类元素对用户浏览情绪与点击意愿的影响因素及强度。

研究问题 1：标题类型。

以流量为"王"的社交媒体平台为了吸引流量，将注意力从内容制作向标题设计转移。标题吸引力的强度，对于用户点击视频、进行点赞评论等后续行为产生直接的影响[75]。周思瑶（2021）通过内容分析法对疫情语境下的短视频标题进行分析，发现"事实/情绪混合型"标题比"事实型"更受媒体与用户关注[76]；姜婷婷等（2020）研究证实：相比于故事型标题，用户对数据型标题有更高的唤醒度及较高的点击行为[77]。基于此，分析"樊登读书"抖音标题所具有的特征，将标题类型分为陈述型、情绪型和疑问型三类来研究对被试者观看兴趣的影响。提出以下研究问题：观察三种标题类型对被试者浏览眼动数据的影响是否存在差异？若差异显著，哪类标题更受浏览者青睐并产生继续浏览的点击意愿？

研究问题 2：背景颜色。

颜色对事物感知的影响作用显著，不仅用于传递信息，对个体心理也存在一定的影响作用[78]。学习材料的背景色能影响学生的认知负荷[79]；黑色背景相对于白色会抑制人的诚信行为[80]；相较于其他颜色，老年人对红色、橙色、黄色的舒适喜好程度更高[81]。因此，"樊登读书"短视频的背景颜色差异可以作为影响浏览者情绪的自变量。

因为"樊登读书"的视频背景布置颜色淡雅且区分度较小，不适合做背景差异研究，而博主的衣着款式大致相同，颜色反差明显（集中于黑色、黄色、蓝色、红色等）；因此，决定将博主的衣着颜色作为背景颜色开展实验研究。之后，选取 60 名在校大学生对博主衣着的几种颜色进行选择排序，取前三种作为实验的自变量，即黑色、黄色、蓝色。基于此，提出研究问题：黑色背景、黄色背景、蓝色背景对被试者浏览过程中眼动数据的影响是否会产生明显差异？若差异显著，最佳的背景颜色是哪一种？

研究问题 3：点赞数量。

点赞数作为衡量短视频传播力度的标准之一，被广泛用于视频效果的评价[82]。钟志豪等（2021）通过探索点赞行为与短视频播放量的关系，发现：点赞量与播放量呈强正相关，且点赞量对播放量有驱动作用[83]。在此基础上，本次实验通过生理信号捕捉分析点赞数量与用户浏览行为的影响关系，包括情绪唤醒与浏览意愿的影响机制强度。为了使刺激材料尽量形成较大的反差，结合"樊登读书"抖音号真实的点赞数量，将点赞数量分为百、千、万三个层次，分别选取点赞量在 200~800、3000~8000、10000~40000 的数值代表以上三个层次。基于此，提出研究问题：点赞数量是否会影响用户的观看点击行为？如果影响，哪种点赞数量的影响效果最佳？是否点赞数量越高，影响作用越大？

二、实验设计及操作流程

（一）实验设计

（1）按照研究问题将实验整体分为三部分，按顺序依次对"标题类型""背景颜色"及"点赞数量"三个研究问题进行探索性实验，具体内容见表6.7。

表6.7　实验设计分类表

研究问题	第一类	第二类	第三类
标题类型	陈述型	疑问型	情绪型
背景颜色	黑色	黄色	蓝色
点赞数量	高（10000~40000）	中（3000~8000）	低（200~800）

（2）将三类研究问题进行分类设计，并且根据研究问题分别划分AOI兴趣区，即实验关键研究对象的区域。本次实验AOI划分范围：研究问题1中的标题区域、研究问题2中的背景颜色区域和研究问题3中的点赞数区域。

（3）为了验证生理信号捕捉与分析的结果，在每一位被试者做完实验后，安排其接受简短的访谈。访谈提纲如表6.8所示。

表6.8　访谈提纲

问题类别	具体访谈题项
标题类型	1. 您平时自由浏览该类视频的过程中，是否有极大的兴趣关注标题？ 2. 您关注标题的目的是什么？ 3. 实验材料浏览之后，您能记住标题内容吗？是什么？
背景颜色	在实验过程中，博主身着的黑色、黄色、蓝色衣服中，您最偏向于哪个颜色？
点赞数量	1. 您在浏览视频的过程中，会受到点赞数量的影响吗？ 2. 如果受影响，哪一类会影响您产生对视频观看的兴趣？

（二）实验流程

步骤1：被试者在实验人员指导下佩戴生理电极，采集五分钟静息数据（包括皮电（EDA）、心率（PPG））作为被试者安静状态下的生理基值，作为心理状态的基线值。

步骤2：实验人员引导被试者坐在实验仪器前端，进行实验状态的调整及眼动仪校准，采用五点校准法，校准精确度控制在0.05°左右，校准合格，方可进行实验。

步骤3：被试者通过阅读实验"指导语"进行实验。先后浏览6张视频界面：顺序分别为标题类型（2张）、背景颜色（2张）、点赞数量（2张）。每张视频界面由九个（3*3）视频链接组成，被试者可以自由对视频界面进行浏览，然后点击自己所感兴趣的视频，点击之后将会出现空白页，并双击浏览下一张实验图片。浏览过程中无特殊要求，被试者自由浏览。其中，浏览时间取预实验的平均值。

步骤4：问卷访谈。视频界面浏览结束后，被试者按照实验人员指示进行结构访谈，访谈的内容主要集中在标题评价及记忆程度、背景颜色与点赞数量吸引程度等方面（见表6.8）。

（三）实验设备及刺激材料

实验仪器选用高精度遥测眼动追踪仪器 Tobii Pro Fusion、手持设备可用性测试系统平台 ErgoLAB、生理测试仪器（EDA 与 PPG）、电脑主视机一台、手机被试机一部（型号：HUAWEI NOVA7）。实验过程所需的刺激材料使用"樊登读书"抖音号上寻找到的真实材料并通过 PS 软件制作得到，详细材料如下所示：

材料1：标题类型刺激材料。

根据研究问题1设计的三类标题，在"樊登读书"抖音号上分别寻找"陈述型、疑问型、情绪型"三类标题内容，分类后的标题见表6.9。由于被试者为大学生，选取的实验材料类别为生活及沟通类。为了降低因其他因素变化而引发的实验结果偏差，针对其他自变量进行变量控制如下：点赞数量控制在3529～4988，标题颜色保持一致，背景颜色选取出现频率最高的黑色背景，即博主穿着与标题背景色保持一致。根据实验变量控制的需要借助 PS 软件对"樊登读书"抖音号上真实的图片进行修改，最终形成图6.4。图6.4中视频封面链接共18条，每9条（3*3的图片布局）组成一张实验图片，三种标题类型平均分布在两张实验图片中。

表6.9 标题类型及其内容

标题类型	标题内容
陈述型	与人打交道真诚才是关键
	取悦别人，不如修行自己
	好的心态才是人生最大的本钱
	生命的意义在于追求伟大的目标
	一分耕耘一分收获，你的努力不会辜负
	有问题直接沟通
疑问型	什么样的人能陪你走过一生？
	为什么有人特别招蚊子，和血型有关系吗？
	人到底有没有前世来生？
	为什么古人买东西要带凿子和锤子？
	如何正确回应别人的道歉？
	超级人工智能能改变世界走向吗？

续表

标题类型	标题内容
情绪型	生活中遇到这种人，千万要远离
	妈妈有一个遥控器，控制着我的人生
	有多少人把父母当作免费的保姆
	越懂事越没人心疼你，因为别人觉得你坚强
	常年被父母咒骂和否定会严重影响人生
	爸爸不允许我穿牛仔裤，认为是伤风败俗

图 6.4　标题类型实验刺激材料

材料2：背景颜色刺激材料。

根据研究问题2设计的三类背景颜色，即黑色、黄色、蓝色对被试者浏览过程中的生理数据进行捕捉，并分析背景颜色不同是否对浏览者情绪唤醒与点击兴趣的影响存在差异。借助PS修图软件对"樊登读书"上符合要求的真实图片进行必要的变量控制，即对点赞数量（控制在3529~4988）及标题类型（控制在沟通类陈述型标题）进行相似度统一，最终形成图6.5。图6.5中视频封面链接共18条，每9条（3*3的图片布局）组成一张实验图片，三种颜色类型平均分布在两张实验图片中。

图 6.5　背景颜色实验刺激材料

材料 3：点赞数量刺激材料。

根据研究问题 3 设计的具有明显区分的三类点赞数量（200~800，3000~8000，10000~40000），在"樊登读书"抖音号上寻找符合要求的真实图片，并进行必要的变量控制，即：背景颜色选取现频率最高颜色，即黑色背景；标题类型进行统一，全部选取沟通类陈述型标题。最终借助 PS 软件修改后形成图 6.6。图 6.6 中视频封面链接共 18 条，每 9 条（3 * 3 的图片布局）组成一张实验图片，三类点赞数量平均分布在两张实验图片中。

图 6.6　点赞数量实验刺激材料

（四）被试者选择

因"樊登读书"抖音号短视频的用户集中于具有一定文化程度的年轻人，因此本书共招募43名在校大学生（包含本科生与研究生）为被试者，年龄分布为20~25岁。被试者身体健康状况良好，双眼矫正视力或裸眼视力均达到1.0以上，均为右利手，有短视频使用经验，但无"樊登读书"抖音号短视频浏览经验；同时，参加本次实验的学生要求无眼动实验相关的经历，避免熟悉度。

三、数据分析

本书采用眼动、皮电及心率等生理测量方法对研究问题进行验证。以往研究证明：被试者对某部分注意力越高，则越有可能产生较高的点击选择行为。因此，实验也将点击选择这一行为加入研究问题的验证。

（一）眼动、点击行为数据分析

（1）标题类型分析。数据的 Levene 方差齐性检验的显著性为 0.005（$p < 0.05$），不满足方差检验的前提条件，表明这组数据是不适合进行单因素方差分析的，因此只能采用"Tamhane's T2"检验方法进行多重比较分析（见表6.10）。结果显示：陈述型标题与情绪型标题、陈述型标题与疑问型标题有显著性差异；情绪型标题与疑问型标题无显著性差异。对被试者的浏览选择行为进行整理发现：陈述型标题点击次数最多，占 46.5%；疑问型点击次数占 39.5%；情绪型点击次数占 14%。

表 6.10　标题类型多重比较

（I）编号	（J）编号	平均值差值（I-J）	标准误差	显著性	95%置信区间	
					下限	上限
陈述型	情绪型	4.464*	0.995	0.000	2.032	6.895
	疑问型	2.577*	1.054	0.049	0.006	5.147
情绪型	陈述型	-4.464*	0.995	0.000	-6.895	-2.032
	疑问型	-1.887	0.837	0.078	-3.927	0.153
疑问型	陈述型	-2.577*	1.054	0.049	-5.147	-0.006
	情绪型	1.887	0.837	0.078	-0.153	3.927

注：*表示平均值差值的显著性水平为0.05。

（2）背景颜色分析。数据的 Levene 方差齐性检验通过，$p > 0.05$，可以认为各个变量之间总体的方差是无显著差异的，根据方差检验的前提条件要求，这组数据可以进行单因素方差分析（见表6.11）。检验结果显示：显著性是 0.022

（p<0.05），因此我们认为不同的背景颜色对 AOI 总访问持续时间有显著的影响作用。在单因素方差分析的基础上，还需借助"Bonferroni 法"进行多重比较，来分析三种不同颜色之间的区别（见表 6.12）。即：黑色背景与黄色背景存在显著性差异；黑色背景与蓝色背景、黄色背景与蓝色背景之间不存在显著性差异。被试者的点击行为：黑色背景点击次数最多，占 46.5%；黄色背景点击次数占 26.75%；蓝色背景点击次数占 26.75%。

表 6.11　背景颜色方差检验

			平方和	自由度	均方	F	显著性
组间	（组合）		341.749	2	170.874	3.924	0.022
	线性项	对比	278.527	1	278.527	6.397	0.013
		偏差	63.222	1	63.222	1.452	0.230
组内			5486.321	126	43.542		
总计			5828.070	128			

表 6.12　背景颜色多重比较

（I）编号	（J）编号	平均值差值（I-J）	标准误差	显著性	95%置信区间	
					下限	上限
黑色	蓝色	3.285	1.423	0.068	−0.168	6.738
	黄色	3.599*	1.423	0.038	0.1463	7.052
蓝色	黑色	−3.285	1.423	0.068	−6.738	0.168
	黄色	0.315	1.423	1.000	−3.138	3.768
黄色	黑色	−3.599*	1.423	0.038	−7.052	−0.146
	蓝色	−0.315	1.423	1.000	−3.768	3.138

注：＊表示平均值差值的显著性水平为 0.05。

（3）点赞数量分析。数据的 Levene 方差齐性检验通过，这组数据可以进行单因素方差分析（见表 6.13）。检验结果显示：显著性是 0.042（p<0.05），因此我们认为不同的点赞数量对 AOI 总访问持续时间有显著的影响作用，但不同点赞数量之间的具体差异还需要借助"Bonferroni 法"进行多重比较来分析（见表 6.14）。根据平均值差值的显著性水平为 0.05 得出：高点赞数量与中点赞数量存在显著性差异，高点赞与低点赞、低点赞与中点赞之间不存在显著性差异。对被试者的浏览选择行为进行整理发现：点赞数量高的点击次数最多，占 46.5%；点赞数量少的点击次数占 37.2%；点赞数量居中的点击次数占 16.3%。

表 6.13 点赞数量方差检验

			平方和	自由度	均方	F	显著性
组间	（组合）		13.810	2	6.905	3.254	0.042
	线性项	对比	13.169	1	13.169	6.207	0.014
		偏差	0.641	1	0.641	0.302	0.584
组内			267.337	126	2.122		
总计			281.146	128			

表 6.14 点赞数量多重比较

（I）编号	（J）编号	平均值差值（I-J）	标准误差	显著性	95%置信区间 下限	95%置信区间 上限
点赞高	点赞低	0.541	0.314	0.263	−0.221	1.303
	点赞中	0.783*	0.314	0.042	0.020	1.545
点赞低	点赞高	−0.541	0.314	0.263	−1.303	0.221
	点赞中	0.242	0.314	1.000	−0.520	1.004
点赞中	点赞高	−0.783*	0.314	0.042	−1.545	−0.020
	点赞低	−0.242	0.314	1.000	−1.004	0.520

注：＊表示平均值差值的显著性水平为 0.05。

（二）皮电、心率数据分析

在三个实验皮电（EDA）、心率（PPG）数据分析过程中，发现：标题类型、背景颜色及点赞数量三个实验内不同变量的 EDA、PPG 数据不存在显著影响；但标题类型、背景颜色和点赞数量之间的 EDA 与 PPG 数据存在明显差异。因此，利用 SPSS 23.0 软件进行数据分析。

对 43 位被试者的 EDA、PPG 实验数据进行筛查，发现其中因按压到指尖导致有大幅度不由实验刺激引起变化的 12 份 EDA 异常数据，因静息状态不符合标准心率频率或受红外信号影响较大所造成的 5 份 PPG 异常数据。剔除异常数据后，分别对剩下的 31 份 EDA 数据和 38 份 PPG 数据进行分析，结果如表 6.15 所示。

表 6.15 生理指标统计数据

生理指标	类型	N	M	SD
EDA	标题	38	16.651	12.264
	点赞	38	16.089	10.786
	背景色	38	15.924	10.894

续表

生理指标	类型	N	M	SD
PPG	标题	31	57.373	28.987
	点赞	31	42.745	13.121
	背景色	31	52.294	16.751

对 EDA 数据进行方差分析，其中方差显著性为 0.958>0.05，即被试者对不同变量：标题、点赞、背景色的 EDA 变化数据不存在显著性差异。对 PPG 数据进行检验，方差显著性为 0.022<0.05，即被试者对不同变量：标题、点赞、背景色的 PPG 数据存在显著性差异。用"Bonferroni 法"对不同变量下的被试者 SDNN 数据进行事后多重比较，结果如表 6.16 所示。从表 6.16 中得出标题与点赞之间具有显著性差异，其他变量之间未发现显著性差异。

表 6.16　生理数据多重比较

(I) 编号	(J) 编号	平均值差值（I-J）	标准误差	显著性	95%置信区间	
					下限	上限
标题	点赞数	14.628 *	5.273	0.020	1.764	27.493
	背景色	5.079	5.273	1.000	-7.785	17.944
点赞数	标题	-14.628 *	5.273	0.020	-27.493	-1.764
	背景色	-9.549	5.273	0.221	-22.413	3.316
背景色	标题	-5.079	5.273	1.000	-17.944	7.785
	点赞数	9.549	5.273	0.221	-3.316	22.413

注：* 表示平均值差值的显著性水平为 0.05。

经分析，在三个实验中捕捉到的 EDA 数据均不存在显著性差异，因此后续分析中去除 EDA 数据，仅分析 PPG 数据。究其原因，有可能是实验材料对被试者的刺激反应，无法达到皮电设备可以捕捉到的出现显著变化的强度。

（三）实验全过程眼动热力图

对 43 个有效被试者数据的眼动热力图进行叠加处理，并通过 ErogLAB 软件导出图 6.7。其中 a1、b1 为标题类型对应的热力图；a2、b2 为背景颜色导出的热力图；a3、b3 则对应点赞数量。

对眼动热力图分析发现：标题和背景色区域的热力图颜色较深，点赞数量区域颜色较浅；背景颜色一致，陈述型标题的被关注度最高，疑问型次之，情绪型标题的被关注度最低；基于背景色热力图发现：黑色的关注度最高、黄色和蓝色关注度差不多，说明颜色影响被试者的注意力。

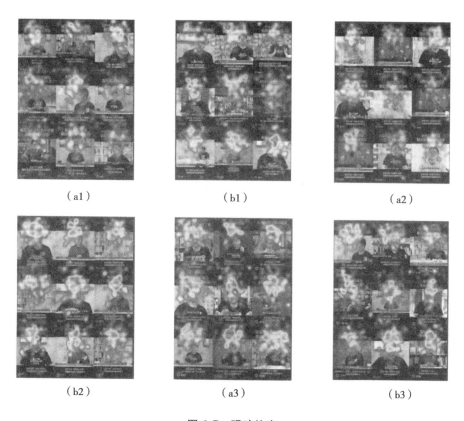

（a1）　　　　　　　（b1）　　　　　　　（a2）

（b2）　　　　　　　（a3）　　　　　　　（b3）

图 6.7　眼动热力

四、结论及管理启示

（一）结论

通过小样本实验，对"樊登读书"用户的浏览感知行为进行研究，基于眼动实验，结合浏览者点击行为、眼动、皮电、心率等生理数据，对提出的标题类型（陈述型、情绪型、疑问型）、背景颜色（黑色、黄色、蓝色）、点赞数量（高、中、低）3 个研究问题进行测量分析，并得出如下结论：

（1）就实验整体而言，结合心率数据与眼动热力图得出结论：①眼动热力图分析可见：无论哪类刺激材料的实验，最吸引被试者眼神注视的区域是标题和背景色，但点赞数量在实验全过程均未能引起被试者眼神注视。②无论是心率数据还是热力图分析，点赞数量均不受过多关注，并没有对被试者的情绪产生影响。③热力图和心率数据的分析结果高度一致。对被试者情绪变化影响的显著性从强到弱依次为标题类型、背景颜色、点赞数量。

（2）对于标题类型而言：首先，通过眼动实验数据分析可见，陈述型标题对读者积极情绪的唤醒远远大于疑问型、情绪型标题，且差异显著；但情绪型标题与疑问型标题无显著性差异，无法得到两者比较的结果。其次，通过眼动热力图分析，一方面验证了眼动实验中陈述型标题关注度最高的结果，另一方面发现疑问型标题被关注度高于情绪型。最后，被试者的点击行为所占比例从高到低依次为：陈述型（46.5%）、疑问型（39.5%）、情绪型（14%）。实验后访谈也验证了这一规律：35人有极大的兴趣关注标题，其中关注陈述型标题的被试者为17人，比例为48.6%；疑问型点击次数占39.5%；情绪型点击次数占14%。因此，得到如下结论：陈述型标题类型对于浏览者积极情绪唤醒并有意继续点击观看的影响最大，疑问型标题次之，情绪型标题影响最小。

（3）对于背景颜色而言：首先，通过眼动实验数据分析可见，只有黑色背景与黄色背景存在显著性差异，且黑色背景显著作用最强，其他两两比较均无显著性差异。其次，通过眼动热力图分析可见，被试者对黑色的关注度最高、黄色和蓝色关注度差不多。最后，被试者的点击行为所占比例从高到低依次为：黑色（46.5%）、黄色（26.75%）、蓝色（26.75%），访谈结果较一致。综合分析得到如下结论：黑色背景对于浏览者积极情绪唤醒并有意继续点击观看的影响最大，黄色和蓝色影响次之，且浏览者关注度无明显差别；访谈结果也表明，被试者对博主的黑色穿着背景有明显的偏爱及浏览兴趣。

（4）对于点赞数量而言：首先，通过眼动实验数据分析可见，只有高点赞数量与中点赞数量存在显著性差异，且高点赞数量显著作用最强，其他两两比较均无显著性差异。其次，结合心率数据与眼动热力图分析可见，点赞量几乎不受浏览者关注。最后，被试者的点击行为出现比例从高到低依次为：高点赞量（46.5%）、低点赞量（37.2%）、中点赞量（16.3%）。而访谈结果显示：43名被试者只有23名受点赞数量的影响，其中包含18名对高点赞量影响的被试者，剩余20名被试者不受点赞数量的影响。因此，访谈结果与生理信号捕捉数据分析不完全一致，无法进一步比较中点赞数量与低点赞数量的影响强度。但无论哪种分析结果，高点赞量均是对浏览者情绪变化与点击意愿影响程度最高的变量。

（二）管理启示

通过对浏览页面各元素是否可以唤醒浏览者积极情绪并增强点击意愿进行了实验研究，根据分析结果得出以下管理启示。

（1）标题最容易激发用户的积极浏览情绪，且对读者继续点击浏览的意愿影响最大。其中陈述型标题是最受用户浏览关注的。因此，阅读类短视频平台在进行页面设计时，如何选择标题类型以及如何通过标题编排吸引浏览者眼球，提高用户卷入度是首要考虑的问题。

（2）背景颜色是吸引消费者浏览兴趣的重要影响因素之一，其对浏览者的吸引力仅次于标题，本实验的结果最受关注；因此，阅读类短视频平台应该重视背景色的设计与效果跟踪。

（3）高点赞数量仍是吸引浏览者眼球的重要途径，阅读类短视频平台应该通过各种有效营销手段提高点赞量，吸引更多浏览者关注与访问。

参考文献

［1］陈红玲，张祥建，刘潇．平台经济前沿研究综述与未来展望［J］．云南财经大学学报，2019，35（5）：3-11.

［2］CNNIC 发布第 51 次《中国互联网络发展状况统计报告》［EB/OL］．https：//cnnic. cn/n4/2023/0302/c199-10755. html，2023-03-02.

［3］李佳，刘蕾．互联网 3.0 时代的平台经济模式与发展策略［J/OL］．企业经济，2021（1）：64-70.

［4］徐庆元．泛知识类短视频的创作生态浅谈［J］．声屏世界，2021（16）：94-95.

［5］环球网，艾瑞咨询发布中国在线知识问答行业白皮书：用户画像呈"三高"［EB/OL］. https：//baijiahao. baidu. com. 2020-08-26.

［6］余胜泉，王琦，汪凡淙，等．泛在学习资源组织和描述框架国际标准研究——暨学习元的国际标准化研究［J］．中国远程教育，2021（7）：1-9+76.

［7］刘泽晋，石姝莉．知识类短视频用户需求的演变趋势研究——基于出版企业知识服务转型［J］．新闻研究导刊，2021，12（22）：10-12.

［8］杨圣琪，丛挺．基于抖音的知识短视频类型研究［J］．出版参考，2020（1）：48-50.

［9］ Hartwell Heather. Wellness Tourism： A Destination Perspective ［J］. Tourism Management，2014（42）：305-306.

［10］ Yeon-Jin Lim，Hwa-Kyung Kim，Timothy J Lee. Visitor Motivational Factors and Level of Satisfaction in Wellness Tourism： Comparison Between First-Time Visitors and Repeat Visitors ［J］. Asia Pacific Journal of Tourism Research，2016，21（2）：137-156.

［11］ Bayih Berhanu Esubalew，Singh Apar. Modeling Domestic Tourism： Motivations，Satisfaction and Tourist Behavioral Intentions ［J］. Heliyon，2020，6（9）：1-17.

［12］肖娥芳．个性化推荐特征对消费者网络购买动机的影响［J］．商业经

济研究，2018（24）：80-82.

　　[13] 张莹，李海峰. 特产食品的消费者网络购买动机影响因子分析 [J].商业经济研究，2015（28）：73-74.

　　[14] Donghee Yvette Wohn, Mousa Ahmadi. Motivations and Habits of Micro-News Consumption on Mobile Social Media [J]. Telematics and Informatics, 2019（44）：193-201.

　　[15] 廖圣清，李梦琦. 社交媒体中关系强度、自我呈现动机与用户转发意愿研究——以微信的新闻转发为例 [J]. 现代传播（中国传媒大学学报），2021，43（6）：149-156.

　　[16] 张爱卿.20世纪动机心理研究的历史探索 [J]. 华中师范大学学报（人文社会科学版），1999（3）：30-35+162.

　　[17] 王建亚，张雅洁，程慧平. 大学生手机短视频过度使用行为影响因素研究 [J]. 图书馆学研究，2020（13）：84-95.

　　[18] 张星，吴忧，刘汕. 移动短视频用户浏览和创造行为的影响因素分析 [J]. 图书情报工作，2019，63（6）：103-115.

　　[19] 黄鑫昊，冯馨瑶. 大学生移动短视频主动发布意愿的动力机制研究 [J]. 情报科学，2021，39（11）：83-89+95.

　　[20] 蔡舒亭. 使用与满足理论视域下移动短视频 App 用户使用动机与使用意愿研究综述 [J]. 新媒体研究，2019，5（10）：16-18+26.

　　[21] 晋雪梅. 在线零售情境下风险感知对消费者购买意愿的影响——基于消费者信任的渠道分析 [J]. 商业经济研究，2021（21）：70-73.

　　[22] 沈冉冉. 城市公园景观中的感知体验设计研究 [D]. 山东建筑大学，2016.

　　[23] Ding, Cao, Qu, et al. An Exploratory Study Using Electroencephalography（EEG）to Measure the Smartphone User Experience in the Short Term [J]. International Journal of Human-Computer Interaction, 2020, 36（11）：1008-1021.

　　[24] 何奇兵. 网购服务场景下的回购意愿影响分析——基于体验感知的调节中介模型 [J]. 经济论坛，2019（4）：129-135.

　　[25] 朱永明，黄嘉鑫. 直播带货平台感知示能性对消费者购买意愿的影响研究 [J]. 价格理论与实践，2020（10）：123-126.

　　[26] Hilke Plassmann, Thomas Zoëga Ramsøy, Milica Milosavljevic. Branding the Brain：A Critical Review and Outlook [J]. Journal of Consumer Psychology, 2012, 22（1）：18-36.

　　[27] 马庆国，王凯，舒良超. 积极情绪对用户信息技术采纳意向影响的实

验研究——以电子商务推荐系统为例 [J]. 科学学研究, 2009, 27 (10):
1557-1563.

[28] 于龙. 正负面情绪在客户购买决策中的作用 [J]. 企业活力, 2007
(5): 36-37.

[29] 郭燕萍. 情境因素、消费者情绪与消费者线上冲动购买 [J]. 商业经
济研究, 2021 (6): 68-71.

[30] 汪京强, 冯萍, 邢宁宁, 等. 酒店员工情绪劳动策略对任务绩效的影
响——基于 ERP 的研究 [J]. 旅游科学, 2021, 35 (4): 37-52.

[31] 谭浩, 魏旭一, 孙家豪, 等. 基于生理电的移动网页时延对体验质量
的影响 [J]. 包装工程, 2018, 39 (14): 77-81.

[32] 黄月胜, 张豹, 范兴华, 等. 无关工作记忆表征的负性情绪信息能否
捕获视觉注意? ——一项眼动研究 [J]. 心理学报, 2021, 53 (1): 26-37.

[33] 陈妍如. 新新媒介环境下网络短视频的内容生产模式与思考 [J]. 编
辑之友, 2018 (6): 55-58.

[34] 张大伟, 陈彦馨, 王敏. 期望与确认: 短视频平台持续使用影响因素
初探——基于 SEM 与 fsQCA 的研究 [J]. 现代传播, 2020, 42 (8): 33-140.

[35] Yulia W. Sullivan, Chang E. Koh. Social Media Enablers and Inhibitors:
Understanding Their Relationships in a Social Networking Site Context [J]. International Journal of Information Management, 2019 (49): 170-189.

[36] Mark Brown, Nigel Pope, Kevin Voges. Buying or Browsing? An Exploration of Shopping Orientations and Online Purchase Intention [J]. European Journal of Marketing, 2003, 37 (11/12): 1666-1684.

[37] Essi Pöyry, Petri Parvinen, Tuuli Malmivaara. Can We Get From Liking to Buying? Behavioral Differences in Hedonic and Utilitarian Facebook Usage [J]. Electronic Commerce Research and Applications, 2013, 12 (4): 224-235.

[38] 关升亮, 李文乔. 基于扎根理论的移动短视频用户使用行为影响因素
研究 [J]. 情报科学, 2020, 38 (8): 7-61+158.

[39] 庞立君, 杨洲. 虚拟品牌社区中信息交互对用户参与行为的影响研究
[J]. 情报科学, 2021, 39 (7): 108-115.

[40] 潘飞, 姜可, 王东琦. 基于眼动追踪技术的购票网站可用性设计研究
[J]. 包装工程, 2020, 41 (24): 243-247.

[41] 方浩, 陈印超, 赵莹, 等. 移动端新闻平台信息设计要素对视觉搜索
效率的影响机制 [J]. 图书情报工作, 2019, 63 (22): 58-67.

[42] Tao Da, Yuan Juan, Qu Xingda. Presenting Self-Monitoring Test Results

for Consumers：The Effects of Graphical Formats and Age ［J］. Journal of the American Medical Informatics Association：JAMIA，2018，25（8）：1036-1046.

［43］侯冠华. 数字图书信息界面布局影响老年人信息检索交互绩效的眼动实证研究［J］. 国家图书馆学刊，2020，29（5）：21-32.

［44］Maria Sielicka-Różyńska，Ewa Jerzyk，Natalia Gluza. Consumer Perception of Packaging：An Eye-Tracking Study of Gluten-Free Cookies［J］. International Journal of Consumer Studies，2020，45（1）：14-27.

［45］Krajina Anida，HusićMehmedović Melika，KoštrebićKemal. Can You See How it Smells? What Eye Tracking Can Tell us about the Shelf Management of Luxury Perfumes［J］. South East European Journal of Economics and Business，2021，16（1）：93-106.

［46］Kleih Anne Katrin，Sparke Kai. Visual Marketing：The Importance and Consumer Recognition of Fruit Brands in Supermarket Fruit Displays［J］. Food Quality and Preference，2021（prepublish）.

［47］Meng-Jung Tsai，An-Hsuan Wu，Yuping Chen. Static and Dynamic Seductive Illustration Effects on Text-And-Graphic Learning Processes，Perceptions，and Outcomes：Evidence From Eye Tracking［J］. Applied Cognitive Psychology，2019，33（1）：109-123.

［48］Weiyin Hong，Muller Y. M. Cheung，James Y. L. Thong. The Impact of Animated Banner Ads on Online Consumers：A Feature-Level Analysis Using Eye Tracking［J］. Journal of the Association for Information Systems，2021，22（1）：204-245.

［49］Schüler Anne，Merkt Martin. Investigating Text-Picture Integration in Videos With the Multimedia Contradiction Paradigm［J］. Journal of Computer Assisted Learning，2020，37（3）：718-734.

［50］Bari Dindar S，Aldosky Haval Y Yacoob，Tronstad Christian，et al. The Correlations Among the Skin Conductance Features Responding to Physiological Stress Stimuli［J］. Skin Research and Technology：Official Journal of International Society for Bioengineering and the Skin（ISBS）［and］International Society for Digital Imaging of Skin（ISDIS）［and］International Society for Skin Imaging（ISSI），2020，27（4）：582-588.

［51］Hsiu-Fen Hsieh，Hsin-Tien Hsu，Pei-Chao Lin，et al. The Effect of Age，Gender，and Job on Skin Conductance Response among Smartphone Users Who are Prohibited from Using Their Smartphone［J］. International Journal of Environmental

Research and Public Health，2020，17（7）：2313.

［52］Valerie L. Jentsch，Oliver T Wolf，Christian J Merz. Temporal Dynamics of Conditioned Skin Conductance and Pupillary Responses During Fear Acquisition and Extinction［J］. International Journal of Psychophysiology，2020，147（C）：93-99.

［53］由芳，谢雨锟，李雅茹，等．皮电测量在虚拟仿真驾驶座舱实验教学中的应用［J］．实验室研究与探索，2021，40（2）：96-101.

［54］Alaoui-Ismaïli O，Vernet-Maury E，Dittmar A，et al. Odor Hedonics：Connection With Emotional Response Estimated By Autonomic Parameters［J］. Chemical Senses，1997，22（3）：237-248.

［55］汪磊，高杉．飞行冒险行为的眼动和生理特征研究［J］.中国安全科学学报，2020，30（9）：22-28.

［56］彭婉晴，罗帏，周仁来．工作记忆刷新训练改善抑郁倾向大学生情绪调节能力的 HRV 证据［J］.心理学报，2019，51（6）：648-661.

［57］Chu-Bing Zhang，Yi-Na Li，Bo Wu，Dong-Jin Li. How Wechat Can Retain Users：Roles of Network Externalities，Social Interaction Ties，and Perceived Values in Building Continuance Intention［J］. Computers in Human Behavior，2017（69）：284-293.

［58］赵大伟，冯家欣．电商主播关键意见领袖特性对消费者购买的影响研究［J］.商业研究，2021（4）：1-9.

［59］Miller Gerald R.，Burgoon Michael. Persuasion Research：Review and Commentary［J］. Annals of the International Communication Association，1978，2（1）：29-47.

［60］田晓旭，毕新华，杨一毫，王琳．政务短视频用户持续参与的影响因素研究［J］.情报杂志，2022，41（4）：144-151+172.

［61］金燕，杨康．基于用户体验的信息质量评价指标体系研究——从用户认知需求与情感需求角度分析［J］.情报理论与实践，2017，40（2）：97-101.

［62］张薇薇，朱玲．健康知识付费产品描述的文本特征对购买量的影响［J/OL］.图书馆论坛，2022：1-14.

［63］王子贤，吕庆华．感知风险与消费者跨境网购意愿——有中介的调节模型［J］.经济问题，2018（12）：61-67.

［64］任俊玲，杜惠英，王兴芬．面向网络零售的感知风险与购买意愿相关性［J］.中国流通经济，2019，33（7）：63-72.

［65］Ding，Cao，Qu，Duffy. An Exploratory Study Using Electroencephalography（EEG）to Measure the Smartphone User Experience in the Short Term［J］. International Journal of Human-Computer Interaction, 2020, 36 (11): 1008-1021.

［66］Anton Siebert, Ahir Gopaldas, Andrew Lindridge, Cláudia Simões. Customer Experience Journeys: Loyalty Loops Versus Involvement Spirals ［J］. Journal of Marketing, 2020, 84 (4): 45-66.

［67］Hoffman Donna L., Novak Thomas P. Marketing in Hypermedia Computer-Mediated Environments: Conceptual Foundations ［J］. Journal of Marketing, 1996, 60 (3): 50-68.

［68］Webster Jane, Trevino Linda Klebe, Ryan Lisa. The Dimensionality and Correlates of Flow in Human-Computer Interactions ［J］. Computers in Human Behavior, 1993, 9 (4): 411-426.

［69］龚潇潇, 叶作亮, 吴玉萍, 刘佳莹. 直播场景氛围线索对消费者冲动消费意愿的影响机制研究 ［J］. 管理学报, 2019, 16 (6): 875-882.

［70］成汝霞, 黄安民, 宋学通. 美食品牌契合对旅游者心流体验的影响研究——以网红餐饮打卡地成都宽窄巷子为例 ［J］. 资源开发与市场, 2022, 38 (6): 761-768.

［71］黄思皓, 邓富民, 肖金岑. 网络直播平台观众的冲动购买决策研究——基于双路径影响视角 ［J］. 财经科学, 2021 (5): 119-132.

［72］张美娟, 刘建刚. 网络平台用户黏度的产生机理: 基于心流体验中介作用 ［J］. 企业经济, 2021, 40 (4): 98-105.

［73］梁少博, 李金玲. 移动数字阅读平台用户转移行为研究 ［J］. 图书情报工作, 2022, 66 (2): 99-108.

［74］Periáñez José A, Lubrini Genny, García-Gutiérrez Ana, Ríos-Lago Marcos. Construct Validity of the Stroop Color-Word Test: Influence of Speed of Visual Search, Verbal Fluency, Working Memory, Cognitive Flexibility, and Conflict Monitoring ［J］. Archives of Clinical Neuropsychology: The Official Journal of the National Academy of Neuropsychologists, 2020, 36 (1): 99-111.

［75］金晓玲, 周中允, 尹梦杰, 于晓宇. 在线用户点赞与评论行为的产生机理差异研究——以医疗健康类企业微信公众号为例 ［J］. 管理科学学报, 2021, 24 (4): 54-68.

［76］周思瑶. 抖音短视频中新冠疫情情绪信息形成与传播机制研究 ［D］. 云南师范大学, 2021.

［77］姜婷婷, 郭倩, 徐亚苹, 宋恩梅. 证据类型对在线健康信息标题选择的影响: 眼动实验与启示 ［J］. 图书情报工作, 2020, 64 (19): 61-70.

［78］Andrew J. Elliot, Markus A. Maier. Color-in-Context Theory ［J］. Advances in Experimental Social Psychology，2012（45）：61-125.

［79］孙崇勇，刘电芝．学习材料的背景颜色对认知负荷及学习的影响［J］．心理科学，2016，39（4）：869-874.

［80］宋诗情，周灵力，陈红．黑白背景颜色对诚信行为的影响［J］．心理科学，2018，41（2）：430-434.

［81］付瑶，王梓通，惠荣，马欣怡．养老机构居住空间老年人视觉舒适距离及颜色偏好分析［J］．沈阳建筑大学学报（自然科学版），2021，37（2）：338-345.

［82］程明．安徽省本科高校图书馆微信公众号应用情况研究［J］．大学图书情报学刊，2017，35（3）：94-100.

［83］钟志豪，肖井华，吴晔，王笑尘．基于抖音平台的在线短视频流行度建模研究［J］．电子科技大学学报，2021，50（5）：774-781.

第七章 泛娱乐类平台用户参与价值共创研究

第一节 理论基础与国内外研究评述

一、研究背景

数字经济背景下，互联网数字娱乐服务平台以极为迅猛的速度渗入人们日常生活，无论是在线音乐、网络直播还是短视频，都在不断涌现；泛娱乐类平台快速崛起，已成为平台经济的中坚力量，并深刻影响及改变人们的思想观念、生活及消费习惯。中国消费者对文化娱乐的需求在持续增长。2021年中国数字娱乐核心产业规模为7650.6亿元，2022年整体产业规模出现下滑，数字娱乐核心产业规模约为7196.4亿元，预计2023年底有望恢复至7500亿元左右，未来发展前景向好[1]。

"泛娱乐"概念由腾讯副总裁程武于2011年首次提出，在国家文化发展战略的大背景下，文化产业及互联网公司纷纷从自身优势出发大举进军泛娱乐产业，阿里巴巴、百度、网易等巨头纷纷开启自己的泛娱乐战略。在泛娱乐的作用下，泛娱乐类平台内容的传播速度、曝光程度、吸粉能力借助互联网和移动互联网的深度结合以及多种艺术形态的演变和转化等迅速提升，不同艺术领域和形式从割裂走向融合。不少泛娱乐类平台持续进行商业模式创新，吸引更多用户、提高用户黏性以实现网络效应，增强其价值创造能力，进而构建及维持市场竞争优势。

二、泛娱乐类平台研究现状

对于泛娱乐的研究，2012年之前研究者们基本是作"泛娱乐化"解，文章多体现研究学者对于"泛娱乐化"这一现象的批判和担忧。2012 年开始陆续出现对"泛娱乐"的研究,它泛指以出版、影视、动漫和游戏为代表的跨领域、多平台经济生态圈[2]。康丽洁(2011)分析了百度、阿里巴巴和腾讯三个公司在泛娱乐领域的战略布局,认为三家因战略目标和核心资源不同而采用不同的泛娱乐战略实施方式[3]。贾晶晶(2016)深度观察和分析了泛娱乐发展现状以及泛娱乐兴起的背景和原因,深入剖析和思考泛娱乐发展路上可能遇到的障碍和困难,探寻了泛娱乐健康可持续发展的对策[4]。

现有研究泛娱乐的文献集中在描述泛娱乐现状,并且主要是从泛娱乐产业的某个环节,如文学、直播、影视剧、动漫、游戏等某个方面去描述。董子铭、刘肖(2016)对网络文学的泛娱乐开发进行了论述,认为以优质 IP 为基础的网络文学与动漫、游戏等产业进行深层次的融合,形成互联互通的新生态,使网络文学的泛娱乐开发成为可能[5]。刘秀梅、邵慧(2017)认为泛娱乐以优质 IP 资源为核心,使文学、电影、动漫、电视剧和游戏等媒介边界融合,建立娱乐内容产业生态圈,促进消费者多重消费[6]。车速(2018)从泛娱乐移动直播的兴起原因、发展历程以及产业特点等方面探究其整体发展概况,提出从内容、用户、技术、监管几个方面入手,为移动直播发展提出可行性策略[7]。曹博涵(2020)以哔哩哔哩为例,从财务指标角度对泛娱乐视频网站的盈利能力、运营能力、偿债能力以及发展能力做整体盈利能力的分析[8]。魏英凯(2021)从传播学的视角,以抖音平台为例分析了泛娱乐背景下科普短视频的传播策略[9]。

学者们多年的研究积累和发现使他们对于泛娱乐未来发展的宏观和微观意义有清醒而透彻的认识。而对国内泛娱乐平台发展实证性的考究,往往以点带面,缺乏对国内泛娱乐类平台发展比较全面的考察,不能对类型多样的泛娱乐平台发展进行全面深入研究。

三、泛娱乐类平台的主要表现形式

随着科技的不断发展,特别是随着互联网、人工智能、大数据等智能交互技术和云社交等虚拟场景的发展,人们对娱乐形式的需求也在不断变化,泛娱乐领域催生出新的业态和模式。我国泛娱乐平台的类型主要包括以下五种:

(一)网络游戏平台

网络游戏平台的出现,能够为创作者提供便利的发行途径,创作者更加专注于游戏品质。同时,聚集了众多游戏爱好者的网络游戏平台,不仅拥有由游戏开发者提供的成熟游戏产品,还可以在创意工坊中自己为游戏设计新的皮肤与内容,在实况直播中与主播亲密互动,购买游戏时进行评论与反馈,运行游戏时发布的截图和攻略。更为重要的是,平台化的游戏产业会形成更为庞大的生态圈,电子竞技、IP 孵化、广告赞助等都会在平台扎根生长。

（二）网络视频平台

网络视频平台，指的是以提供网络视听内容服务为主体的网络平台，包括视频的播放、剪辑、上传下载、分享、搜索、收藏等围绕视频服务的集合体。伴随着流媒体、移动互联网等技术的进步，网络视频平台凭借不同的技术基础和物理传播终端，展现出多样的业务形态：由基于电脑端（PC 端）的视频平台、视频客户端到基于电视端的互联网电视（OTT TV），再到基于移动端的视频平台应用构成的内容接收端；由 PGC（专业生产内容）、UGC（用户生产内容）、PUGC（专业用户生产内容）构成的多元化内容生产模式；由长视频、中视频、短视频、互动视频等构成的内容呈现形态；由缓存下载、即时观看等构成的视频内容消费形态等。

本章根据平台主营的视频内容将网络视频平台分为：以优酷土豆、爱奇艺、腾讯视频等为代表的综合类（长视频）视频平台；以哔哩哔哩、AcFun 等为代表的社区类（中视频）视频平台；以抖音、快手等为代表的短视频平台；以虎牙、斗鱼等为代表的直播平台[10]。

（三）网络音乐平台

网络音乐平台是指主要提供在线音乐试听、播放、下载和分享功能，以及音乐视频、音乐直播等的网络平台，其主营业务为出售和传播音乐及其衍生品，是我国数字音乐内容从制作到销售的重要传播平台。中国具有代表性的网络音乐平台有腾讯音乐娱乐集团（TME）、网易云音乐、酷狗音乐、虾米音乐、千千音乐等。

（四）网络阅读平台

网络阅读平台就是指不同企业为了维系读者依托互联网所提供的包含大量文学资源阅读和分享的虚拟阅读场所。目前我国主要的网络阅读平台有微信读书、掌阅、七猫免费小说、QQ 阅读、咪咕阅读、书旗小说等，活跃用户均超过千万。这些阅读平台通过免费或者有偿提供网络小说、漫画、古典名著以及语音听说等服务来占领市场，获取客户。

（五）网络动漫平台

网络动漫平台是指提供动漫制作、传播以及衍生产品开发等相互依存的网络平台。平台成为网络动漫向动漫 IP 转化的重要支点，只需要通过平台就能积攒人气并得到受众的反馈信息，实现作品的迭代营销与长期开发，同时又能培养粉丝群体。网络动漫平台让用户不受时间、空间的限制，缩减碎片化阅读方式带来的时间浪费，提高获取网络动漫资源的效率。开发建设优质的网络动漫平台是对网络动漫产业营运输出的强力补充。

四、泛娱乐类平台价值共创实现路径

价值共创理论的出现，重新定义用户的角色，发掘用户的价值创造能力。从消费侧的价值共创理论角度出发，我们可以发现，用户成为价值创造的核心，企业成为次要的一方。用户生成内容既包括用户创作的文字、图像、音频、视频等内容，也包括用户的行为所产生的数据。用户浏览平台内容，通过评论、转发、点赞等互动过程中创造"体验价值"，居于价值共创的主导地位，是企业制定价值主张的核心依据。在价值创造中，海量用户的社交行为推动平台企业的生态建设；同时，海量的用户数据丰富了企业的数据库，为平台大数据分析提供条件，从而向平台传递"需求信息价值"。平台与用户的互动，可以助力企业的产品不断迭代，从而实现优化。用户通过内容付费、打榜或组建粉丝公司等方式让企业实现价值获取。

从某种意义上讲，用户与平台之间的关系演进即用户参与价值创造方式与程度的演进。随着泛娱乐类平台的发展，用户参与平台价值创造的方式由内容消费过渡到内容分享交流，进而发展到如今的内容创造与内容互动等层面，用户参与价值创造的程度也存在由浅至深的发展趋势。

本章选取具有代表性的"王者荣耀"和"抖音"两家泛娱乐平台进行案例研究，重点分析在用户参与平台价值共创的不同阶段，不同类型的泛娱乐平台分别对其用户参与平台价值共创活动的影响因素进行研究。

第二节　网络游戏平台用户黏性影响因素研究

《2022 年中国游戏产业报告》显示，2022 年中国游戏市场实际销售收入2658.84 亿元，同比下降 10.33%，游戏用户规模 6.64 亿，同比下降 0.33%，继2021 年规模增长明显放缓之后，又出现过去八年来的首次下降，表明游戏产业发展已进入存量市场时代[11]。由于技术进步给游戏领域带来的用户数量和经济利益已经消耗殆尽，未来用户数量增加规模潜量堪忧。基于当前现状，怎样把握现有用户、在现有用户数量的基础上进一步占领市场，同时提高用户数量、增加用户黏性是各大游戏平台急需解决的核心问题[12]。

中国目前最火爆的手机游戏仍数腾讯天美工作室于 2015 年推出的《王者荣耀》，自上线开服以来，曾创造单日活跃用户数量超 1.6 亿、单日流水超 20 亿的市场纪录。但是极光调研发布的《手机游戏流失用户研究报告》显示，王者荣耀的用户月流失率为 11%，流失用户中玩了 1 年以上的老用户占比超过四成，并

且流失用户流向其他即时战略游戏的占比较少，更多流向短视频、直播、电影剧集等其他休闲娱乐方式，以及把更多的时间投入工作和家庭生活[13]。

本节通过对以往学者的文献资料的分析，并结合《王者荣耀》的用户感知价值，探讨《王者荣耀》用户感知价值对用户黏性是否具有影响，并为游戏平台流失用户唤回或增强用户参与平台价值共创提供参考建议。

一、研究模型和假设

（一）研究假设

（1）感知价值与用户满意度的关系。孙凯等（2016）对感知价值的概念进行了梳理，并引入了顾客关系理论，建立了基于价值——关系的顾客满意驱动模式，得出感知价值正向影响满意度的结论[14]。李胜等（2021）以北京坊为例，对全球一线城市历史商业区的顾客满意度进行了实证分析，并在此基础上创新地引入了区域特征和潜变量，证明了感知价值时影响顾客满意度的重要因素之一[15]。黄生权等（2016）根据团购的特征，建立了基于消费者满意度的餐饮团购模型，并对其进行了实证分析，结果表明：感知价值对顾客满意度具有显著影响[16]。因此，本书提出假设：

H1：感知价值对用户满意度产生正向影响。

H1a：功能价值对用户满意度产生正向影响。

H1b：经济价值对用户满意度产生正向影响。

H1c：情感价值对用户满意度产生正向影响。

H1d：社会价值对用户满意度产生正向影响。

（2）满意度和用户黏性的关系。陈忆金等（2019）为研究在线教育用户黏性行为影响因素，诸如期望确认、感知有用性、满意度等，以 ECM-ISC 模型为基础，构建用户持续使用模型，结果表明，用户持续使用意愿通过正面影响用户满意度、用户感知有用性，从而对用户黏性行为存在积极影响[17]。吴安（2018）为研究感知有用性、内在动机、用户满意度的影响因素，将平台内容质量和社交互动与 ECM 模型核心变量结合，其研究模型中的各个因素均对用户持续使用意愿产生正面影响[18]。张劲松等（2019）研究的结果验证了在线教育平台用户持续使用意愿的影响因素有感知有用性、用户满意度、主观规范、习惯等，并提升了 TPB 相关的预测能力和其模型的应用范围[19]。因此，本书提出假设：

H2：用户满意度对用户黏性产生正向影响。

（3）感知价值与用户黏性的关系。刘齐平（2019）以共享经济平台用户黏性为切入点，建立结构方程模型，发现用户对共享经济服务的感知质量影响其感知价值和感知风险，而后两者对用户黏性具有显著影响[20]。高海霞、应洋深（2020）认为短视频社交平台顾企互动对感知价值具有影响，且信息索取更能激起用户的功能性感知价值，信息共享与合作行为更能激起用户的情感性感知价值；在顾企互动对用户黏性的影响路径中，功能性感知价值与情感性感知价值的中介效应显著，且情感性感知价值在路径中的增进效应更突出[21]。董庆兴等（2018）将感知价值评价框架与期望确认模型整合，提出了新的在线健康社区用户持续使用影响因素模型，证实了感知价值和感知有用性通过影响用户满意度进而影响用户持续使用意愿[22]。因此，本书提出假设：

H3：感知价值对用户黏性产生正向影响。

H3a：功能价值对用户黏性产生正向影响。

H3b：经济价值对用户黏性产生正向影响。

H3c：情感价值对用户黏性产生正向影响。

H3d：社会价值对用户黏性产生正向影响。

（4）满意度的中介作用研究。仇雪等（2021）以小红书平台为例进行实证研究，研究结果表明用户在小红书感知到的功能价值、情感价值、社会价值和低感知成本都对该平台的用户满意度有正向影响[23]。欧阳邦宏（2015）通过引入中介变量满意度，发现满意度对在线游戏消费者的感知价值与购买意愿的关系中具有中介作用[24]。因此，本书提出假设：

H4：用户满意度在感知价值与用户黏性之间产生中介作用。

H4a：用户满意度在功能价值与用户黏性之间产生中介作用。

H4b：用户满意度在经济价值与用户黏性之间产生中介作用。

H4c：用户满意度在情感价值与用户黏性之间产生中介作用。

H4d：用户满意度在社会价值与用户黏性之间产生中介作用。

（二）研究模型

根据上述相关研究分析做出归纳与总结，本书主要从功能价值、经济价值、情感价值、社会价值四个维度，并引入用户满意度为中介变量来深入分析《王者荣耀》游戏平台用户的用户黏性。本书构建的《王者荣耀》游戏平台用户感知价值对用户黏性影响研究模型如图7.1所示。

二、研究设计

（一）量表设计

根据前述的研究总结，本书将感知价值分为四个维度，并且根据国内外已知的成熟量表，构建研究量表，如表7.1所示。

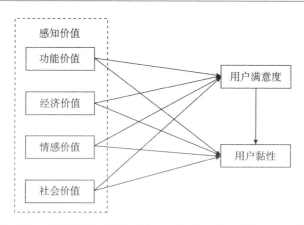

图 7.1 "王者荣耀"游戏平台用户感知价值对用户黏性影响研究模型

资料来源：作者根据文献自制。

表 7.1　功能价值量表设计

维度	问项	来源
功能价值	《王者荣耀》的玩法有趣，使我拥有很好的游戏体验	Sweeney 等（2001）[25]、白长虹（2001）[26]
	《王者荣耀》画面美观，制作优良，内容设计丰富完整	
	《王者荣耀》的开发商和运营商具有良好的品牌信誉度	
	《王者荣耀》总能进行升级维护，不断推出新的内容	
	玩《王者荣耀》可以让我获取更多的信息，学习到新的知识	
经济价值	《王者荣耀》中虚拟产品的定价比较合理	陈超等（2017）[27]
	《王者荣耀》中虚拟产品拥有与其价格相符合的价值	
	《王者荣耀》中虚拟产品的促销活动很好	
	与其他同等质量的游戏相比，《王者荣耀》的虚拟产品比较实惠	
	购买《王者荣耀》中的虚拟产品可以让我拥有更好的游戏体验	
情感价值	玩《王者荣耀》可以让我感到开心	王影等（2019）[28]、Dong Dong Li 等（2013）[29]
	玩《王者荣耀》是一件有趣的事	
	玩《王者荣耀》可以使我放松心情	
	玩《王者荣耀》可以满足我对这款游戏的好奇心	
	玩《王者荣耀》可以减轻生活中的孤独感	
社会价值	玩《王者荣耀》可以让我结交新的朋友	赵文军等（2019）[30]、葛元骎（2020）[31]
	玩《王者荣耀》可以加强我与朋友之间的交流	
	玩《王者荣耀》可以让我获得他人的赞许	
	玩《王者荣耀》可以让我在他人心目中留下好印象	
	玩《王者荣耀》可以让我在社会交往中更加自信	

续表

维度	问项	来源
用户满意度	《王者荣耀》这款手游让我满意	曹宵情（2020）[32]、Oliver（1999）[33]
	我不后悔在《王者荣耀》中消费	
	总的来说，《王者荣耀》的各方面比我预期要好	
	我认为玩《王者荣耀》是一个明智的选择	
用户黏性	我在《王者荣耀》中消费的欲望很强烈	陈彩霞等（2022）[34]、Ching-I Teng（2017）[35]
	我认为购买《王者荣耀》中的虚拟产品是值得的	
	即使《王者荣耀》中的限定虚拟产品很贵，我也愿意购买	
	我会购买游戏中只能通过购买渠道获得的特殊道具	

资料来源：根据文献整理所得。

（二）问卷设计与预调研

本书的正式调查问卷分为两部分：个人基本信息和问卷测量项目。预调研通过问卷星发放问卷，回收问卷共 130 份，其中有效问卷 118 份，有效率达到 90.77%。采用 SPSS 软件进行数据处理。对预调研回收的问卷进行了信度、效度检验和探索性因子分析后，对问卷进行调整并正式发放。

三、实证分析

由于受访者具有分散性，本书采用了网上问卷调查的方式，通过在线调查平台问卷星发放和收集，最终收集了 302 份问卷，有效问卷 264 份，回收率为 88%，符合研究需求。

（一）描述性统计

（1）样本人口描述性统计。在进行信度、效度、相关分析和因子分析之前，对参与问卷调查的"王者荣耀"游戏平台用户数据进行描述性分析，初步判断样本是否存在单一性或者不具代表性的缺陷，参与问卷调查的被调查对象结构组成分析如表 7.2 所示，个体变量特征每项的数据分布较合理，符合"王者荣耀"游戏平台用户特征。

表 7.2　样本描述性性统计

变量	分类	频数（人）	百分比（%）
性别	男	115	43.6
	女	149	56.4

变量	分类	频数（人）	百分比（%）
年龄	18~25 岁	110	41.7
	25~30 岁	85	32.2
	30 岁以上	69	26.1
学历	高中及高中以下	11	4.2
	专科	22	8.3
	本科	206	78.0
	硕士及硕士以上	25	9.5
可支配收入	1000 元以下	8	3
	1001~3000 元	45	17
	3001~5000 元	174	65.9
	5001~7000 元	37	14
职业	学生	138	52.3
	私企员工	56	21.2
	事业单位人员	42	15.9
	党政机关人员	8	3
	个体户	4	1.5
	其他	16	6.1

资料来源：通过 SPSS 22.0 对数据分析整理所得。

（2）量表描述性统计。本节感知价值的四个维度分别为功能价值、经济价值、情感价值和社会价值。功能价值平均值为 4.2083，极小值为 1，极大值为 5；价格价值平均值为 3.9609，极小值为 1，极大值为 5；情感价值平均值为 4.3561，极小值为 1，极大值为 5；社会价值平均值为 4.0256，极小值为 1，极大值为 5。满意度平均值为 4.1686，极小值为 1，极大值为 5；归属感平均值为 3.021，极小值为 1，极大值为 5；愉悦感平均值为 3.028，极小值为 1，极大值为 5。消费意愿平均值为 4.0587，极小值为 1，极大值为 5。感知价值、满意度和消费意愿各变量平均值皆大于 3，感知价值、满意度和消费意愿总体均值都较高，说明"王者荣耀"游戏平台用户对《王者荣耀》总体上来说还是比较满意的。量表描述性统计分析如表 7.3 所示。

表 7.3　量表描述性统计分析

变量	维度	题项	最小值（M）	最大值（X）	平均值（E）	标准偏差	总体均值
感知价值	功能价值	A_1	1.00	5.00	4.1629	0.85885	4.2083
		A_2	2.00	5.00	4.3674	0.71209	
		A_3	2.00	5.00	4.0455	0.81211	
		A_4	2.00	5.00	4.2576	0.70975	
	经济价值	B_1	1.00	5.00	3.8598	0.88891	3.9609
		B_2	1.00	5.00	4.0379	0.80781	
		B_3	1.00	5.00	3.9848	0.85429	
	情感价值	C_1	1.00	5.00	4.3750	0.73963	4.3561
		C_2	1.00	5.00	4.3674	0.68487	
		C_3	1.00	5.00	4.3258	0.74503	
	社会价值	D_1	1.00	5.00	4.1250	0.88690	4.0256
		D_2	2.00	5.00	4.0303	0.70780	
		D_3	1.00	5.00	3.8409	0.90061	
		D_4	1.00	5.00	4.1061	0.83423	
用户满意度		E_1	1.00	5.00	4.2311	0.84301	4.1686
		E_2	1.00	5.00	4.0606	0.82506	
		E_3	1.00	5.00	4.1780	0.80074	
		E_4	1.00	5.00	4.2045	0.75257	
用户黏性		F_1	1.00	5.00	3.9242	0.75139	4.0587
		F_2	2.00	5.00	4.3068	0.65880	
		F_3	1.00	5.00	3.8409	0.86177	
		F_4	1.00	5.00	4.1629	0.77997	

资料来源：通过 SPSS 22.0 对数据分析整理所得。

（二）信度检验

预调查分析结束后，删减部分不符题项，本书问卷题项还剩下 22 项，成为正式问卷的题项。为了保证正式问卷结果的可靠程度，需要进行信度分析，此次分析继续采用克隆巴赫 α 系数来评价信度，具体情况详见表 7.4，总体量表 Cronbach's Alpha 为 0.918，且量表各个具体维度的 α 系数均大于 0.6，表明数据的内部一致性比较好，也就是说明问卷具有良好的信度。

表 7.4　正式调研信度检验

变量	维度	项数	克隆巴赫系数	克隆巴赫系数
感知价值	功能价值	4	0.732	0.867
	经济价值	3	0.753	
	情感价值	3	0.720	
	社会价值	4	0.751	
用户满意度		4	0.784	
用户黏性		4	0.714	
总项数		22	0.918	

资料来源：通过 SPSS 22.0 对数据分析整理所得。

（三）效度分析

对经过预调研后修正的数据进行效度分析，自变量感知价值、中介变量用户满意度、因变量用户黏性的 KMO 值均大于 0.7，分别为 0.869、0.759、0.727，说明了本书的样本数据适合进行做因子分析，详细结果如表 7.5 所示。

表 7.5　正式调研感知价值效度检验

变量	KMO 取样适切性量数	Bartlett 的球形度检验		
		上次读取的卡方	自由度	显著性
感知价值	0.869	1181.541	91	0.000
用户满意度	0.759	297.577	6	0.000
用户黏性	0.727	191.746	6	0.000

资料来源：通过 SPSS 22.0 对数据分析整理所得。

（四）因子分析

（1）感知价值因子分析。通过效度分析后可知，研究数据可以进行因子分析。由表 7.6 和表 7.7 可知，感知价值的每个题项的因子载荷都大于 0.5，累计方差贡献率率为 61.888%，因此可以提取 4 个因子。

表 7.6　正式调研感知价值总方差解释

	初始特征值			提取载荷平方和			旋转载荷平方和		
	总计	方差百分比（%）	累计百分比（%）	总计	方差百分比（%）	累计百分比（%）	总计	方差百分比（%）	累计百分比（%）
1	5.156	36.829	36.829	5.156	36.829	36.829	2.258	16.126	16.126

续表

	初始特征值			提取载荷平方和			旋转载荷平方和		
	总计	方差百分比（%）	累计百分比（%）	总计	方差百分比（%）	累计百分比（%）	总计	方差百分比（%）	累计百分比（%）
2	1.395	9.964	46.792	1.395	9.964	46.792	2.224	15.889	32.016
3	1.109	7.924	54.716	1.109	7.924	54.716	2.144	15.314	47.329
4	1.004	7.172	61.888	1.004	7.172	61.888	2.038	14.559	61.888
5	0.774	5.527	67.415						
6	0.742	5.299	72.714						
7	0.629	4.494	77.208						
8	0.608	4.343	81.552						
9	0.562	4.011	85.563						
10	0.487	3.478	89.041						
11	0.446	3.185	92.226						
12	0.393	2.806	95.033						
13	0.364	2.602	97.634						
14	0.331	2.366	100.000						

资料来源：通过 SPSS 22.0 对数据分析整理所得。

　　题项 A_1、A_2、A_3、A_4 可以归为一个维度，称为功能价值；B_1、B_2 和 B_3 可以合并为一个维度称为经济价值；C_1、C_2、C_3 可归为一个维度，将其命名为情感价值，量表 D_1、D_2、D_3、D_4 可归为一个维度，将其命名为社会价值。

表 7.7　正式调研感知价值旋转矩阵

题项	1	2	3	4
A_1				0.845
A_4				0.661
A_3				0.634
A_2				0.536
B_1			0.840	
B_3			0.729	
B_2			0.719	
C_3		0.770		

续表

题项	1	2	3	4
C_2		0.727		
C_1		0.701		
D_3	0.743			
D_4	0.652			
D_2	0.649			
D_1	0.550			

资料来源：通过 SPSS 22.0 对数据分析整理所得。

（2）用户满意度因子分析。由表 7.8 和表 7.9 可以看出，满意度的累计方差解释度为 60.825%，且每个因子载荷均大于 0.5，说明这四个题项可归为用户黏性维度下，且该量表具有良好的结构效度。

表 7.8　正式调研用户满意度总方差解释

题项	1
E_1	0.852
E_4	0.786
E_2	0.749
E_3	0.727

资料来源：通过 SPSS 22.0 对数据分析整理所得。

表 7.9　正式调研用户满意度因子分析

组件	初始特征值			提取载荷平方和		
	总计	方差百分比（%）	累计百分比（%）	总计	方差百分比（%）	累计百分比（%）
1	2.433	60.825	60.825	2.433	60.825	60.825
2	0.665	16.636	77.461			
3	0.527	13.180	90.641			
4	0.374	9.359	100.000			

资料来源：通过 SPSS 22.0 对数据分析整理所得。

（3）用户黏性因子分析。由表 7.10 和表 7.11 可以看出用户黏性的累计方差解释度为 53.880%，接近 60%，且每个因子载荷均大于 0.5，说明这四个题项可归为用户黏性维度下，且该量表具有良好的结构效度。

表 7.10　正式调研用户黏性因子分析

题项	1
F_3	0.795
F_1	0.728
F_4	0.718
F_2	0.690

资料来源：通过 SPSS 22.0 对数据分析整理所得。

表 7.11　正式调研用户黏性总方差解释

	初始特征值			提取载荷平方和		
	总计	方差百分比（%）	累计百分比（%）	总计	方差百分比（%）	累计百分比（%）
1	2.155	53.880	53.880	2.155	53.880	53.880
2	0.738	18.450	72.329			
3	0.623	15.572	87.901			
4	0.484	12.099	100.000			

资料来源：通过 SPSS 22.0 对数据分析整理所得。

（五）相关分析

通过相关分析研究《王者荣耀》游戏平台用户的用户黏性与感知价值、满意度这三个变量之间的相关关系，并使用 Pearson 相关系数表示变量之间的相关关系，然而相关分析只能检验变量之间的相关性，并不能反映变量之间的逻辑关系。为了了解变量之间的逻辑关系，还需要对有关变量的数据进行回归分析。

如表 7.12 所示，功能价值、经济价值、情感价值、社会价值、满意度、用户黏性六个变量之间均在 0.01 的显著性水平上相关，相关系数值分别是 0.594、0.528、0.488、0.561、0.593，相关系数均大于 0.3，说明用户的用户黏性与功能价值、经济价值、情感价值、社会价值、满意度五个变量之间有中度的正相关关系。然而，相关分析只能检验变量之间的相关性，并不能反映变量之间的逻辑关系。为了了解变量之间的逻辑关系，还需要对有关变量的数据进行回归分析。

表 7.12 各变量不同维度间相关性分析

		功能价值	经济价值	情感价值	社会价值	满意度	用户黏性
功能价值	Pearson 相关性	1					
	显著性（双尾）						
	N	264					
经济价值	Pearson 相关性	0.408**	1				
	显著性（双尾）	0					
	N	264	264				
情感价值	Pearson 相关性	0.499**	0.381**	1			
	显著性（双尾）	0	0				
	N	264	264	264			
社会价值	Pearson 相关性	0.514**	0.505**	0.528**	1		
	显著性（双尾）	0	0	0			
	N	264	264	264	264		
满意度	Pearson 相关性	0.700**	0.586**	0.652**	0.589**	1	
	显著性（双尾）	0	0	0	0		
	N	264	264	264	264	264	
用户黏性	Pearson 相关性	0.594**	0.528**	0.488**	0.561**	0.593**	1
	显著性（双尾）	0	0	0	0	0	
	N	264	264	264	264	264	264

资料来源：通过 SPSS 22.0 对数据分析整理所得。

（六）回归分析

（1）感知价值与用户满意度的回归。从表 7.13 可以看出，模型 R^2 值为 0.679，意味着回归模型可以解释用户满意度的 67.9% 变化原因。用于检验回归方程显著性的 F 统计量为 140.035，对应的显著性 $p = 0.000$（$p < 0.05$），表明自变量与因变量之间的线性关系显著，该模型的构建具有统计学意义。

表 7.13 模型汇总及方差分析

R^2	调整后的 R^2	F	显著性
0.684	0.679	140.035	0.000

资料来源：通过 SPSS 22.0 对数据分析整理所得。

通过表 7.14 可以发现，模型中的 Tolerance 值均大于 0.1，VIF 值均小于 10，

D-W 值为 1.498，在数字 2 附近，说明模型不存在共线性和自相关性的问题，样本数据之间并没关联关系，研究模型更有意义，具体分析如下：

功能价值的回归系数值为 0.426（t＝9.025，p＝0.000<0.05），表明功能价值与用户满意度之间存在显著的正向关系。

经济价值的回归系数值为 0.237（t＝6.319，p＝0.00<0.05），表明经济价值与用户满意度之间存在显著的正向关系。

情感价值的回归系数值为 0.334（t＝7.078，p＝0.00<0.05），表明情感价值与用户满意度之间存在显著的正向关系。

社会价值的回归系数值为 0.092（t＝1.992，p＝0.047<0.05），表明社会价值与用户满意度之间存在显著的正向关系。

模型公式为：用户满意度＝－0.384+0.426 * 功能价值+0.237 * 经济价值+0.334 * 情感价值+0.092 * 社会价值。

综上分析可得：H1a、H1b、H1c、H1d 假设成立。

表 7.14 自变量与用户满意度的回归分析系数统计表

	非标准化系数		标准系数贝塔	t	显著性	VIF	Durbin-Watson
	B	标准错误					
（常量）	-0.384	0.195		-1.968	0.05		1.498
功能价值	0.426	0.047	0.392	9.025	0.000	1.546	
经济价值	0.237	0.037	0.262	6.319	0.000	1.413	
情感价值	0.334	0.047	0.308	7.078	0.000	1.551	
社会价值	0.092	0.046	0.092	1.992	0.047	1.754	

资料来源：通过 SPSS 22.0 对数据分析整理所得。

（2）用户满意度和用户黏性的回归。从表 7.15 可以看出，模型 R^2 值为 0.349，意味着回归模型可以解释用户黏性的 34.9%变化原因。用于检验回归方程显著性的 F 统计量 142.002，对应的显著性 p＝0.000（p<0.05），表明自变量与因变量之间的线性关系显著，该模型的构建具有统计学意义。

表 7.15 模型汇总及方差分析

R^2	调整后的 R^2	F	显著性
0.351	0.349	142.002	0.000

资料来源：通过 SPSS 22.0 对数据分析整理所得。

通过表 7.16 可以发现，模型中的 Tolerance 值均大于 0.1，VIF 值均小于 10，D-W 值为 1.759，在数字 2 附近，说明模型不存在共线性和自相关性的问题，样本数据之间并没关联关系，研究模型较为合理，具体分析如下：

用户满意度的回归系数值为 0.531（t=11.916，p=0.000<0.05），说明用户满意度与用户黏性之间存在显著的正向关系。

综上分析可得：H2 假设成立。

模型公式为：用户黏性 = 1.846+0.531 * 用户满意度。

表 7.16　用户满意度与用户黏性的回归分析系数统计

	非标准化系数			t	显著性	VIF	Durbin-Watson
	B	标准错误	标准系数贝塔				
（常量）	1.846	0.188		9.828	0.000		1.759
用户满意度	0.531	0.045	0.593	11.916	0.000	1.000	

资料来源：通过 SPSS 22.0 对数据分析整理所得。

（3）感知价值与用户黏性的回归分析。从表 7.17 可以看出，模型 R^2 值为 0.491，意味着回归模型可以解释消费意愿的 49.1% 变化原因。用于检验回归方程显著性的 F 统计量 64.356，对应的显著性 p=0.00（p<0.05）表明自变量与因变量之间的线性关系显著，该回归模型的构建具有统计学的意义。

表 7.17　模型汇总及方差分析

R^2	调整后的 R^2	F	显著性
0.498	0.491	64.356	0.000

资料来源：通过 SPSS 22.0 对数据分析整理所得。

通过表 7.18 可以发现，模型中的 Tolerance 值均大于 0.1，VIF 值均小于 10，D-W 值为 1.833，在数字 2 附近，说明模型不存在共线性和自相关性的问题，样本数据之间并没关联关系，研究模型较为合理，具体分析如下：

功能价值的回归系数值为 0.318（t=5.979，p=0.000<0.05），说明功能价值与用户黏性之间存在显著的正向关系。

经济价值的回归系数值为 0.197（t=4.666，p=0.000<0.05），说明经济价值与消费意愿之间存在显著的正向关系。

情感价值的回归系数值为 0.120（t=2.263，p=0.024<0.05），说明情感价值与用户黏性之间存在显著的正向关系。

社会价值的回归系数值为 0.182（t = 3.507，p = 0.001 < 0.05），说明社会价值与用户黏性之间存在显著的正向关系。

综上分析可得：H3a、H3b、H3c、H3d 假设成立。

模型公式为：用户黏性 = 0.683 + 0.318 * 功能价值 + 0.197 * 经济价值 + 0.120 * 情感价值 + 0.182 * 社会价值。

表 7.18　感知价值与用户黏性的回归分析系数统计

	非标准化系数			t	显著性	VIF	Durbin-Watson
	B	标准错误	标准系数贝塔				
（常量）	0.683	0.220		3.106	0.002		1.833
功能价值	0.318	0.053	0.327	5.979	0.000	1.546	
经济价值	0.197	0.042	0.244	4.666	0.000	1.413	
情感价值	0.120	0.053	0.124	2.263	0.024	1.551	
社会价值	0.182	0.052	0.204	3.507	0.001	1.754	

资料来源：通过 SPSS 22.0 对数据分析整理所得。

（七）中介效应检验

迄今为止，Bootstrap 被公认为是可以替代 Sobel 直接检验系数乘积的一种方法。因此，本节将研究开发的模型与 Bootstrap 中的 Model 4 相结合来检验变量的中介效应。

（1）用户满意度在功能价值与用户黏性之间的中介作用。如表 7.19 所示，当用户满意度作为中介变量参与到功能价值对用户黏性的影响路径时，R^2 值 = 0.414，F = 92.2133，p < 0.05。数据表明功能价值对用户黏性的影响作用仍然呈现出显著性。

表 7.19　满意度在功能价值和用户黏性中的中介效应检验

	用户黏性		用户黏性		用户满意度	
	t	p	t	p	t	p
功能价值	5.2787	0.00	11.9429	0.00	15.8779	0.00
用户满意度	5.2359	0.00				
R^2	0.414		0.3525		0.4904	
F 值	92.2133		143.6320		252.1062	

资料来源：通过 SPSS 22.0 对数据分析整理所得。

如表 7.20 所示，功能价值对用户黏性直接效应的 95% 置信区间的下限为 0.2137，上限为 0.468，均为正数且不包含 0，如果将满意度作为中介变量纳入模型，中介效应的 95% 置信区间的下限为 0.1336，上限为 0.3941，同样均为正数且不包含 0，说明功能价值可以通过满意度影响用户黏性，中介作用存在，直接效应占总效应的 59.01%，中介效应占总效应的 40.99%，所以假设 H4a 正确。

表 7.20　满意度在功能价值和用户黏性中的总效应、直接效应、中介效应分解

	效应值	BOOT 标注误	BOOTCI 下限	BOOTCI 上限	相对效应值（%）
中介效应	0.2368	0.0673	0.1336	0.3941	40.99
直接效应	0.3408	0.0646	0.2137	0.468	59.01
总效应	0.5776	0.0484	0.4824	0.6728	

资料来源：通过 SPSS 22.0 对数据分析整理所得。

（2）满意度在经济价值与用户黏性之间的中介作用。如表 7.21 所示，当满意度作为中介变量参与到经济价值对用户黏性的影响路径时，R^2 值 = 0.4011，$F = 87.4050$，$p < 0.05$。数据表明经济价值对用户黏性的影响作用仍然呈现出显著性。

表 7.21　满意度在经济价值和用户黏性中的中介效应检验

	用户黏性		用户黏性		用户满意度	
	t	p	t	p	t	p
经济价值	4.6506	0.00	10.0673	0.00	11.7204	0.00
满意度	7.2971	0.00				
R^2	0.4011		0.2789		0.3440	
F 值	87.4050		101.3506		137.3674	

资料来源：通过 SPSS 22.0 对数据分析整理所得。

如表 7.22 所示，经济价值对用户黏性直接效应的 95% 置信区间的下限为 0.1280，上限为 0.3161，均为正数且不包含 0，如果将满意度作为中介变量纳入模型，中介效应的 95% 置信区间的下限为 0.1133，上限为 0.2925，同样均为正数且不包含 0，说明经济价值可以通过满意度影响用户黏性，中介作用存在，直接效应占总效应的 52.09%，中介效应占总效应的 47.91%，所以假设 H4b 正确。

表 7.22 满意度在经济价值和用户黏性中的总效应、直接效应、中介效应分解

	效应值	BOOT 标注误	BOOTCI 下限	BOOTCI 上限	相对效应值（%）
中介效应	0.2043	0.0459	0.1133	0.2925	47.91
直接效应	0.2220	0.0477	0.1280	0.3161	52.09
总效应	0.4264	0.424	0.3430	0.5098	

资料来源：通过 SPSS 22.0 对数据分析整理所得。

（3）满意度在情感价值与用户黏性之间的中介作用。如表 7.23 所示，当满意度作为中介变量参与到情感价值对用户黏性的影响路径时，R^2 值 = 0.3694，F = 76.4399，p<0.05。数据表明情感价值对用户黏性的影响作用仍然呈现出显著性。

表 7.23 满意度在情感价值和用户黏性中的中介效应检验

	用户黏性		用户黏性		用户满意度	
	t	p	t	p	t	p
情感价值	2.7214	0.0069	9.0533	0.00	13.9324	0.00
满意度	7.3659	0.00				
R^2	0.3694		0.2383		0.4256	
F 值	76.4399		81.9621		194.1128	

资料来源：通过 SPSS 22.0 对数据分析整理所得。

如表 7.24 所示，情感价值对用户黏性直接效应的 95% 置信区间的下限为 0.2951，上限为 0.473，均为正数且不包含 0，如果将满意度作为中介变量纳入模型，中介效应的 95% 置信区间的下限 0.3705，上限为 0.5765，均为正数且不包含 0，说明情感价值能够通过满意度影响用户黏性，中介作用存在。直接效应占总效应的 36.16%，中介效应占总效应的 63.84%，所以假设 H4c 正确。

表 7.24 满意度在情感价值和用户黏性中的总效应、直接效应、中介效应分解

	效应值	BOOT 标注误	BOOTCI 下限	BOOTCI 上限	相对效应值（%）
中介效应	0.3023	0.0617	0.3705	0.5765	63.84
直接效应	0.1712	0.0629	0.2951	0.473	36.16
总效应	0.4735	0.0523	0.4824	0.6728	

资料来源：通过 SPSS 22.0 对数据分析整理所得。

（4）满意度在社会价值与用户黏性之间的中介作用。如表 7.25 所示，当用户满意度作为中介变量参与到社会价值对用户黏性的影响路径时，R^2 值 = 0.4205，F = 94.6798，p<0.05。数据表明社会价值对用户黏性的影响作用仍然呈现出显著性。

表 7.25　用户满意度在社会价值和用户黏性中的中介效应检验

	用户黏性		用户黏性		用户满意度	
	t	p	t	p	t	p
社会价值	5.5735	0.00	10.9827	0.00	11.7996	0.00
满意度	6.8837	0.00				
R^2	0.4205		0.2383		0.3152	
F 值	94.6798		81.9621		139.2310	

资料来源：通过 SPSS 22.0 对数据分析整理所得。

如表 7.26 所示，社会价值对用户黏性直接效应的 95% 置信区间的下限为 0.1868，上限为 0.3910，均为正数且不包含 0，如果将满意度作为中介变量纳入模型，中介效应的 95% 置信区间的下限 0.1314，上限为 0.2975，均为正数且不包含 0，说明社会价值能够通过用户满意度影响用户黏性，中介作用存在。直接效应占总效应的 57.88%，中介效应占总效应的 42.12%，所以假设 H4d 正确。

表 7.26　满意度在社会价值和用户黏性中的总效应、直接效应、中介效应分解

	效应值	BOOT 标注误	BOOTCI 下限	BOOTCI 上限	相对效应值（%）
中介效应	0.2102	0.0424	0.1314	0.2975	42.12
直接效应	0.2889	0.0518	0.1868	0.3910	57.88
总效应	0.4991	0.0454	0.4096	0.5886	

资料来源：通过 SPSS 22.0 对数据分析整理所得。

（八）检验假设结果

经过对相关文献的回顾和对用户黏性的分析，本书得出以下结论：感知价值以及满意度是用户是否在《王者荣耀》中持续消费的主要影响因素。在 SPSS 数据分析的基础上，对本书的问卷数据进行了统计分析。根据上述结果，可以看出变量之间的关系及其相互影响的强弱，从而判断本书假设，检验结果见表 7.27。

表 7.27　假设检验结果总结

编号	假设内容	检验结果
H1	感知价值对用户满意度产生正向影响	成立
H1a	功能价值对用户满意度产生正向影响	成立
H1b	经济价值对用户满意度产生正向影响	成立
H1c	情感价值对用户满意度产生正向影响	成立
H1d	社会价值对用户满意度产生正向影响	成立
H2	用户满意度对用户黏性产生正向影响	成立
H3	感知价值对用户黏性产生正向影响	成立
H3a	功能价值对用户黏性产生正向影响	成立
H3b	经济价值对用户黏性产生正向影响	成立
H3c	情感价值对用户黏性产生正向影响	成立
H3d	社会价值对用户黏性产生正向影响	成立
H4	用户满意度在感知价值与用户黏性之间产生中介作用	成立
H4a	用户满意度在功能价值与用户黏性之间产生中介作用	成立
H4b	用户满意度在经济价值与用户黏性之间产生中介作用	成立
H4c	用户满意度在情感价值与用户黏性之间产生中介作用	成立
H4d	用户满意度在社会价值与用户黏性之间产生中介作用	成立

资料来源：通过 SPSS 22.0 对数据分析整理所得。

（九）模型修正

根据 SPSS 分析得出的数据可以看出，本书的原始假设基本上得到了证实，但个别变量间的相关性还需要进一步完善，因此本书对模型进行了修正，修正后的模型如图 7.2 所示。

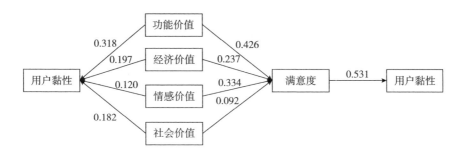

图 7.2　修正后的模型

资料来源：通过 SPSS 22.0 对数据分析整理所得。

四、管理启示

本书通过对网络游戏用户感知价值对用户黏性影响的探索，得出了一些具有实践意义的结论，可以为网络游戏平台提供一些管理启示。

（一）以技术驱动创新，提升游戏平台产品质量

实证分析显示功能价值对用户满意度的影响最大，而用户满意度越高，用户黏性则越大。网络游戏的内容、情节、画面、游戏目标等功能价值的提升，会提升游戏用户满意度。因此游戏平台要注意培育和保护游戏研发团队，充分利用新技术，加快对 VR 游戏和云游戏的探索和研发，先要满足用户的功能需求。

（二）优化游戏消费细节，持续推进薄利多销的营销策略

游戏平台应对产品合理定价，采用轻付费的方式，减少单次付费的金额。同时，采取自定义充值金额、增加旧物置换、低价退还充值金额等做法，看似减少游戏平台一方的利益，实际上既提升游戏的口碑，增强玩家对游戏的认可度和用户黏性，又能够提升玩家的初始游戏消费意愿。平台也可以尝试对游戏用户进行分类，部分网络游戏道具适当降价，满足多数玩家的道具需求；另外针对小部分玩家开发价格高的产品。

（三）关注游戏用户情感体验，增加情感互动

通过上述数据分析发现，情感价值对游戏平台用户的满意度和用户黏性都具有显著的正向影响。网络游戏平台需要在设定时充分考量用户在游戏中可能展现的情感环节，或者说用户是否能够在游戏中找到情感短暂的依托和归属感，在游戏的某些进阶环节，用户的情绪又将如何变化和引导。好的游戏应该让玩家有重回游戏的期待，并在证实了某种期待之后产生新的牵引力。因此提升用户更高层次的情感价值感知是游戏平台需要重点探索的方向。

（四）注重游戏用户间的互动交流，强化游戏平台社交沉淀

从调查结果来看，游戏平台用户社会价值对用户满意度的影响不高，但是对用户黏性的影响较大。游戏平台连接着用户之间的现实社交关系和虚拟社交关系，既可以让用户在游戏中认识新朋友，又可以让用户之间的情感变得更加紧密。这种用户推荐的效能在留存率上表现得相当明显，用户之间的协同性所附着的稳固用户对交互进程和游戏的依赖，驱动了游戏用户自发地黏住其他好友共同成为一个缠绕纽带。在游戏中，用户的时间投入与情感投入都是沉没成本，因此平台可以通过增加游戏中的社交活动，比如赠送、交换、分享等，以提高游戏平台的用户活跃度，吸引更多用户加入，降低用户的损失，提高用户黏性。

第三节　短视频平台用户参与价值共创行为意愿的影响因素研究

如今，互联网数字娱乐服务平台以极为迅猛的速度渗入人们日常生活，各数字娱乐服务平台层出不穷。网络短视频平台以其参与主体大众化、播放内容时长短、社交互动性强等优势赢得了人们的热烈追捧，特别是当前以抖音、快手、微视等平台为代表的网络短视频平台受到广大年轻用户的青睐。根据中国互联网络信息中心发布的第 51 次《中国互联网络发展状况统计报告》，截至 2022 年 12 月，我国网络视频（含短视频）用户规模达 10.31 亿，较 2021 年 12 月增长 5586 万，占网民整体的 96.5%。其中短视频用户规模为 10.12 亿，较 2021 年 12 月增长 7770 万，占网民整体的 94.8%[36]。抖音是国内最具代表性的泛娱乐短视频平台之一，有很高的用户活跃度，并且有很强的内容创意性。目前，抖音的用户数量已经突破了 8 亿，它的短视频内容涵盖了音乐、影视、舞蹈、生活、游戏等多个方面，可以说是包罗万象。因此，本节以"刺激—有机体—反应"（SOR）模型为研究框架，基于用户感知价值，构建了平台内容产品对用户价值共创行为的影响模型和测量量表，以抖音短视频为例以问卷的形式收集研究数据，对用户价值共创行为的影响因素进行量化研究。

一、研究假设与模型构建

（一）研究假设

（1）短视频内容特征对用户感知价值和用户价值共创行为意愿的影响。本节把抖音短视频作为一种外在的刺激，具体来说，就是用户在浏览短视频的过程中，在自身内在认知结构的基础上，不自觉地对短视频的属性进行了评判。刘鸣筝、张鹏霞（2021）的研究结果显示短视频应用中用户生产内容的信息质量权重最大，说明在现有的短视频应用的用户生产内容中，与系统质量和服务质量相比，信息质量最能影响用户体验[37]。张敏等（2020）提出短视频 APP 在信息因素方面，内容的情绪性、契合性和显著性影响用户感知内容需求满足程度，包括用户的认知需求满足和情感需求满足，继而影响持续使用意愿[38]。谢玮欢（2021）等将短视频内容的真实性、趣味性、实用性等作为网络场景的外部刺激驱动用户行为，建立抖音短视频对网络购物场景下消费者购物意愿的影响模型[39]。

作为信息载体，信息内容生产和信息内容服务始终是短视频平台吸引用户最重要的因素，具体包括短视频内容是否能够帮助用户对其形成全面的认识，视频是否具有休闲或娱乐的特点以及内容是否真实可靠等。用户依据对抖音短视频的情感与认知，进而对其进行选择。基于吕菲（2021）消费者购买意愿指数模型[40]，对此，提出以下研究假设：

H1：抖音短视频内容的契合性对用户感知价值具有正向影响。

H2：抖音短视频内容的契合性对用户价值共创行为意愿具有正向影响。

H3：抖音短视频内容的趣味性对用户感知价值具有正向影响。

H4：抖音短视频内容的趣味性对用户价值共创行为意愿具有正向影响。

H5：抖音短视频内容的显著性对用户感知价值具有正向影响。

H6：抖音短视频内容的显著性对用户价值共创行为意愿具有正向影响。

（2）用户感知价值对用户价值共创行为的影响。胡晓鹭（2022）细分了感知价值和价值共创意愿的维度，并证明了不同维度的价值与价值结果之间存在着紧密关系[41]。熊爱华、陈晓昀等（2022）探讨了虚拟品牌社区中感知价值对价值共创行为的影响机制[42]。孙梓健、李登峰（2023）分析了虚拟社群顾客感知价值对品牌共创行为的影响[43]。王叙（2020）通过对用户的情感等多种信息对其进行了解，并对其进行用户价值共创行为的可能性进行了分析[44]。短视频展示的内容持续地引发了用户对于趣味性、是否存在自我需求等信息的感知，它的内容具备了时新性、形式丰富、快捷便利等特点，能够让用户体验到自己，在不知不觉中提高认知层次。特别是，用户在观看、创作等过程中，会对其所处的环境产生"接近"的模仿行为，进而提高其参与价值共创的概率。据此，提出以下研究假设：

H7：感知价值对用户价值共创行为意愿具有正向影响。

（3）感知价值的中介效应。在对用户感知价值的研究中，学者们发现用户感知价值在用户参与价值共创行为过程中发挥着重要的中介作用。刘高福、李永华（2021）提出为促使线上健身社区用户实施价值共创行为，线上健身企业需要特别关注用户互动中的感知价值的中介影响[45]。胡晓鹭（2022）提出感知价值在新零售服务创新性感知与顾客价值共创意愿之间有中介作用[41]。梁玲等（2022）发现用户对产品信息的主观认知通过感知价值的中介作用影响其购买行为[46]。吕菲（2021）强调了短视频对用户的感知价值对用户行为的影响[40]。基于此，提出如下研究假设：

H8：感知价值在短视频内容的契合性对用户价值共创行为意愿的影响过程中起中介作用。

H9：感知价值在短视频内容的趣味性对用户价值共创行为意愿的影响过程

中起中介作用。

H10：感知价值在短视频内容的显著性对用户价值共创行为意愿的影响过程中起中介作用。

H11：感知价值对用户价值共创行为意愿的影响过程中起中介作用。

（二）研究模型构建

平台所提供的产品作为外部刺激，辅助用户产生在使用平台后的情感认知、价值认知、信任认知以及风险认知，用户产生的认知进一步辅助用户的价值共创行为决策。平台内容质量是平台为用户提供的基础服务的质量水平，用户根据平台为其提供的产品质量对平台进行评估，进而做出下一步的使用决策。一般情况下，良好的产品服务以及交互环境有利于正向的体验感和信任感的建立，正向的体验感和信任感往往使得用户倾向于做出有利于平台的价值共创行为与决策。综合上述理论分析，基于 SOR 理论构建的用户行为机制可概括如图 7.3 所示。

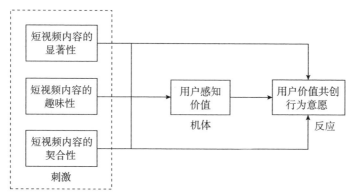

图 7.3　用户行为研究模型

资料来源；作者通过整理后自制。

由于 S-O-R 模型中，显著性、契合性分别指的是用户针对产品或内容服务对其自身有用或易操作实现的体验感受，而趣味性指的是产品或服务的内容使得用户在使用的过程中感到愉悦和享受。

二、研究设计与问卷收集

（一）调研设计

（1）调查对象的确定。本节的研究对象主要是看过短视频的用户或者在短视频平台上有过互动的用户，所以为了研究问卷调查数据的高度真实性，在问卷的第一题进行了筛选题项的设置，一旦调查者没有在短视频平台观看过或者互动过而选择"否"这一选项，被调查就进入到结束问卷的填答页面，从而保证了问卷真实有效。

（2）调查方法的选择。对于问卷的调查方法，选择用网上发布问卷的方式进行，采用网上发布问卷一方面操作灵活、便捷、能够节约调查的成本提高调查的回收效率；另一方面调查的范围更广，分享到朋友圈或者利用短视频 APP 平台资源，如关注的主播的粉丝群，通过分享问卷的链接方式邀请他们进行填答，从而提高了问卷的真实性以及有效性。

（二）量表设计

本节所涵盖的变量有短视频内容的特征：显著性、趣味性、真实性，以及用户的感知价值以及用户价值共创行为，故量表测量题项包含以上五个变量（具体变量与测量问题见表 7.28）。在测量问项的评价方法上均采用成熟的李克特五维度量表。

表 7.28　变量与测量问题

变量名	编号	问题	来源
显著性	SY_1	短视频内容丰富多彩，很吸引人	张敏、龙贝妮、刘盈、张艳[38]
	SY_2	短视频中的音乐很好听	
	SY_3	短视频特效很吸引眼球	
	SY_4	短视频形式很新颖	
	SY_5	短视频引领时尚潮流	
趣味性	QW_1	我认为该短视频内容让我感到很开心	隗静秋、王翎子、刘彦玥[47]
	QW_2	我认为该短视频内容非常有趣	
	QW_3	我认为该短视频内容非常有创造性	
	QW_4	我认为该短视频内容能让我产生感情上的共鸣	
契合性	ZS_1	短视频内容符合我的兴趣爱好	董超[48]
	ZS_2	短视频内容能满足我的需求	
	ZS_3	短视频平台可以根据用户兴趣推荐相应内容	
感知价值	GZ_1	看完短视频后我认为花钱购买此产品物有所值	王洲、王钦[49]
	GZ_2	看短完视频后让我感到愉悦和幸福	
	GZ_3	看完短视频后会让自己释放压力，得到放松	
	GZ_4	该短视频改变了我的观点或看法	
	GZ_5	我喜欢在平台上看短视频	
用户价值共创行为意愿	GM_1	我会在平台上观看短视频	胡雪松[50]
	GM_2	我会为内容、产品或服务付费	
	GM_3	我会与他人互动分享平台内容	

资料来源：作者通过整理后自制。

三、数据分析与假设检验

（一）数据分析

本次调查以抖音平台的使用者为对象，在预调研基础上对问卷进行修正后，通过现场发放和在线问卷的方式，向抖音用户发放问卷，并对他们的价值共创行为意愿进行了调查。通过在线问卷共收集了 314 份，其中无效问卷 12 份，有效率为 96.17%。

（1）描述性统计分析。本书以 SPSS 软件为工具，将所得的问卷调查资料进行描述性统计分析，得到了被调查对象的基本信息情况。通过分析可见，被调查者个体特征符合调查需要（见表 7.29）。

表 7.29　描述性统计分析

统计量	分类	样本数	百分比（%）
性别	男	123	40.7
	女	179	59.3
年龄	20 岁以下	23	7.6
	20~30 岁	200	66.2
	31~50 岁	71	23.5
	50 岁以上	8	2.6
受教育程度	高中以下	10	3.3
	高中	28	9.3
	大专	82	27.2
	本科	164	54.3
	硕士及以上	18	6.0
消费水平	1000 元及以下	26	8.6
	1001~3000 元	125	41.4
	3001~5000 元	103	34.1
	5001 元及以上	48	15.9
职业	学生	81	26.8
	公司企业职员	93	30.8
	个体户/自由职业者	61	20.2
	政府机关/事业单位职员	32	10.6
	其他	35	11.6

续表

统计量	分类	样本数	百分比（%）
使用抖音的频率	基本不使用	17	5.6
	每周 1 天	39	12.9
	每周 2~3 天	76	25.2
	每周 4 天及以上	170	56.3
使用抖音短视频的时间	30 分钟以内	51	16.9
	30 分钟及以上，不超过 1 小时	91	30.1
	1 小时及以上，不超过 2 小时	86	28.5
	2 小时及以上	74	24.5

资料来源：作者通过整理后自制。

（2）信度与效度检验。对问卷数据进行信效度检验，Cornbach's α 系数为 0.942，说明问卷整体具有较高的可靠性与稳定性。KMO 检验值为 0.928，而 Bartlett-Ball 检验同样显著；说明不同变量之间存在相关性，有效性测试结果良好，可以进行下一步分析。

对量表的 20 个题型进行主成分分析，最大累计解释大于 75.936%，各因素的解释特征根均小于 1，一共提取了 5 个因子，旋转后 20 个题项的因子载荷系数均大于 0.7，且对应的题项都落在了对应的因子中，如表 7.30 所示，说明该量表的设计合理，可以对数据进行下一步的分析。

表 7.30 探索性因子分析

变量	题项	成分				
		1	2	3	4	5
感知价值	GZ_4	0.819				
	GZ_1	0.818				
	GZ_2	0.802				
	GZ_5	0.780				
	GZ_3	0.771				
显著性	SY_5		0.778			
	SY_4		0.764			
	SY_2		0.736			
	SY_1		0.734			
	SY_3		0.723			

续表

变量	题项	成分				
		1	2	3	4	5
趣味性	QW_4			0.810		
	QW_3			0.757		
	QW_2			0.737		
	QW_1			0.711		
用户价值共创行为意愿	GM_2				0.874	
	GM_1				0.821	
	GM_3				0.808	
契合性	ZS_1					0.836
	ZS_2					0.737
	ZS_3					0.712
累计方差解释率（％）		48.027	57.191	64.735	70.625	75.936

提取方法：主成分分析法。旋转法：具有 Kaiser 标准化正交旋转法。a 旋转在 6 次迭代后收敛。

资料来源：作者通过整理后自制。

（二）研究结果假设检验

（1）模拟拟合指标。在对模型的路径进行分析检验前，必须要对拟合度进行分析。在已有研究的基础上，本节采用常用的指数来验证模型的拟合度，共选取了 7 个指标，如表 7.31 所示，表中标注了指标的参考值以及本次研究的模型拟合值。

表 7.31　模型拟合指标及本书指标数值

模型拟合指标	TLT	AGFI	卡方自由度比	GFI	RMSEA	NFI	CFI
参考值	>0.9	>0.9	<3	>0.9	<0.08	>0.9	>0.9
模型拟合值	0.970	0.901	1.667	0.924	0.047	0.939	0.974
			p			0.000**	

资料来源：作者通过整理后自制。

如表 7.31 所示，卡方同自由度的比值 CMN/DF 是 1.667，小于参考值 3，近似误差均方根 RMSEA 是 0.047，小于参考值 0.08，拟合优度指数 GFI 是 0.924，修正的拟合优度指数 AGFI 是 0.901，比较拟合指数 CFI 是 0.974，都大于参考值 0.9。因此，本节研究模型的所有指标都符合要求，说明模型的拟合性很好，可以进行接下来的分析。

（2）假设检验。在对模型的拟合进行了检验之后，还需要对本书中的假设展开检验，使用 AMOS 统计软件，对我的理论模型进行了路径检验，其结果见图 7.4。

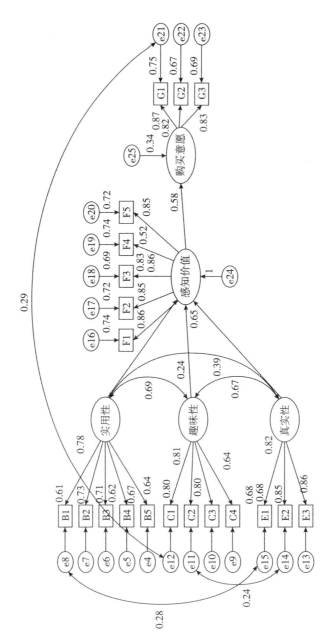

图 7.4 AMOS 模型结构方程

资料来源：作者整理所得。

为更直观地观察到模型中各个变量间的路径系数的正、负和幅度，并进一步验证所提出来的所有假设，根据 AMOS 系统软件输出的结果，更直观地反映出路径情况和显著效果，特制作模型路径系数如表 7.32 所示。

表 7.32　模型路径系数

潜变量	→	显变量	Estimate	p	是否显著
显著性	→	感知价值	0.234	0.02	显著
趣味性	→	感知价值	0.304	0.002	显著
契合性	→	感知价值	0.453	***	显著
感知价值	→	价值共创意愿	0.539	***	显著

注：***、**、* 分别代表1%、5%、10%的显著性水平。
资料来源：作者整理所得。

根据表 7.32 中显著性成立与否，得到假设检验结果，如表 7.33 所示。

表 7.33　假设检验结果

假设编号	假设内容	是否成立
H1	抖音短视频信息的契合性对用户感知价值具有正向影响	成立
H2	抖音短视频信息的契合性对用户价值共创行为意愿具有正向影响	成立
H3	抖音短视频信息的趣味性对用户感知价值具有正向影响	成立
H4	抖音短视频信息的趣味性对用户价值共创行为意愿具有正向影响	成立
H5	抖音短视频信息的显著性对用户感知价值具有正向影响	成立
H6	抖音短视频信息的显著性对用户价值共创行为意愿具有正向影响	成立

资料来源：作者整理所得。

（3）针对影响变量的路径分析。在确认了该模型中的各种可能变量之间的因果关系之后，需要对影响顾客满意的假定变量进行独立的检验，从而找出对消费者购买意愿间接影响的可观测变量。同时，检验了每个结果变量与其观察变量之间的关系。在 AMOS 模型中找到潜在变量及其观察变量的路径，观测变量和因果变量关系如表 7.34 所示。

表7.34 观测变量和因果变量关系

因子变量		非标准载荷系数	标准化载荷系数	Z	S.E.	P
实用性	→	该短视频非常详细地介绍了产品	1			
	→	该短视频能让我快速、高效地获取有关产品的信息	0.914	14.592	0.06	***
	→	该短视频可以让我对产品的真实状态有一个直观的认识	0.954	13.784	0.065	***
	→	该短视频能帮我挑选出适合自己需要的物品	0.855	15.017	0.062	***
	→	该短视频能帮我做出更好的购物决定	0.981	16.147	0.065	***
趣味性	→	我认为该短视频内容让我感到很开心	1			
	→	我认为该短视频内容非常有趣	0.93	16.34	0.058	***
	→	我认为该短视频内容非常有创造性	0.914	16.215	0.056	***
	→	我认为该短视频内容能让我产生感情上的共鸣	0.957	16.794	0.059	***
真实性	→	我认为该短视频中所表达的信息是真实而可靠的	1		.	
	→	我认为该短视频中展示的商品与实际情况相符	0.985	16.175	0.059	***
	→	我认为该短视频中产品服务和品质都不错	0.948	18.939	0.059	***
感知价值	→	看完视频后我认为花钱购买此产品物有所值	1			
	→	看完视频后我认为购买此产品会让我感到愉悦和幸福	0.897	18.294	0.047	***
	→	看完视频我认为实物与视频的产品相符	0.844	19.532	0.046	***
	→	该短视频改变了我对该产品的看法	0.94	19.018	0.048	***
	→	我认为我收到货后会喜欢该产品	0.927	16.528	0.049	***
购买意愿	→	如果有需要，我会购买短视频营销中推荐的产品	1			
	→	我认为短视频营销中推荐的产品是值得购买的	0.956	16.81	0.058	***
	→	该短视频会影响我购买此产品的决策	0.934	14.592	0.056	***

注：***、**、*分别代表1%、5%、10%的显著性水平。

资料来源：作者通过整理后自制。

（4）中介效应检验。本节采用Bootstrap方法，对中介变量感知价值的中介效应进行检验，Bootstrap方法是把一个样本作为一个整体，从一个研究模型中抽取n个样本，再把它放回去，这个实验重复了很多次，总的样品数量为n，接着对每一个样本进行中间效应估算，最终把所得的估算结果进行累加，得出一个中间效应的估算。基于所得到的可信度区间的上、下边界，判定其是否起到了中介作用。如果全部CI不包括0，那么有中介作用。

本节使用AMOS24.0软件对其进行了测试，将Bootstrap的样本数设置为2000，选择了95%的置信区间，对研究结果进行了检验。中介效应检验结果如表7.35所示。

表 7.35　中介效应检验

路径	效应值	Bias-corrected95%CI			Percentile95%CI			是否显著
		Lower	Upper	p	Lower	Upper	p	
H8	0.446	0.237	0.702	0.001	0.24	0.71	0.001	显著
H9	0.304	0.096	0.584	0.003	0.087	0.554	0.004	显著
H10	0.234	−0.021	0.531	0.068	−0.033	0.511	0.087	显著
H11	0.539	0.403	0.687	0.001	0.402	0.685	0.001	显著

资料来源：作者整理所得。

实证结果如表 7.36 所示，在 95% 的概率水平下，假设 H8、假设 H9、假设 H10、假设 H11 的置信区间分别为 [0.237−0.702]、[0.096−0.584]、[−0.021−0.531]、[0.403−0.687]，因此假设 H8、假设 H9、假设 H10、假设 H11 均成立。

表 7.36　中介效应分析

路径编号	路径	是否显著
H8	契合性→感知价值→价值共创意愿	显著
H9	趣味性→感知价值→价值共创意愿	显著
H10	显著性→感知价值→价值共创意愿	显著
H11	感知价值→价值共创意愿	显著

资料来源：作者整理所得。

（三）研究数据小结

通过以上分析可知，抖音短视频内容正向影响用户价值共创行为意愿，抖音短视频内容的显著性、趣味性、契合性正向影响用户价值共创行为意愿；抖音短视频内容正向影响用户感知价值；感知价值正向用户价值共创行为意愿；且感知价值在抖音短视频内容对用户价值共创行为意愿的影响中起中介作用，见表 7.37。而感知价值对短视频内容的显著性、趣味性、契合性的影响系数分别为 0.304、0.234、0.446，说明短视频内容促使用户价值共创行为意愿有很强的影响作用。

表 7.37　假设检验汇总

编号	研究假设	检验成果
H1	抖音短视频内容的契合性对用户感知价值具有正向影响	成立

续表

编号	研究假设	检验成果
H2	抖音短视频内容的契合性对用户价值共创行为意愿具有正向影响	成立
H3	抖音短视频内容的趣味性对用户感知价值具有正向影响	成立
H4	抖音短视频内容的趣味性对用户价值共创行为意愿具有正向影响	成立
H5	抖音短视频内容的显著性对用户感知价值具有正向影响	成立
H6	抖音短视频内容的显著性对用户价值共创行为意愿具有正向影响	成立
H7	感知价值对用户价值共创行为意愿具有正向影响	成立
H8	感知价值在短视频内容契合性对用户价值共创行为意愿的影响过程中起中介作用	成立
H9	感知价值在短视频内容趣味性对用户价值共创行为意愿的影响过程中起中介作用	成立
H10	感知价值在短视频内容显著性对用户价值共创行为意愿的影响过程中起中介作用	成立
H11	感知价值对用户价值共创行为意愿的影响过程中起中介作用	成立

资料来源：作者通过整理后自制。

通过以上结果可以得知：本书共有 11 条假设，均通过了检验（$p \leqslant 0.05$）。其中，短视频内容的显著性、趣味性、契合性显著正向影响用户的感知价值。用户的感知价值显著正向影响用户价值共创行为意愿。

此外，经过中介效应分析，可以得到结果：感知价值在短视频内容的显著性、趣味性、契合性和用户价值共创行为意愿之间存在中介作用。

感知价值对用户价值共创行为意愿的影响系数为 0.539，在所有的影响系数中最大，所以要让用户感知到短视频带来的价值利益，才能提升用户价值共创行为意愿。

四、管理启示

从本次研究的结果来看，抖音短视频平台内容是以感知价值为中介作用来影响用户价值共创行为意愿的。所以，在创作短视频内容的时候，抖音平台应该将重点放在提升用户对抖音短视频的感知价值上，并从以下四个方面着手展开工作。

（一）注重短视频内容的显著性

要注重视频的显著性，即要使短视频具有合适的长度、清晰的画质、适度的卡点，从而使短视频能够与用户产生共鸣。所以，对于短视频平台来说，不仅要考虑内容的丰富性和时尚潮流，同时也要考虑特效的选择，音乐的选择，以及其他一些细节的表达，来提升短视频内容的观感。此外，还需在视频页面的设计、话题、文案等方面，加大对用户的关注力度，提高其人气，从而提高用户参与意愿。

（二）注重短视频内容的契合性

短视频平台为人们提供了传播信息、分享信息、获取信息的新渠道。从本质上来看，短视频这种新型的传播形式是围绕着用户产生的，因此，短视频的内容会更多受到用户传播偏好的影响。在用户短视频传播偏好越来越显著的情况下，用户面对海量的短视频信息，也逐渐呈现出了信息获取的倾向性。人们借助短视频记录生活、丰富生活，而短视频中承载的信息也逐渐被人们挖掘。契合用户传播偏好的短视频能够更好地满足用户获取信息的需求，进行促进用户参加平台价值共创。

（三）注重短视频内容的趣味性

在对于平台内容的趣味性方面，主要是要捕捉用户对于抖音短视频的需求，尽量制作质量较高、清晰度较强、趣味性较好的短视频，从而使用户产生使用欲望。为了增强短视频的内容和信息的新颖性，可以先进行市场调查，对不同需求和特点的用户群体对短视频时间长短的要求、内容特色的要求及信息特点的要求等进行调研分析，有针对性地进行短视频内容和形式的创新。既可以满足用户的需要，又能提高用户对短视频的关注程度，从而促进其价值共创行为的顺利进行。

（四）注重消费者的感知价值

感知价值是决定顾客行为意愿的重要因素，短视频平台所提供的价值是客观的，而用户的感知价值具有很强的主观性。在感知价值方面，重点是要抓住用户对短视频的情绪认同和依赖感，让用户对其产生信任，进而激起用户参与价值共创的欲望。提升短视频内容的显著性、趣味性和契合性，提升用户对短视频的感知价值，增加用户黏性，使潜在的用户产生价值共创行为意愿。

参考文献

［1］2023 年中国数字文化娱乐行业产业规模及行业发展趋势分析［EB/OL］. https：//www. bilibili. com/read/cv23563874.

［2］江小妍. 王亮泛娱乐环境下的 IP 运营模式研究［J］. 科技与出版，2016（5）：23-27.

［3］康丽洁. BAT 泛娱乐战略比较研究［J］. 中国报业，2016（16）：14-15.

［4］贾晶晶. 互联网时代泛娱乐发展研究［D］. 湖南大学硕士学位论文，2016.

［5］董子铭，刘肖. 网络文学产业融合发展的三个维度与思考［J］. 出版发行研究，2016（8）：39-42.

［6］刘秀梅，邵慧．泛娱乐视角下华莱坞电影 IP 生态研究［J］．西南民族大学学报（人文社会科学版），2017，38（6）：162-165.

［7］车速．我国泛娱乐移动直播产业的发展研究［D］．兰州财经大学硕士学位论文，2018.

［8］曹博涵．泛娱乐视频网站哔哩哔哩的盈利模式分析及其财务评价［D］．东华大学硕士学位论文，2020.

［9］魏英凯．泛娱乐背景下科普类短视频传播策略分析——以抖音 KOL 为例［D］．山东大学硕士学位论文，2021.

［10］顾恩澍，姚林青．网络视频平台内容营销模式的演进［J］．青年记者，2023（6）：113-115.

［11］中国音数协游戏工委．2022 年中国游戏产业报告［EB/OL］．http：//news.sohu.com/a/665233567_121655386，2023-02-15.

［12］沈黛琪．基于运营角度的移动游戏用户黏性提升分析［D］．北京外国语大学，2020.

［13］极光调研．手机游戏流失用户研究报告［EB/OL］．https：//www.moonfox.cn/insight/report/894，2020-01-06.

［14］孙凯，邱长波．基于价值—关系视角的顾客满意度驱动模型研究［J］．现代管理科学，2016（7）：30-32.

［15］李胜，辛士波．世界一线城市历史商业街区顾客满意度影响因素分析——以北京坊为例［J］．商业经济研究，2021（24）：81-85.

［16］黄生权，文雅．基于 ECSI 的餐饮类团购顾客满意度测评模型研究［J］．企业经济，2016（5）：157-162.

［17］陈忆金，陈希健，古婷骅．ECM-ISC 框架下期望确认度对在线知识问答社区持续使用意愿的影响研究［J］．农业图书情报，2019，31（9）：37-50.

［18］吴安．基于用户体验因素移动学习平台用户黏性提升策略［J］．湖南科技学院学报，2018，39（3）：90-94.

［19］张劲松，章凤君．在线教育平台用户持续使用意愿影响因素实证研究［J］．价值工程，2019，38（5）：134-137.

［20］刘齐平．基于 CAB 模型的共享经济平台用户黏性研究［J］．湖北第二师范学院学报，2019，36（2）：19-24.

［21］高海霞，应洋深．短视频社交平台顾企互动对用户黏性的影响［J］．杭州电子科技大学学报（社会科学版），2020，16（4）：9-15.

［22］董庆兴，周欣，毛凤华，张斌．在线健康社区用户持续使用意愿研究——基于感知价值理论［J］．现代情报，2019，39（3）：3-14+156.

［23］仇雪，孙可心，吴凯馨．基于顾客感知价值的用户满意度影响因素研究——以小红书为例［J］．中国商论，2021（6）：44-48．

［24］欧阳邦宏．网络游戏消费者感知价值、游戏满意度和购买意愿的关系研究［D］．华中师范大学硕士学位论文，2015．

［25］Jillian C Sweeney，Geoffrey N Soutar. Consumer Perceived Value：The Development of a Multiple Item Scale［J］．Journal of Retailing，2001，77（2）：203-220．

［26］白长虹．西方的顾客价值研究及其实践启示［J］．南开管理评论，2001（2）：51-55．

［27］陈超，吴佩，张明杨．消费者感知价值对转基因食品购买意愿的影响研究——以转基因大豆油口碑为调节变量［J］．江苏农业科学，2017，45（7）：325-330．

［28］王影，黄利瑶．移动短视频感知价值对消费者购买意愿影响研究——基于用户参与和态度的中介效应［J］．经济与管理，2019，33（5）：68-74．

［29］Dong Dong Li，Albert Kien Liau，Angeline Khoo. Player-Avatar Identification in Video Gaming：Concept and Measurement［J］．Computers in Human Behavior，2013，29（1）：257-263．

［30］赵文军，谢守美．大学生移动阅读感知价值、满意度与行为意向的关系：以超星移动阅读 APP 平台为例［J］．图书情报工作，2019，63（3）：98-107．

［31］葛元骎．感知价值对电子书阅读 APP 持续使用意向的影响研究：情绪响应的中介效应［J］．情报科学，2020，38（7）：117-122．

［32］曹宵情．服饰色彩感知价值对消费者购买意愿的影响研究［D］．上海工程技术大学硕士学位论文，2020．

［33］Richard L Oliver. Whence Consumer Loyalty［J］．The Journal of Marketing，1999（63）：33-44．

［34］陈彩霞，朱文赫，邵丹．虚拟形象广告中消费者感知价值对服装购买意愿的影响［J］．丝绸，2022，59（5）：85-94．

［35］Ching-I Teng. Impact of Avatar Identification on Online Gamer Loyalty：Perspectives of Social Identity and Social Capital Theories［J］．International Journal of Information Management，2017，37（6）：601-610．

［36］CNNIC 发布第 51 次《中国互联网络发展状况统计报告》［EB/OL］．https：//cnnic. cn/n4/2023/0302/c199-10755. html，2023-03-02．

［37］刘鸣筝，张鹏霞．短视频用户生产内容的需求及满意度研究［J］．新

闻与传播研究，2021，28（8）：77-94+127-128.

[38] 张敏，龙贝妮，刘盈，张艳．短视频 APP 用户持续使用之影响因素探究及其对该领域公共治理之启示［J］．现代情报，2020，40（3）：65-73.

[39] 谢玮欢．新媒体时代短视频营销思考［J］．合作经济与科技，2021（18）：80-82.

[40] 吕菲，祝锡永．短视频内容营销对消费者购买意愿的影响研究［J］．经济研究导刊，2021（26）：101-103.

[41] 胡晓鹭．新零售服务创新性感知对顾客价值共创意愿的影响研究［D］．华中农业大学，2022.

[42] 熊爱华，陈晓昀，张质彬．虚拟品牌社区感知价值与价值共创行为的关系研究［J］．山东财经大学学报，2022，34（2）：92-102.

[43] 孙梓健，李登峰．虚拟社群顾客感知价值对品牌共创行为的影响机制研究［J］．时代经贸，2023，20（7）：41-45.

[44] 王叙．故事型广告在短视频中的应用——以抖音为例［J］．视听，2020（4）：231-232.

[45] 刘高福，李永华．用户互动对价值共创行为的影响研究——以线上健身社区为例［J］．江西社会科学，2021，41（12）：197-207+256.

[46] 梁玲，袁璐华，谢家平．基于 ABC 态度理论的直播带货用户购买行为机理实证［J］．软科学，2022，36（12）：118-126.

[47] 隗静秋，王翎子，刘彦玥．短视频对用户图书购买意愿影响因素研究［J］．中国出版，2020（6）：8-14.

[48] 董超．短视频平台推荐契合度对用户冲动浏览行为的影响研究——基于顾客体验的作用［J］．中国商论，2022（1）：64-68.

[49] 王洲，王钦．短视频内容营销对农户感知价值影响因素研究［J］．长江蔬菜，2021（18）：7-10.

[50] 胡雪松．大数据背景下线上推送商品信息对消费者购买意愿的影响［J］．商业经济研究，2021（2）：64-66.